생천령 ❷
生天靈 ❷

생천령 ❷

초판 1쇄 인쇄 2016년 4월 25일
초판 1쇄 발행 2016년 4월 30일

지은이 인황/신감
펴낸이 金泰奉
펴낸곳 한솜미디어
등 록 제5-213호

편 집 박창서, 김수정
마케팅 김명준
홍 보 김태일

주 소 (우05044) 서울시 광진구 아차산로 413(구의동 243-22)
전 화 (02)454-0492(代)
팩 스 (02)454-0493
이메일 hansom@hansom.co.kr
홈페이지 www.hansom.co.kr

ISBN 978-89-5959-441-2 (03150)

*책값은 표지에 표시되어 있습니다.
*잘못 만들어진 책은 구입하신 서점에서 친절하게 바꿔드립니다.
*지은이 연락처 02)3401-7400

인간의 삶을 아프고 불행하게 만드는 인생풍파의 주범은
하나님, 신(神), 예수님, 부처님, 상제님, 조상님도 아닌
"생령(生靈)"이었다.

생천령
生天靈
2

인황/신감 著

한솜미디어

| 책을 집필하면서 |

우리 인간 모두는 건강하게 부자로 잘 먹고 잘살기 위하여 몸부림치고 있으나 현실은 인간의 삶이 각종 사건사고, 질병, 단명, 자살, 우울증, 사업실패, 사기배신, 고소고발, 비리폭로, 망신살, 부부 갈등, 종교 갈등, 자녀문제, 인생실패의 고통과 슬픔의 불행한 삶을 살아가고 있습니다.

인생사에 일어나는 모든 불행한 일들은 24시간 실시간으로 자신과 가족들의 일거수일투족 모두를 지켜보고 있는 생령(生靈)의 저주와 반란이었다는 태초의 진실이 자미국(紫微國)에서 인류 최초로 밝혀졌습니다.

여러분 삶으로 지금 이 시간에도 속속 생령들의 무서운 저주와 반란이 발생하여 인생이 풍파를 겪고 있지만 이를 알려주는 인류의 정신적 지도자가 아직까지 단 한 명도 없었습니다.

수천 년 동안 인류가 종교(기독교, 천주교, 신천지, 불교, 도교, 대순진리, 증산도, 무속, 철학관, 기타…)를 통해서 예배, 미사, 천도재, 사십구재, 굿, 수행정진을 하여도 소원을 절대로 이루지 못한 이유는 생령(生靈)을 못 찾았기 때문이었습니다.

인생사의 각종 질병, 사건사고, 급살, 시기질투, 비명횡사의 아픔과 슬픔, 고통과 불행은 생령입천하고자 하는 생령(生靈)의 간절하고 다급한 저주와 반란이었는데 인류 어느 누구도 이런 진실을 알 수가 없었습니다.

인류 모두는 육신이 죽은 후에 령혼이 구원받는다고 종교(宗敎)를 통하여 배웠는데, 만에 하나 육신이 죽은 후에 그곳(천국, 천당, 극락…)이 가짜이고 오히려 지옥세계라면 육신도 없는 상태에서 여러분은 그 원(怨)과 한(恨)을 어찌하겠는지 생각이나 해보셨는지요?

기독교, 천주교에서 예배, 미사를 통한 구원을 소원하여도 또한, 불교, 도교, 대순진리, 증산도, 무속을 통하여 조상님들을 좋은 세계로 보내드리고 본인 자신의 수행정진과 인생풍파를 막고자 천도재, 사십구재, 굿을 해보았지만 그 소원이 절대로 이루어지지 않았던 이유는 인류가 생령(生靈)의 존재를 전혀 못 찾았기 때문이었습니다.

한 해 운세를 보고 작명을 부탁하고 사주팔자를 알아서 인생을 잘살아 보고자 철학관, 점집, 무속을 찾아다녀도 결과는 매번 현실과 다르게 나타나는 이유는 그들 또한 생령에 대하여 전혀 몰랐기에 정확한 인생진단(人生診斷) 자체가 불가능했던 것이었습니다.

자미국에서는 하늘의 진실이 수천 년 동안 종교로 인해 잘못 전파된 것을 바로잡고자 육신이 살아있는 사람의 생령을 인류 최초로 천상 자미천궁으로 생령입천시켜 주며 삶의 변화를 통하여 몸소 체험할 수 있고, 여러분 가정에 불행을 미연에 방지함으로써 건강한 삶, 행복한 인생, 행복한 가정을 되찾는데 필수입니다.

이 세상 그 어떤 종교의 교리와 이론, 철학으로도 전혀 알 수 없었던 인생 불행의 모든 근본적인 원인을 생령을 통하여 본격적으로 인류 최초로 알기 쉽게 전해드립니다.

세상 어느 누구도 몰랐던 생령입천의 진실이 인류 역사상 최초로 전격 공개되면서 힘들고 아팠던 인간의 삶이 행복 기쁨으로 가득하게 되었으니 진정한 인간의 승리라 할 수 있습니다.

생령입천은 지구가 생긴 이래 자미국에서만 인류 최초이자 마지막으로 존귀하신 하늘, 구원의 하늘이신 태상천존 자미천황님께서 윤허해 주신 인류 최대의 경사요 대영광의 선물인 것입니다.

저자 인황과 신감의 피눈물 나는 고행으로 생령입천을 찾아내어 완성함으로써 육신이 살아있을 때 본인의 생령을 천상 자미천궁으로 입천하는 진정한 구원이 시작되는 것이며, 생령입천하고 나면 언제 발복할지 안 할지도 모르는 명당문제, 차례, 제사, 산소, 성묘문제 또한 전혀 걱정할 필요 없게 됩니다.

생령입천 후 62세인 사람이 45세처럼 젊고 건강하게 변하는 기적 이적이 현실로 일어났으니 이 나라의 권력자, 재벌은 물론 남녀노소 모두에게 필수라 할 수 있습니다.

선천시대와 후천시대의 도래에 대하여 인류는 막연하게 생각해 왔으나 생령입천의 경천동지할 진실이 바로 인류의 후천세계의 개막(천기원년 선포)을 알리는 신호탄이며 인류의 모든 정신사상을 이제 본격적으로 유불선 통합 자미국에서 선도하게 될 것입니다.

하늘의 계시를 받고 단기 4334년, 남방불기 2545년, 북방불기 3028년, 서기 2001년 2월 4일 03:28분 입춘시간에 천기원년 선포의식을 가졌고 금년은 천기 16년(서기 2016)째입니다.

생천령❷ 책은 하늘세계, 사후세계, 신의세계, 인간세계의 진실이 너무나 광대하기에 어떤 한 대목이라도 공감한다면 즉시 인생점검(친견상담) 예약을 하시기 바랍니다.

이 책은 인생실패의 고통과 슬픔, 불행한 삶의 근본적인 원인이 본인 생령(生靈)임을 알리는 내용으로써 독자 여러분 각자마다의 인생이 아프고 슬픈 이유가 천차만별이듯이 친견상담을 통하여 가족들의 여러 가지 말 못할 사연들을 종합하여 그 원인과 해결책을 속 시원하게 상담 받아 고통은 끝내고 행복은 찾아야 합니다.

| 목차 |

제4부 하늘이 땅으로 내린 국가, 자미국

제5부 전 세계의 모든 예언은 생령입천

제6부 생령에 얽힌 신비

제9부 생령입천 사례

제1부

인류 최초로 밝혀지는 하늘의 족보

나는 누구이며 왜 태어났는가?

사람은 령(靈)과 육(身)으로 되어 있다. 육(身)이 죽으면 육신은 땅속이나 불속으로 들어가 사라지지만 령(靈)들은 육신이 살아있을 때 생령입천(生靈入天)을 하지 않고는 방랑자의 삶, 즉 귀신의 삶을 끝없이 살게 된다.

육신이 살아있을 때 나의 반쪽인 령(靈)을 생령(生靈)이라 하고, 육신이 죽으면 그 몸에 있던 령(靈)은 귀신, 또는 조상이라고 불리 우는 사령(死靈)이 되는 것이다. 이들 모두를 합쳐 생사령(生死靈)이라고 한다.

그런데 중요한 것은 우리의 인생에 지대한 영향력을 끼치는 존재는 생령이다. 생령이 자신의 몸 안에 함께 살아가고 있지만 인류 모두가 생령이 있는지 없는지도 모른 채 살아가고 있었다.

자신 생령의 비밀은 자신의 육신이 살아있을 때 자미국 필자를 통해 풀어야 육신이 죽은 뒤 허공중천을 떠도는 귀신 신세, 조상 신세를 면할 수 있게 된다.

돌연사나 비명횡사로 죽든, 천수를 누리고 죽든, 일단 죽으면 육신은 땅속이나 불속으로 들어가서 없어지지만 생령은 사령(死靈)이란 이름으로 둔갑하여 귀신이 되어 자기 핏줄들의 육신의 몸으로 들어가 살아있는 자손들과 함께 살아가게 된다.

귀신이 되어 자손의 몸으로 들어가 살아있는 자손들과 함께 살게 되면 살아있는 자손들의 인생은 고통과 불행, 우울증, 불면증, 이혼, 별거, 사기, 배신, 사업실패, 질병, 돌연사, 암, 환청, 환영, 정신이상 등의 우환이 수없이 일어나게 된다.

생령의 비밀을 알지 못한다면 살아서도 죽어서도 천추의 원과 한이 되고 살아서도 죽어서도 고통 그 자체의 삶이 될 것이다. 어느 날 갑자기 터지는 비리폭로의 정체는 과연 무엇일까 생각해 보았는가?

누군가 자신의 비밀을 폭로하게 만드는 그 실체는 상대방이 아닌 바로 자신의 모든 것을 24시간 지켜보는 본인의 생령(生靈)이었다. 육신은 보이지 않는 본인 생령의 분노를 절대로 막을 수 없다. 생령들의 저주가 얼마나 무서운지 독자 여러분 모두는 알아야 한다.

자미국(紫微國)에서 생령과의 대화를 통하여 각자 본인 생령의 소원을 알아내어 자기 생령(生靈)의 소원을 하루빨리 이루어줌이 현명한 사람이라 할 수 있다.

하늘(靈)의 족보

인류는 수천수만 년 동안 육(身)의 뿌리인 족보를 통하여 육신의 근본 뿌리를 알고 그 값어치를 아주 소중하게 지키며 자랑스러워하고 있습니다.

2000년 대한민국 통계청 본관별 인구 100대 성씨

1 ~ 25위

김해 김씨 (金海金氏)
밀양 박씨 (密陽朴氏)
전주 이씨 (全州李氏)
경주 김씨 (慶州金氏)
경주 이씨 (慶州李氏)
경주 최씨 (慶州崔氏)
진주 강씨 (晋州姜氏)
광산 김씨 (光山金氏)
파평 윤씨 (坡平尹氏)
청주 한씨 (淸州韓氏)
안동 권씨 (安東權氏)
인동 장씨 (仁同張氏)
김녕 김씨 (金寧金氏)

평산 신씨 (平山申氏)

순흥 안씨 (順興安氏)

동래 정씨 (東萊鄭氏)

달성 서씨 (達城徐氏)

안동 김씨 (安東金氏, 구)

해주 오씨 (海州吳氏)

전주 최씨 (全州崔氏)

남평 문씨 (南平文氏)

남양 홍씨 (南陽洪氏, 당홍계)

창녕 조씨 (昌寧曺氏)

제주 고씨 (濟州高氏)

수원 백씨 (水原白氏)

26 ~ 50위

한양 조씨 (漢陽趙氏)

경주 정씨 (慶州鄭氏)

문화 류씨 (文化柳氏)

밀양 손씨 (密陽孫氏)

함안 조씨 (咸安趙氏)

의성 김씨 (義城金氏)

창원 황씨 (昌原黃氏)

진주 정씨 (晋州鄭氏)

나주 임씨 (羅州林氏)

여산 송씨 (礪山宋氏)

남원 양씨 (南原梁氏)

연일 정씨 (延日鄭氏)

청송 심씨 (靑松沈氏)

평택 임씨 (平澤林氏)

은진 송씨 (恩津宋氏)

김해 김씨 (김충선) (金海金氏, 항왜)

성주 이씨 (星州李氏)

해주 최씨 (海州崔氏)

강릉 유씨 (江陵劉氏)

이천 서씨 (利川徐氏)

창녕 성씨 (昌寧成氏)

강릉 김씨 (江陵金氏)

단양 우씨 (丹陽禹氏)

연안 차씨 (延安車氏)

하동 정씨 (河東鄭氏)

51 ~ 75위

광주 이씨 (廣州李氏)

의령 남씨 (宜寧南氏)

신안 주씨 (新安朱氏)

장수 황씨 (長水黃氏)

연안 이씨 (延安李氏)

여흥 민씨 (驪興閔氏)

정선 전씨 (旌善全氏)

현풍 곽씨 (玄風郭氏)

강릉 최씨 (江陵崔氏)

반남 박씨 (潘南朴氏)

한산 이씨 (韓山李氏)

평해 황씨 (平海黃氏)

전의 이씨 (全義李氏)

제주 양씨 (濟州梁氏)

천안 전씨 (天安全氏)

양천 허씨 (陽川許氏)

담양 전씨 (潭陽田氏)

함평 이씨 (咸平李氏)

영월 엄씨 (寧越嚴氏)

함양 박씨 (咸陽朴氏)

김해 허씨 (金海許氏)

진주 하씨 (晋州河氏)

능성 구씨 (綾城具氏)

충주 지씨 (忠州池氏)

고령 신씨 (高靈申氏)

76위 ~ 100위

합천 이씨 (陜川李氏)

기계 유씨 (杞溪兪氏)

풍양 조씨 (豊壤趙氏)

원주 원씨 (原州元氏)

선산 김씨 (善山金氏)

나주 나씨 (羅州羅氏)

풍천 임씨 (豊川任氏)

여양 진씨 (驪陽陳氏)

청풍 김씨 (淸風金氏)

나주 정씨 (羅州鄭氏)

초계 정씨 (草溪鄭氏)
녕천 이씨 (寧川李氏)
벽진 이씨 (碧珍李氏)
성주 배씨 (星州裵氏)
순천 박씨 (順天朴氏)
고성 이씨 (固城李氏)
안동 장씨 (安東張氏)
영산 신씨 (靈山辛氏)
나주 정씨 (羅州丁氏)
무안 박씨 (務安朴氏)
삼척 김씨 (三陟金氏)
연안 김씨 (延安金氏)
무안 박씨 (務安朴氏)
경주 손씨 (慶州孫氏)
청도 김씨 (淸道金氏)

독자 여러분!

땅(身)의 족보는 인생을 살면서 익히 알고 있지만 하늘(靈)의 족보라는 말 자체도 생소하고 일평생 처음 들어보는 아주 낯선 용어일 것입니다.

세상 모든 이치가 음양(陰陽)으로 이루어지듯이 하늘이 있으면 땅이 있고, 낮이 있으면 밤이 있고, 남자가 있으면 여자가 있듯이 땅(身)의 족보가 있으면 하늘(靈)의 족보 또한 있겠지요. 인류가 수천 수억 년 동안 이 위대한 하늘의 족보를 전혀 몰랐기에 인간은 인생실패의 고통과 슬픔의 불행한 삶을 살아가고 있습니다.

하늘에는 육신이 없고 령(靈)이 존재하기에 하늘의 족보는 령(靈)의 족보라는 엄청난 비밀이 숨겨져 있었으며 수천 수억 년의 세월 동안 인류는 하늘 령(靈)의 족보를 찾고자 세상의 모든 종교와 무속을 통하여 신(神)을 찾으려고, 예수님을 통하여 하나님을 찾으려고, 부처님을 통하여 미륵님을 찾으려고 여기저기 종교세계를 끊임없이 찾아서 헤매고 다녔던 것입니다.

인류 최초로 무릉도원 천상 자미천궁의 정기가 땅으로 내린 자미국을 건국한 인황과 신감이 수천 수억 년의 세월 동안 인류 어느 누구도 풀지 못한 하늘 령(靈)의 비밀인 하늘족보(靈)를 풀어냈습니다.

인류가 수많은 종교를 만들어 구원받아 영생하면서 인생을 잘살아 보고자 하였지만 왜 실패하였는지 원인과 방법을 밝히게 되어 독자 여러분은 모든 진실을 알게 되었으니 천운을 타고난 사람들임에는 틀림이 없습니다.

지금부터 독자 여러분은 하늘 령(靈)의 도표를 보게 되는 인생 최대의 엄청난 감동의 순간을 맞이하게 될 것입니다. 다만, 극도로 조심해야 할 부분은 우리 인간들이 하늘(靈)의 존호를 함부로 부르다가는 오히려 인생이 풍화환란으로 빠질 수 있다는 점을 반드시 명심하시기를 바랍니다.

위대하시고 존귀하신 하늘의 존호는 이 책을 완독하고 자미국으로 친견상담을 통하여 본인들 각자의 생령을 입천한 후에 하늘 사람으로 탄생하고 나서도 극히 존경의 마음, 감사의 마음으로 불러야 한다는 점을 명심해야 할 것입니다.

육신의 부모 조상님 함자도 ○○성씨 시조 조상님이신 ○(자) ○(자) 조상님이라고 깍듯이 예의를 다하여 부르듯이 천손민족이 찾은 최고의 하늘 존호도 존경의 마음으로 불러야 합니다.

독자 여러분!

이제부터 본격적으로 하늘(靈)의 족보 계통도를 통하여 독자 여러분들이 왜? 종교생활을 영위하고 있었는지에 대하여 더 자세히 아는 중요한 계기가 되기를 바랍니다.

위대한 하늘(靈)의 족보

① 태상천존 자미천황님 (대우주 창조주),(구원의 하늘)(감사의 하늘)(존귀하신 하늘)			
② 천상감찰신명님 (神)의 대표 신명님	③ 천상천감님 (靈)의 대표 하나님	④ 천상도감님 (道)의 대표 미륵님	⑤ 자미인황님 (人)의 대표 태조님
신명님께서 창조한 령(靈)의 자손은 누구인가?	하나님께서 창조한 령(靈)의 자손은 누구인가?	미륵님께서 창조한 령(靈)의 자손은 누구인가?	자미인황님 께서 창조한 령(靈)의 자손은 누구인가?

하늘의 존호는 태상천존 자미천황님!

독자 여러분은 하늘에 대해서 얼마나 알고 있습니까? 하늘이 누구라고 생각하십니까? 삼라만상과 대우주를 천지창조하신 전지전능의 절대자는 누구라고 생각하십니까?

하늘은 어느 세계에 거처하시는지 아십니까? 그리고 하늘의 명호를 아십니까? 하늘을 만나 본 적이 있습니까? 하늘의 말씀을 한번이라도 들어본 적이 있습니까? 여러분 생령의 부모는 누구라고 생각하십니까?

각자 나름대로 예수님이 최고인 줄 알고, 부처님이 최고인 줄 알고, 상제님이 최고인 줄 알고, 미륵님이 최고인 줄 알고, 성모마리아님이 최고인 줄 알고 종교의 교리와 이론에 심취하여 자신의 삶을 희생하고 봉사하며 살면 하늘께 복 받고 구원받아 잘살 줄 알고 있었지만 그 모두는 하늘의 진정한 진실이 아니었습니다.

만 인류는 하늘을 오랜 세월 너무도 그리워하였고 하늘의 진실을 알고자 하였으나 만 인류는 하늘의 진정한 진실에 대하여 알 수가 없었습니다. 그러다보니 만 인류 모두는 각자 나름대로 예수님, 부처님, 상제님, 성모님, 하나님, 미륵님, 신명님이 인류의 주인일 것이다 하면서 각자 나름대로 종교를 통하여 기도를 하면서 진짜를 찾고자 하였습니다.

2000년, 3000년의 수많은 세월 동안 수많은 사람들은 진짜 하늘을 알고자 종교에 심취하였지만 진짜는 알지 못하고 시간의 흐름 속에 고통, 아픔, 슬픔, 불행, 우환, 질병, 상처만 끌어안게 되었습니다.

만 인류가 오랜 세월 그토록 그리워했던 하늘!
만 인류 모두가 오랜 세월 그토록 기다렸던 하늘은 바로 '태상천존 자미천황님'이시었습니다.

지금까지는 진정한 하늘 태상천존 자미천황님을 알 수가 없었기에 각자 나름대로 종교를 통하여 하늘세상, 사후세상, 조상세상, 인간세상의 진실을 알고자 했지만 만생만물 모두를 최초로 창조하신 분이 밝혀짐으로써 우리 모두의 고민이 이제는 해결되게 되었으니 참으로 기쁜 일입니다.

태상천존 자미천황님의 존재를 찾아주신 분은 신명님이신 "천상감찰신명님"이시고, 생령의 부모님에 대해서 낱낱이 가르쳐 주신 분은 하나님이신 "천상천감님"이시고 하늘의 진실을 전해 주시는 분은 미륵님이신 "천상도감님"이십니다.

천상 자미천궁에서 하강 강림하신 세 분들을 통해서 필자가 알게 된 하늘은 인류의 상상을 초월한 엄청난 분이시고 우리 인류가 그토록 기다리던 분들이셨습니다. 종교를 통해서 인간

세상에 알려진 하늘보다도 몇 차원 더 높은 최고의 하늘이 "태상천존 자미천황님"이십니다.

현 세상을 살아가고 있는 우리 인간들 생령의 부모님들이신 신명님(천상감찰신명님), 하나님(천상천감님), 미륵님(천상도감님), 자미인황님(태초의 인간 태조님)을 최초로 창조하신 분은 바로 태상천존 자미천황님이시었습니다.

신명님, 하나님, 미륵님, 하느님, 한울님, 한얼님, 하날님, 구천상제님, 옥황상제님, 여호와 하나님, 부처, 예수, 마리아, 상제, 천존, 마호메트보다 몇 차원 상위에 계신 최고의 하늘이 "태상천존 자미천황님"이셨는데 인류 그 어느 누구도 지금까지 이런 진실을 알아보지 못했습니다.

"태상천존 자미천황님"의 존재가 밝혀지면서 이제 종교 숭배자들과 종교 교주들은 저물어 가는 지는 태양이고, 인류 최초로 자미국을 건국한 필자 인황과 신감은 떠오르는 태양이 분명합니다.

인류가 찾아 헤매던 위대하신 하늘!

존귀하시고 대단하신 인류의 구심점이시고, 인류의 부모님이시며, 인류의 하늘님이시고, 천상세계 총사령관이시며, 인류의 생사여탈권을 주재하시는 하늘 중에 최고 높은 지극지존의 하늘이 태상천존 자미천황님이십니다.

자미국에 들어와서 하늘의 명(命)을 받들어 생령입천 의식을 행하지 못한 자는 하늘의 명호조차도 함부로 부를 수 없는 지극지존의 대단하신 하늘이십니다. 종교에서처럼 하나님, 부처님, 예수님 이름 부르듯, 친구 이름 부르듯 부를 수 있는 분이 아닙니다.

종교는 처음부터 하늘의 원뜻이 아니었습니다.

종교는 하늘의 원뜻이 아니었기에 어찌 보면 불교인, 기독교인, 도인이라고 표현함도 맞지 않습니다. 우리 인간이 이 세상에 태어날 때 인간으로 태어났듯이 우리 모두는 원래부터 인간이었을 뿐 불교인, 기독교인, 도인, 종교인이 아니었습니다.

우리 인간 모두가 원래 인간으로 태어났듯이 종교의 세계에서 탈피하여 대단하신 하늘 태상천존 자미천황님을 만나게 된다면 우리 모두는 그 위대한 하늘의 자손이 되는 것이니 그 얼마나 기쁘고 값진 일이겠습니까?

종교인으로 살아온 각자의 삶이 어둡고 칙칙한 밤의 인생이었다면 태상천존 자미천황님과 함께하는 삶은 밝고 환한 인생이라 할 수 있을 것입니다.

종교인으로 살아온 각자의 삶이 잘 보이지도 않고 들리지도 않는 흑백 텔레비전의 인생이었다면, 태상천존 자미천황님과 함께하는 삶은 잘 보이고, 잘 들리는 화려한 HD고화질 컬러텔레비전의 인생이라 할 수 있습니다.

종교인으로 살아온 각자의 삶과 각자의 가정이 사기 배신,

고소고발, 이별, 자살, 우울증, 질병으로 가득한 인생이었다면 태상천존 자미천황님과 함께하는 삶과 가정은 행복, 기쁨, 건강한 인생이라 할 수 있습니다.

자미국은 모든 종교세계를 초월한 세상이기에 기존에 어떠한 종교에 몸과 마음을 두고 있었던 이들도 거부 반응을 가질 필요 전혀 없습니다.

진정한 하늘 태상천존 자미천황님을 중심으로 천상감찰신명님(신명님), 천상천감님(하나님), 천상도감님(미륵님)이 함께 하시었으니 태상천존 자미천황님을 중심으로 이젠 기독교인, 불교인, 도인, 일반인 모두가 동참하여 함께하면 되는 일인데, 태상천존 자미천황님은 만 인류가 오랜 세월 종교 안에서 애타게 찾던 분이십니다.

지금까지는 진정한 하늘의 존함을 몰라 우리 만 인류는 각자 나름대로 예수님을 찾아, 하나님을 찾아, 상제님을 찾아, 성모 마리아님을 찾아, 미륵님을 찾아, 신을 찾아 헤매고 다녔는데 예수님, 하나님, 부처님, 미륵님, 모든 령(靈)의 최고 부모님이 태상천존 자미천황님이시라면 이해가 되겠지요?

그러나 이 세상의 사람들은 지금까지 이 하늘의 숨은 진실을 알 수가 없었기에 각자 나름대로 종교에서 전하는 부처님, 예수님, 상제님, 성모 마리아님, 미륵님, 기타 등등이 우주의 주인인 줄 알고 그분들 앞에 줄을 서서 머리를 조아리고 있었지만 그런 우리의 삶에는 어떠한 변화도 없었습니다.

다시 말해, 지금까지 이 세상의 사람들이 잘한다고 행했던 모든 종교적 행위들이 진정한 우주의 주인인 태상천존 자미천황님은 무시한 채 태상천존 자미천황님의 후손에게 빌고 있었던 것입니다.

우리 모두는 그동안 우주의 주인, 령(靈)의 진정한 부모님을 잃어버렸던 것입니다. 또한 진정한 하늘의 존함이 무엇인지도 모른 채 종교에 심취해 있었던 것입니다.

진정한 하늘!

태상천존 자미천황님의 존함이 드디어 이 땅의 사람들에게 밝혀지는 감격의 순간입니다. 만 인류는 하늘이 그리워 종교를 통하여 하늘을 만나고자, 하늘을 알고자 수천 년의 세월 동안 많이도 아프고 울었습니다.

그러나 그 위대하신 하늘! 태상천존 자미천황님께서는 종교의 세상이 아닌 자미국을 통하여 존재를 밝혀 주시고 계십니다.

태상천존 자미천황님께서는 말씀하시었습니다.

"하늘은 하늘 자체이고, 인간은 인간 자체이고, 조상은 조상 자체다"라고. 그렇기에 어느 누구도 종교가 될 수 없다고 하시면서 "진정한 하늘 세상에는 종교가 없다"고 하시면서, 진정한 하늘 세상에는 없는 "인간의 이론이 세운 인간의 종교" 그 어떠한 종교도 용납하실 수 없다고 하시었습니다.

그동안 수많은 종교를 통하여 수많은 사람들이 수많은 세월 동안 하늘의 진실을 알고자 했지만 이루어지지 않음은 바로 종교는 하늘의 원뜻이 아니었기에 이루어지지 않았던 것입니다.

“하늘에서 이루어진 것이 땅에서 이루어진다”는 말이 있듯이, 하늘의 원뜻대로 행해야 하늘의 기운을 받아 인간의 삶을 사는 동안, 또한 인간의 삶이 다한 사후세상에서도 하늘의 기운과 하늘의 보호를 받아 행복해질 수 있다고 가르쳐 주시었습니다.

종교는 하늘의 원뜻이 아닌 인간의 얄팍한 이론으로 인간의 얄팍한 이론이 최고인 줄 알고 인간이 세운 것이라고 가르쳐 주시었습니다. 수많은 사람들을 절대로 종교의 교리, 종교의 이론으로는 교화할 수 없음을 바로 알라고 하시었습니다.

수많은 사람들의 생김새가 다 다르고 수많은 사람들의 성격이 제 각각이건만 어찌 종교의 똑같은 이론이 수많은 사람들에게 일률적으로 통하겠느냐고 하시면서 인간의 종교에 역정을 내시었습니다.

종교에서 행했던 모든 행위들은 흔한 말로 똑같은 옷을 만들어 수많은 남녀에게 골고루 나누어주어 똑같은 옷을 입도록 하는 것과 같은 이치라고 하시었습니다.

수많은 사람들 속에는 남자도 있고, 여자도 있고, 살이 찐 사람도 있고, 마른 사람도 있고, 키가 큰 사람도 있고, 키가 작은 사람도 있고, 얼굴 피부가 하얀 사람도 있고, 얼굴 피부가 검은 사람도 있기 마련인데, 똑같은 옷을 만들어 수많은 사람들에게 준다면 그 옷이 정녕 맞는 사람들이 얼마나 있겠느냐고 반문하시었습니다.

종교에서 행하는 천도재, 기도의식이 바로 이와 같다고 하시었습니다. 각자 각자가 분명 다 다르거늘, 합동 천도재, 합동 기도들을 올리고 있으니 이것이 말이나 되는 행동이냐고 하시었습니다.

각자 각자에게 맞는 옷이 아닌 옷을 입었을 때, 각자의 모습이 그 얼마나 추할지 생각이나 해보고 종교에서 권하는 것들을 따라하는 것이냐고 하시었습니다.

종교생활을 오래하면 할수록 자신들의 삶이 고통, 아픔, 사기, 배신, 질병, 고소고발, 자살로 얼룩지게 됨은 바로 이런 이치라고 가르쳐 주시었습니다.

또한 진정한 하늘을 알고 싶어 하는 선량한 사람들에게 진정한 하늘의 진실은 전하지도 않은 채 무조건 굴복과 충성, 헌금과 시주를 강요하는 종교가 싫다고 하십니다.

인간의 욕심으로 자신들이 종교를 세워놓고, 종교가 하늘의 뜻이라는 둥, 예수님의 뜻이라는 둥, 부처님의 뜻이라는 둥 하면서 선량한 사람들을 속이는 종교 세상에 이제는 아주 역겹고 신물이 난다 하시었습니다.

종교는 하늘의 원뜻도 아닌, 또한 이 세상을 다녀간 성인 성자들의 뜻도 아닌 인간의 얄팍한 욕심과 잘남이 만들어낸 인간의 뜻이라고 하시었습니다.

깨달은 인간과 령(靈)은 하늘의 원뜻이 아닌 종교의 세상에 머물면서 더 이상 자신들의 인생과 자신들의 가족들을 혹사시킬 필요 없다 하시었습니다.

종교를 통하여 자신과 자신의 가족들을 희생과 봉사로 혹사시킨다고 하늘께 칭찬을 받는 것이 아니라 하늘의 원뜻과 반대인 종교 세상에 머무는 자들은 오히려 화를 입게 된다고 하시었습니다.

만 인류가 애타게 기다리던 유불선 통합이 자미국을 통하여 이루어지고 있고 그토록 그리웠던 하늘과 한 발짝 더 가까이 다가설 수 있는 영광의 길이 자미국을 통하여 이루어지고 있습니다.

태상천존 자미천황님께 선택받을 수 있는 길이 바로 우리의 현실로 이루어지고 있으니 이는 분명 개인의 기쁨을 초월하여 우리 천손민족(天孫民族)인 대한민국 국민 모두에게 기쁨의 일 아니겠습니까?

제2부

종교는 진짜 하늘을 찾기 위한 과정

종교는 진짜 하늘을 찾기 위한 과정이었다

독자 여러분!

“아버지 하나님”과 “하나님 아버지”는 엄격히 다릅니다. “아버지 하나님” 우리 육신이 살아있는 사람의 생령들의 아버지이신 천상천감님(기독교 천주교에서 찾던 하나님)을 뜻하는 말이었고, “하나님 아버지”는 천상천감님의 령(靈)의 아버지이신 최고로 높은 하늘이신 태상천존 자미천황님(生天靈)을 뜻한다는 경천동지할 진실이 인류 최초로 하늘이 땅으로 내린 국가 자미국에서 밝혀졌습니다.

독자 여러분!

기독교, 천주교에서 찾던 하나님이신 하늘 천상천감님께서 예수님을 이스라엘로 내려 보내 이 높고도 높으신 하늘(태상천존 자미천황님=生天靈)을 전하고자 하시었으나 예수님조차 이런 크나큰 하늘(생천령)의 족보를 전하지 못하시었고 오히려 인류가 예수님을 하늘 대접하고 있으니 천상천감님의 마음은 갈기갈기 찢어지셨습니다.

예수님의 령(靈)을 창조하신 분이 천상천감님이시라는 경천동지할 진실을 인류 어느 누구도 알지 못했던 것이며 하나님이신 천상천감님께서 만들어 주신 육신에 살아있는 우리 인간들과 함께하고 있는 수많은 생령과 사령들이 있습니다.

또한 불교, 도교에서 미륵님으로 지칭하며 찾았던 하늘(靈)이 천상도감님이심을 하늘이 땅으로 내린 국가 자미국에서 밝히고 있습니다.

천상도감님의 령(靈)의 아버지도 태상천존 자미천황님이시며 이 높고도 높으신 태초의 하늘을 전하시고자 부처님을 인도로 내려 보내 하늘의 족보를 알리시고자 하셨지만 오히려 인류가 부처님을 하늘 대접하고 있으니 천상도감님의 마음 또한 갈기갈기 찢어지셨습니다.

부처님의 령(靈)을 창조하신 분이 천상도감님이시라는 경천동지할 진실을 인류 어느 누구도 알지 못했던 것이며 미륵님이신 천상도감님께서 만들어 주신 육신에 살아있는 우리 인간들과 함께하고 있는 수많은 생령들과 사령이 있습니다.

또한 무속, 도교에서 찾던 최고로 높은 신(神)이신 천상감찰신명님의 령(靈)의 아버지도 태상천존 자미천황님이시며 이 높고도 높으신 태초의 하늘을 전하시고자 인류에게 수천 년의 세월 동안 여러 예언자를 통하여 메시지를 전하여 주셨습니다.

하지만 인류 어느 누구도 이런 진실을 알지 못했던 것이며 신명님이신 천상감찰신명님께서 만들어 주신 육신에 살아있는 우리 인간들과 함께하고 있는 수많은 생령들과 사령이 있습니다.

이 땅에 태초로 태어난 인간 태조님이 자미인황님이시라는 경천동지할 진실에 독자 여러분은 놀라움과 경이로움에 어리둥절하실 것입니다.

천상에는 최고로 높고도 높으신 하늘 태상천존 자미천황님께서 희로애락, 춘하추동의 원리로 천상감찰신명님(喜=희), 자미인황님(怒=로), 천상천감님(哀=애), 천상도감님(樂=락)의 령(靈)을 창조하시었음이 태초 이래 최초로 하늘이 땅으로 내린 국가 자미국에서 밝혀졌습니다.

천상감찰신명님, 천상천감님, 천상도감님께서는 하늘의 공무를 집행하시고, 자미인황님께서는 지상 인류의 공무를 집행하고 계신다는 경천동지할 진실을 전합니다.

천상감찰신명님, 천상천감님, 천상도감님 또한 령(靈)으로 존재하시는 분들로서 천상감찰신명님께서는 인류에게 희망을 주시며, 천상천감님께서는 인류에게 사랑을 가르치시는 분이십니다. 천상도감님께서는 천상세계 완성의 도(道)를 갖고 오셔서 인류에게 하늘 사람으로 태어나게 해주시고 계십니다.

우리 인간들이 수천 수억 년을 도통하고자 도(道) 공부를 하고 있지만 절대 이루어질 수 없는 이유는 천상도감님의 고유 영역이었기 때문에 안 되었다는 진실을 전합니다.

인류 최초로 밝혀지는 태초의 인간 태조님이신 자미인황님께서는 저자(인황) 육신 몸 주인의 생령이심을 밝혀내기까지 신감(女, 공동저자)을 통하여 수십 년간 매일 매시간 혹독한 하늘 공부시키시는 과정에서 밝혀진 진귀한 진실입니다.

자미인황님께서 천손민족이 찾던 최고의 하늘, 구원의 하늘이신 태상천존 자미천황님을 만 인류에게 널리 알려 지상의 육의 자손들이 행복하게 살 수 있도록 인간 생령들을 굴복시키시어 생령입천 될 수 있도록 해주시는 엄청난 지상공무를 집행하신다는 진실이 숨어있었습니다.

자미인황님께서는 모르시는 것이 하나도 없으시고 여러분의 마음까지도 훤히 알고계시는 엄청나신 분으로서 그 기상이 말로 표현할 수 없을 정도이고, 여러분이 지금 갖고 있는 이 세상의 모든 재물, 권력, 명예는 이분 것이라고 밝히시었습니다.

이 나라 및 세계를 주름잡는 기개가 대단한 각 나라의 대통령, 정치인, 권력자, 재벌, 고위공직자, 유명 스포츠선수, 유명 탤런트 및 가수 등 각 분야에서 내로라하는 재주가 있는 사람들은 자미인황님께서 창조해 주신 생령과 함께 한다고 보면 거의 맞을 것입니다.

이 책을 읽고 있는 독자 여러분께서는 이런 천상과 지상의 엄청난 족보를 알게 되었으니 인생 최대의 영광입니다.

독자 여러분!

하늘의 족보는 육신의 족보와 달라서 령(靈)의 족보입니다. 육신이 살아있는 독자 여러분의 생령을 창조해 주신 천상지상의 부모님은 과연 어떤 분이실지 무척 궁금하실 것입니다.

천상감찰신명님께서 창조해 주신 령(靈), 천상천감님께서 창조해 주신 령(靈), 천상도감님께서 창조해 주신 령(靈), 자미인황님께서 창조해 주신 령(靈) 등 각자마다 모두 다르다는 인류 최초의 진실을 전하는 바입니다.

독자 여러분!

곰곰이 생각해 보시기 바랍니다. 어떤 사람은 교회나 성당에 가서 예수님, 하나님을 찾아야 마음이 편하고, 어떤 사람은 절에 가서 부처님, 미륵님을 찾으면 마음이 편안하고, 어떤 이는 신(神)을 찾아 기도정진하면 마음이 편하고, 어떤 사람은 도통하고자 하는 것을 어떻게 생각하시는지요?

절에 다니다가 교회나 성당으로 개종하는 사람, 교회나 성당에 다니다가 절로 개종하는 사람을 어떻게 생각하시는지요? 가족 간에도 종교가 틀리며 왜? 종교 다툼이 일어나는지에 대하여 무척 궁금하셨을 것입니다.

이것이 바로 인간 육신의 반쪽인 각자의 생령들이 령(靈)의 부모님이 누구인지를 몰라 찾아 헤매는 과정이었던 것입니다. 인간 육신 각자의 령(靈)들이 구원을 받아 천상세계로 오르고자 수천 수억 년 동안 윤회를 거듭하며 애타게 찾아 헤매던 구원의 하늘이 바로 태상천존 자미천황님이십니다.

천상감찰신명님, 천상천감님, 천상도감님, 자미인황님께서는 이분들께서 창조하신 인간 육신과 함께하고 있는 령(靈)의 자손들을 구원하시고자 이분들의 령(靈)의 부모님이신 태상천존 자미천황님께 빌고 빌어서 인류 역사상 최초이자 마지막으로 인간 육신이 살아있을 때 생령들을 구원해 주시는 천재일우의 기회가 드디어 하늘이 땅으로 내린 국가 자미국에서 "생령입천"으로 이루어지고 있습니다.

인류 역사상 최초로 밝혀지는 이 위대한 하늘의 족보를 찾기까지 천손민족 나라조상님들의 숨은 공로와 자미국을 건국한 "인황"과 생령입천의 완성을 이루어 주는 "신감"의 피눈물 나는 고난의 길이 있었습니다.

인황과 신감을 통하여, 독자 여러분은 생령들을 받아주실 천계의 주인이 어떤 분이신지 드디어 알게 되었고, 생령들이 돌아가야 할 곳이 어디인지? 어떻게 가야 하는 것인지? 알게 되었습니다. 생령들이 인간 몸 주인 육신과 눈에 안 보이게 처절하게 싸우고 있어서 인생의 모든 풍화환란이 발생하고 있습니다.

천상감찰신명님, 천상천감님, 천상도감님, 자미인황님께서는 또다시 이 땅에서 존귀하신 하늘 태상천존 자미천황님이 아닌 인류(석가, 예수, 마리아, 상제, 공자 등등)가 추앙받는 잘못이 되풀이되지 않고 또 하나의 거대한 종교가 세워지지 않도록 합의 합심하시어 지상에 인황과 신감 두 명을 택하시고, 각기 다른 능력을 주시어 천상지상 공무를 인류 최초로 집행하시고 계시다는 경천동지할 진실을 알려 드립니다.

하나님이신 천상천감님 말씀

"천상천감님"(기독교에서 찾던 하나님)께서 머나먼 천상 자미천궁에서 자미국으로 강림하시어 애절하게 슬퍼하시며 내려주신 말씀을 올려봅니다.

천상천감님(기독교, 천주교에서 찾던 하나님)께서 오시어서 신감 인간 육신을 빌려 이렇게 절규하시면서 말씀하실 줄은 상상조차도 못했습니다. 어디 가서 하나님의 음성을 직접 들을 수 있을까요?

교회나 성당에서는 음성을 듣지 못하고 그저 믿습니다, 로 일관하는데 자미국에서는 이렇게 상상 속의 세계에 존재하실 것으로 믿고 있었던 하나님께서 친히 강림하시어 말씀을 하신다는 자체가 상상초월이었습니다.

지구촌에서 하나님의 음성을 직접 들을 수 있음은 인류 최초의 일입니다. 하나님께서는 변질되어 버린 기독교나 천주교로는 절대 안 가신다 하시니 지금 교회와 성당에서 하나님을 열심히 믿고 있는 교인들은 허상의 하나님을 믿고 있다는 진실을 알아야 할 것입니다.

그리고 천상천감님(기독교, 천주교에서 찾던 하나님)이 제일 높은 분이시고 창조주이신 줄 알았는데 위에 더 높은 하늘 태상천존 자미천황님이 따로 계시다고 밝히시어 더욱더 충격적이었고 놀랐습니다.

천상천감님께서 내려주신 귀중한 말씀을 옮겨봅니다.
【내가 얼마나 더 통곡을 하고 내가 너희들 앞에서 무릎을 꿇고 제발 하늘 좀 찾자고 얼마나 더 외쳐야 되느냐?

내가 나쁜 것을 하자는 것도 아니고 진정한 하늘을 찾자는데! 진정한 령(靈)의 부모님(태상천존 자미천황님)을 외치자는데 이것이 잘못이더냐?

하늘을 사랑한 게 나의 죄라면, 령(靈)의 부모님을 향한 마음이 나의 죄라면 난 그래도 후회를 안 한다!

하늘을 잃어버린 세월! 령(靈)의 부모님을 잃어버린 세월의 시간 동안 살아있는 인간은 얼마나 아팠고, 육신을 잃은 령(死靈)들은 하늘을 찾고자 얼마나 아프고 아팠는데, 그 아픔의 세월 번복하지 말자!

얼마나 더 깨져보고, 얼마나 더 상처받아 보고, 얼마나 더 돌아봐야 하늘 귀한 줄을 알겠냐? 인류가 진실을 모름에 내 가슴이 이토록 아프다. 이제는 진실을 바로 알고 바로 행해야 하지 않겠느냐? 그것이 진정한 믿음이고 사랑 아니더냐?】

미륵님이신 천상도감님 말씀

후천세계에는 부처 사후 3,000년 뒤에 미륵부처님(천상도감님)의 시대가 열린다고 세상에서 말하고 있는데 자미국으로 진짜 오셨네요. (북방불기로 1973년이 불기 3,000년 되는 해) 천기16년(2016)은 북방불기로 3,043년.

미륵부처님(천상도감님)의 말씀을 살아서 들을 수 있다니 정말 경천동지할 일입니다. 미륵님께서도 변질되어 버린 불교나 도교, 무속으로는 절대 가시지 않는다고 하십니다.

미륵님의 말씀을 받아서 인류에게 전할 신감 같은 인물이 전혀 없기 때문이라고 하십니다. 이제 종교 안에서는 미륵님을 만날 수 없으니 불교, 도교, 무속세계는 물론 기독교, 천주교 세계로는 진짜 하늘의 기운은 내려가지 않을 것입니다.

위대하신 창조주 하늘(태상천존 자미천황님)과 신명님, 하나님, 미륵님께서 모두 자미국(지상 자미천궁)으로 모든 천지기운을 내려주시고 함께해 주시고 계시니 다른 세계(종교)는 그야말로 허울 좋은 빈집입니다.

미륵님이신 천상도감님께서 "신감" 육신을 통하여 하신 말씀입니다.

【너희들은 과연 무엇을 원하고 있더냐? 무엇을 원하기에 귀한 인생들을 종교에 얽매여 허송세월들을 보내고 있더냐?

미륵인 나는 하늘(태상천존 자미천황님)을 원하는 자들에게 진정한 하늘을 찾아 주는 역할을 한다! 나는 만 인류가 잃어버린 하늘(태상천존 자미천황님)을 찾아 준다.

하늘 모르고 살았던 그 세월이 얼마나 뼈저린 세월이고 가슴 사무친 세월이었던가? 하늘을 내 수단으로 쓰려고 하지도 말고 내 잠시 잠깐의 삶을 편리한 대로 쓰려고 하지도 말아라.

하나의 인간을 만남에 있어서도 진정한 만남을 갖다보면 더 오래오래 도움이 될 수도 있지만, 내 잠시 잠깐의 이득에 눈이 멀어서 상대를 내 편리한 대로 쓸려고 하다 보면 모든 거 다 놓치게 되듯이 그런 미련한 짓 하지 말라.

마음으로 하늘(태상천존 자미천황님)께서 주시는 것을 받아야 인간의 삶에 웃음꽃이 피게 될 것이다. 더러운 인간세계, 인간의 이론, 종교의 이론에 물들어 하늘께서 주시는 큰사랑을 내 현실의 이득으로 눈앞의 아집으로 받았다가는 아니 받은 만도 못함을 명심하도록 하여라.

각자가 이 땅에서 하늘을 향해서 어떻게 살았느냐에 따라서 사랑하는 가족과 인생의 성공과 실패가 좌우됨을 한시도 잊어서는 안 된다.

하늘께서는 인류에게 가장 쉬운 행복의 길을 주셨는데, 인류는 진실을 알지 못하여 스스로 고통의 길, 질병의 길로 가고 있으니 이제는 진정한 하늘 태상천존 자미천황님을 중심으로 인류가 함께해야 진정으로 행복해짐을 명심해야 할 것이다.

인류는 각자 나름대로 열심히 산다고 하지만, 진정한 하늘을 몰라보고, 진정한 하늘을 무시하고 사는 삶이 어찌 열심히 잘 사는 인생이라 할 수 있겠느냐? 올바른 삶이 아니니 가다가 뒤집어지고, 가다가 망가지고, 가다가 저승길인 것이다.

인간은 스스로 내일 어떻게 될지, 오늘 행복하다가 내일 이승의 사람일지? 저승의 사람일지? 어느 누구도 알 수 없다. 사랑하는 자손들 내일 어떻게 될지? 무슨 일 일어날지? 안 일어날지? 인간은 알 수 없고 피할 수도 없다.

진정한 하늘께서만이 알고 하늘만이 해결책을 알고 계신다. 인간 각자의 삶과 가정, 사업, 국가의 안정과 평화를 위해서는 진정한 하늘의 힘이 절대적임을 잊으면 안 된다.

인간 각자가 열심히 노력하고, 희생 봉사하며 종교생활 열심히 한다고 해서 인생이 행복해지지 않음을 인정하고 하늘의 도움을 받고자 하는 이들이 현명한 사람임을 하루빨리 인지해야 할 것이다.】

윤회 이야기

미륵님이신 천상도감님의 윤회 말씀

【우리 인간이 임신했다고 표현하지 사람 가졌다고 표현 안 한다고 하십니다. 아직 사람이 아니기 때문이라고 하십니다. 그런데 태아들은 임신됐다고 나도 이젠 사람으로 태어날 거라고 생각 한답니다.

누군 한 달 후, 누군 몇 달 후 유산되고 낙태 되는데도 자신의 운명이 어찌 될 줄 모르고 사람으로 태어난다고 하고 있다 하십니다.

지나가는 개한테 사람이라고 부르는 사람이 어디 있느냐고 하십니다. 그러나 현생에 개들도 전생에는 사람이었을 수도 있다고 하십니다.

너희들도 지금 사람의 모습을 갖췄다고 다들 사람이라고 까불고 있지만 하늘께서 보실 때는 사람이 아니라고 하십니다. 그저 핏덩이일 뿐이라고 하십니다. 하늘과 땅이 함께(생령입천)해야 만이 진짜 하늘 사람(天人)이 된다고 하십니다.

가짜 하늘의 허구(천상도감님 말씀)

지금 제 앞에 진짜 제 아들이 있습니다. 주위에 백 명(종교인)이 나타나서 자신의 아들이라고 우겨댄답니다. 진짜 제 아들이기에 처음에는 싸워 이겨 보려 한답니다. 그런데 오랜 세월 가짜가 진짜 아빠라고 들이대면 제 자신도 진짜 내 아들이 아닌가? 하고 착각에 빠진다고 합니다.

그런데 제 아들도 맨 처음에는 저한테 아빠라고 하다가 오랜 세월 그들 중에 자기한테 잘해 주는 그가 진짜 자기 아빠인 줄 알고 착각에 빠지게 된다고 하십니다.

모든 인류가 이렇게 가짜 하늘의 이론(종교이론)을 받아들여 멍청이가 되어 가고 있다고 진실을 전해 주십니다. 살아있는 자가 뺏으러 와도 뺏기는데 눈에 보이지 않는 자(귀신)가 뺏으러 오면 그게 보이냐? 무슨 재주로 안 뺏기냐고 하십니다.

사랑하는 가족들을 불행과 아픔, 고통의 그 어떤 것에도 뺏기지 않는 것이 바로 가족 생령입천이라고 하십니다.

30년 교회생활의 종착역 생령입천

나는 누구인가? 왜, 인간으로 태어났는가? 죽은 후에는 어디로 가는 것일까? 과연 전생이란 존재할까? 어려서부터 이런 의문과 궁금증이 많았고 무엇으로도 채워지지 않는 마음의 빈자리가 컸습니다.

마음속에서는 끝없는 의문과 무언가를 찾아야 하고 '내가 왔던 곳으로 다시 돌아가야 한다'는 마음속에서 들리는 간절한 메시지를 들으며 답을 찾고자 몸부림 쳤습니다.

고등학교 때 친구의 전도로 교회를 다니게 되었고 내가 알고자 했던 답을 찾을 수도 있다는 마음에 처음으로 교회를 다니게 되었습니다.

처음 예배에 참석했을 때 목사님의 설교를 듣는데 난생처음 보는 성경책과 찬송가를 친구의 도움을 받으며 따라 부를 때 저의 마음속에서는 '너는 죄인이다' 하는 강한 마음의 소리가 들렸습니다.

나의 마음속에서만 들리는 이상한 소리에 식은땀이 났고 가시 방석에 앉아 있는 것처럼 저는 고개를 숙이고 벌벌 떨고 있었습니다. 저의 이상한 마음과 행동에 놀라 주변을 둘러보아도 남들은 평범하였습니다. 예배가 끝난 후 친구에게 제가 느꼈던 감정들을 애기 하니 은혜 받아서 그런 거라 하였습니다.

나에게만 들렸던 소리 "너는 죄인이다"라는 음성이 저를 힘들게 하였고 누가 나에게 들려주는 소리일까? 왜, 내가 죄인인가? 어려서부터 착하다는 소리를 들었고 효녀라는 소리를 듣고 자랐던 나는 이해할 수가 없었습니다.

그 뒤로도 나의 마음속에서 '너는 죄인이다'라는 소리가 사라지지 않고 주홍글씨처럼 항상 따라 다니며 뭔가를 알고 싶어 하고 찾아야 한다는 마음의 소리가 느껴지며 나의 생각과 마음속에서 꿈틀거리기 시작하였습니다.

어려서부터 하늘이 그리웠고 밤하늘의 별을 보며 이유도 모르고 슬퍼서 눈물을 흘렸고, 저는 또래 친구들과 조금은 다른 생각에 잡혀 있다는 것을 알고 있었기에 끝도 없는 마음의 의문과 갈등에서 벗어나기 위해서는 정확한 답을 찾아야 만이 이 고통에서 벗어 날수가 있다고 생각하였습니다.

파란 하늘만 보아도 눈물이 났고, 따뜻한 봄 햇살을 받아도 눈물이 났고, 길을 걷다가도 이유도 모르고 눈물이 흘렀습니다. 맛있는 음식을 먹고 친구들과 수다를 떨고 여행을 가도 항상 마음 한쪽이 허전하였고 외로웠고 무엇으로도 채워지지 않는 공허함에 저는 언제나 외로움을 느꼈습니다.

결혼을 하고 자녀를 낳고 교회생활을 열심히 하였지만 시간이 지날수록 저의 마음에 의문과 답답함은 더욱 커져만 갔고 교회를 열심히 다니고 기도를 해도 마음속의 의문은 풀리지 않았습니다.

목사님, 기도원 원장, 은사자들에게 저의 의문을 질문하면 다들 대충 둘러대고 믿음이 없어서 그런다 하고, 믿음은 의심하는 것이 아니라 하여서 다른 종교서적 책들도 읽어 보았지만 비슷한 내용들을 서로 자기 종교 교리적인 입장에서 자기 종교만이 최고이고 구원이라고 하였습니다.

저 하늘 끝에는 누군가가 있는 것 같았고 어딘지도 정확히 모르지만 내가 왔던 곳으로 다시 돌아가야 한다는 마음의 간절한 소리에 답을 찾고자 열심히 교회생활을 하였습니다.

불교를 믿는 시댁과 남편의 반대와 어려움도 극복하며 저의 한 가지 소원은 살아서는 힘든 삶이어도 죽어서는 고통스럽지 않다는 세상 천국에 가고 싶었습니다.

새벽기도, 령성훈련, 사역자 훈련, 내적치유, 제자훈련 등 열심히 신앙생활을 했습니다. 저에겐 간절한 소원이 있었기에 남들보다 더 열심히 최선을 다해서 충성하였습니다. 아침이슬과 같은 짧은 인생의 삶에서 제가 무엇을 선택하였는지에 따라서 사후세상의 엄청난 결과가 있다고 생각하였기에 오직 죽어서는 천국에 가는 것이 저의 간절한 소원이었습니다.

온 맘과 정성을 다해 교회를 다녔고 목사님과 기도원 원장들을 섬겼고, 하나님을 향한 나의 마음은 너무도 간절하였습니다. 힘든 일도 마다하지 않았고 남들이 하기 싫어하는 일들을 자처하며 천국 갈 수 있다는 기쁜 마음으로 교회생활을 하였습니다.

세상 사람들이 모르는 보물을 가진 것처럼 행복한 마음으로 열심히 충성, 봉사하며 살아왔습니다. 그러나 시간이 지날수록 교회의 문제점, 성경의 모순, 교회의 비리, 목사님들의 잘못된 모습들을 보면서 뭔가 잘못되었다는 마음이 들었습니다.

교회를 다니는 교인들끼리 서로 생각만 달라도 이단이고 사탄, 마귀 취급하고 자기 교회만이 구원이라 주장하고 다른 종교를 믿는 사람들을 무시하며 제사문제로 시어머니와 며느리, 형제간에 원수처럼 지내고, 말로는 사랑을 외치지만 교인들의 가정에서는 행복하고 화목한 모습은 찾아보기 힘들었습니다.

진짜 하나님이 원하시는 것이 무엇인지 인류를 창조하시고 천지창조하셨다는 신(하나님)은 한 분인데 왜? 종교마다 구원받는 방법이 다르고, 서로 이단이라 비난하고, 사탄 마귀라 싸우고 과연 종교는 누구를 위하여 세워진 것일까?

진짜 신(하나님)을 믿으면 힘들고 아픈 가정이 회복되고 희망이 넘쳐야 하는데 대부분의 종교인들을 보면 가정은 소홀히 하고 천국, 극락세계 가려면 열심히 충성해야 한다 하여 종교 때문에 이혼하고 가출하고 명절이면 제사문제로 조상님께 절하는 문제로 형제간에 살인을 저지르는 끔찍한 현실에서 과연 종교란 무엇인가, 라는 생각이 들었습니다.

인간들은 나약하고 연약하기에 인간의 힘으로 감당하기 힘든 어려움 앞에서 본능적으로 신(하나님)을 찾게 되는데 교회를 다니면 가족이 더 행복해지고 무탈하게 지낼 줄 알았는데 저의 처한 상황도 그랬고 주변에 저처럼 더 열심히 교회생활을 하는 사람들의 삶을 보면 끝도 없는 기도와 헌신에 감정이 메말라 모두 지쳐가고 있는 모습들을 보며 진짜 신(하나님)을 향한 갈망하는 마음은 더욱 커져갔습니다.

나의 간절한 소원은 '내가 왔던 본향(천국)으로 다시 돌아가는 것인데' 어디를 가야 그 길이 보이는지, 누가 나를 그 길로 안내해 줄 것인지? 그동안 종교의 거짓에 많이 속아 누구도 믿기 힘들었습니다.

"제가 선택할 몫이니 부디 저를 불쌍히 여기시고 천국 가는 길로 인도해 주세요. 저는 미련하고 부족하고 연약하고 악합니다. 제가 천국 가는 길을 잘못 찾아가고 있으면 어떻게든 제가 알아들을 수 있게 해주시고 때려서라도 꼭 천국 가는 길로 인도해 주세요" 간절하게 기도하며 애타게 찾았습니다.

이렇게 많은 갈등과 고민 속에서 30년 동안 열심히 신앙생활을 해도 마음의 의문과 빈자리는 채워지지 않았고 너무 지쳐서 포기하고 싶어질 때, 어느 날 목사님께서 "예수를 믿지 않고 죽은 조상들은 이미 지옥에 갔고 꿈에 조상의 모습으로 나타나는 것은 귀신이 가장 가까운 사람의 모습으로 둔갑하여 미혹하는 것이다.

죽은 조상은 사탄, 마귀이니 예수 이름으로 물리쳐라"는 설교를 듣고 있었고 성도들은 "아멘" 하고 대답을 하고 있었습니다. 그때 저의 마음속에서 "조상님은 사탄, 마귀가 아니야, 너를 낳아준 뿌리야" 하는 소리가 들렸습니다.

이때부터 저는 저의 조상님들에 대해 궁금해졌고 우리나라에 기독교가 들어 온지 120년이므로 예수를 믿지 않고 죽은 사람들이 정말로 다 지옥에 갔다면 이건 너무 불공평하지 않는가 하는 생각이 들었습니다.

예수를 알고 믿을 수 있는 기회를 주고 본인이 안 믿었을 경우에는 지옥 간다 하면 할 말이 없지만 시대를 잘못 만나서 보지도 듣지도 못한 예수를 믿지 않았다는 이유로 무조건 지옥 갔다면 이건 너무 부당하다 생각되었습니다.

조상님들의 사후세상에 대해서 알고 싶었지만 속 시원히 답을 주는 자 없었고, 불교에서는 천도재를 올려야 한다고 하고, 다른 종교 단체에서는 자기들이 원하는 조상님 의식을 해야 한다고 하였지만 저의 마음의 의문은 풀리지 않았습니다.

벙어리 냉가슴 앓듯 혼자 끙끙 앓고 있을 때 천기 12년(2012) 5월 신문광고에 '천지령'이라는 책 제목을 보는 순간 '이거다' 하는 마음의 소리가 들렸고 다음날 주문해서 읽어보니 그동안 제가 그토록 찾았고 알고 싶었던 조상님의 사후세계 이야기, 천상세계 이야기, 인간으로 태어나 완수해야 할 사명 등이 있었고 기존에 알고 있었던 종교의 교리와는 차원이 너무 높은 내용이었습니다.

책을 읽고 자미국(紫微國)을 찾아가 제가 그동안 알고 싶었고 풀리지 않던 마음속의 의문들이 속 시원히 해결되면서 갈증이 해소되었습니다. 마치 사막에서 물이 없어 목이 말라 다 죽어갈 때 바로 눈앞에 오아시스가 펼쳐지는 기적이었습니다.

책을 집필한 저자와 상담하면서 그동안 나의 마음속의 갈등과 의문들을 쏟아 놓으며 질문을 하니 하늘세계, 신의 세계, 조상님의 세계, 사후세상, 인간으로 태어나 반드시 해야 될 사명에 대해 자세하게 설명을 해주시는데 누군가가 저의 마음속의 의문과 갈등을 알고 '천지령' 책 속에 답을 기록해 놓은 것 같았습니다.

상담을 마치고 돌아온 후 신기하게도 저의 마음속에서는 박하사탕처럼 시원한 마음이 들며 그동안 풀리지 않았던 답답함이 사라지고 몸도 마음도 가벼워졌고 텅 빈 마음이 가득 채워졌고 외롭고 허전했던 마음이 사라졌습니다. 너무도 신기하여 이게 꿈인가? 생시인가? 정말인가? 한참을 생각했지만 드디어 정답을 찾은 것 같아 행복하였습니다.

그동안 저의 마음속에서 소리를 들려주고 메시지를 보낸 존재가 바로 저의 생령(生靈)이라고 하였습니다. 사람의 몸은 령과 혼과 육신으로 되었다고 알고 있었는데 생령이라는 말은 처음 듣고 생소하였지만 상담을 통해 생령에 대해서 자세한 얘기를 들을 때 저는 이유도 모르고 통곡하며 울고 있었습니다.

마음속 깊은 곳에서 간절함이 밀려오며 마치 누군가가 자신의 존재(생령)을 알아주는 것에 대한 고마움과 기쁨, 왜? 이제야 알아주는지에 대한 서러움이 느껴지며 지금껏 살면서 이렇게 울면서 기쁘고 좋아 어깨춤이 절로 나기는 처음이었습니다.

그동안 종교에서는 사람이 죽으면 령과 육이 분리되어 령이 천국으로 올라간다고 알고 있었는데, 살아서 나의 생령(生靈)이 천국(천상 자미천궁)으로 돌아가기 위해 저의 마음에 메시지를 주었고, 제가 그동안 겪었던 아픔과 고통, 주변의 힘든 상황들이 나의 생령이 천국(천상 자미천궁)으로 보내 달라고 나의 육신에게 보내는 너무도 간절하고 안타까운 절규였음을 생령입천 의식을 하면서 알게 되었습니다.

생령들이 령(靈)의 고향인 천상으로 돌아가고자 인간 육신들을 데리고 종교를 믿고 있으나 종교를 통해서는 뜻을 이루지 못함에 각자의 몸 안에 있는 생령들이 인간 육신을 통하여 저주와 분노를 폭발하게 됨으로써 인간의 삶은 이혼, 가출, 심장마비, 부부싸움, 알코올중독, 사업실패, 사기, 배신, 구속, 암 등으로 우리의 삶으로 보여 지게 됨을 알게 되었습니다. 우리 인간 각자가 겪고 있는 크고 작은 사연들은 생령들의 울부짖음이었습니다.

생령이 천상으로 돌아가기 위해 이토록 무섭게 자신의 존재를 알리고자 인간의 삶에 평지풍파를 일으키고 있다는 것을 지구 창조 이래 처음으로 밝혀지는 태초 하늘의 엄청난 진실이 자미국을 건국하신 인황님과 신감님을 통하여 드디어 세상에 공개되게 되었습니다.

저 역시 말만 하면 남편과 싸우게 되었고, 이유도 없이 남편은 제가 보기 싫다고 하고, 딸아이는 자신에게 불리하거나 마음에 안 들면 엄마 때문이라며 억지를 부리고 아들은 중학교 때부터 친구들과 어울려 놀기를 좋아하고 가끔씩 가출을 하고 담임선생님의 호출로 몇 번씩 학교에도 가서 봐 달라고 사정도 했습니다.

하루하루가 가족끼리 숨 막히는 전쟁이었고 남편과 아들, 딸이 돌아가면서 저를 힘들게 하였고 남편의 사업도 어려워져서 신용불량자가 되었습니다. 현실에 닥친 어려움도 크지만 끝도 없이 괴롭히는 마음속의 의문들은 천상으로 돌아가야 하는 길을 찾아야만 된다는 생각과 마음이 저를 사로잡았습니다.

금식기도, 철야기도, 중보기도, 사명자라서 신학을 해야 한다고 해서 신학교를 다녀 보았지만 점점 더 숨 막히고 이제는 감당하기 힘든 경제적인 어려움과 정신적인 고통에 하루하루 사는 것이 힘들었습니다.

천기 13년(2013) 10월 저의 생령입천 의식을 행한 후, 저의 마음과 몸과 가족들과 남편의 사업에도 큰 변화가 일어났습니다. 그동안 힘들었던 일들이 마치 언제 그랬냐는 듯 거짓말처럼 풀리기 시작했고 처음으로 딸이 '엄마 덕분에 살았네, 엄마 고마워'라고 웃으면서 얘기하고, 속을 썩이던 아들은 저에게 잘못했다고 하며 지금은 착실하게 학교생활을 잘하고 있고, 남편의 사업은 조금씩 안정이 되고, 경기가 힘들어도 자리를 잡아 가고 있어 시댁 식구들과 친정 식구들은 우리 가족들의 변화에 놀라고 있습니다.

"천지령" 책을 읽고 방문하여 상담할 때 저의 가족들이 겪고 있는 아픔과 고통이 바로 제 생령이 천상으로 돌아가고 싶다는 간절한 마음을 저의 육신에게 알아달라고 보낸다는 것을 처음에는 믿지 않았으나 생령입천 의식 후 삶의 변화로 확실히 알게 되었고, 그동안 너무도 궁금했던 저의 마음속의 메시지를 주는 그 누군가가 궁금했는데 바로 저의 생령이었다는 놀라운 사실을 알게 되었습니다.

생령들은 천상세계로 가고자 육신의 삶을 뒤집어엎고 있었습니다. 생령의 존재를 모르고 생령의 진실을 모르다 보니 사람들은 무슨 일이 생기면 삼재라서, 팔자가 사나워서, 부모 복이 없어서, 정성이 부족해서, 조상님이 춥고 배고파서, 산소가 탈이 나서, 기도가 약해서 라고 생각합니다.

그래서 굿과 부적, 천도재와 치성을 올리느라 난리법석이고 종교인들은 교회, 성당, 사찰에서 철야기도, 금식기도 하며 회개를 하고 참회를 하고 있지만 인간의 힘든 삶에는 아무런 소용이 없습니다.

끝도 없이 마음속에서 느껴졌던 '내가 왔던 곳으로 다시 돌아가야만 한다'는 간절한 말은 바로 저의 생령이 육신에게 보내는 절규였고 몸부림이었습니다. 생령들의 원과 한이 풀려야 인간 육신의 삶이 풀려서 잘살게 된다는 진실을 처음으로 밝히고 있는 자미국은 기존의 종교 단체가 아니고 잃어버린 생령을 찾아 주고 천상으로 보내주어 그야말로 사람들이 갈망하는 무릉도원의 삶을 살아갈 수 있는 방법을 알려주는 인류 최고로 대단한 곳입니다.

30년 동안 교회를 다니며 천상(천국)으로 돌아가는 길을 찾고자 죽을힘을 다해 충성, 봉사, 기도하였고 다른 종교의 서적들도 읽어 보았지만 결국 종교 안에서는 천상으로 돌아가는 방법을 찾지 못하였습니다.

처음 교회를 갔을 때 '너는 죄인이다'라는 마음속의 소리가 들렸고 그 의문이 생령입천 의식을 하면서 풀리기 시작하였습니다. 현재 74억 인류와 수많은 조상님들은 태초 하늘이신 태상천존 자미천황님을 배신하고 천상세계를 뒤집어엎고 반란을 일으켜 천상세계의 법도를 어긴 죄인들이고 지구로 쫓겨난 자들이 인류라는 것을 알게 되었습니다.

천상세계에서 법도를 어기고 도망치고 인간세상으로 쫓겨난 역천자 죄인들의 신분들인데 태초의 하늘께 죄를 빌지 않고 오히려 잘살게 해달라고 복을 달라고 빌고 있고 명예, 출세, 돈을 쫓아 사는 죄인들이라고 하셨습니다.

이제야 왜? 내가 죄인인지? 인정하게 되었고 저의 생령은 윤회를 통해 고통 속에서 죄를 뉘우치며 그리운 천상세계로 다시 돌아가고 싶은 마음에 저의 가족들과 남편의 사업을 엉망으로 만들고 저의 마음속에서는 자나 깨나 천상으로 돌아가기만을 오매불망 기다렸던 것입니다.

30년 동안 교회의 신앙생활과 여러 종교서적들은 지금 자미국의 존재를 이해하고 받아들일 수 있는 과정의 좋은 밑거름이 되었고, 저의 생령이 천상으로 돌아가는 소원을 이룬 곳은 종교와 상관없는 자미국이었습니다.

육신의 삶과 생령의 삶을 개벽시켜 주시고 살려 주신 자미국의 인황님과 신감님이야 말로 고통과 아픔에 가득 찬 인류를 진정으로 구원할 인류의 등불이 맞습니다.

천기 16년(2016) 4월 김○○ 올립니다.

제3부
생령입천 창시부터 완성의 길

생령입천 창시부터 완성까지의 과정

독자 여러분은 지금부터 불, 언어, 종교, 원자폭탄, 컴퓨터, 핸드폰의 발명(발견)보다 더 위대한 인류 역사의 최고 발명(발견)인 생령입천의 창시부터 완성하기까지의 피눈물 나는 과정을 알게 되는 시간이 될 것입니다.

"뿌린 대로 거둔다"는 말이 있듯이 이 세상 모든 것은 공짜로 얻을 수 없고 반드시 그에 상응하는 대가와 노력이 있어야 가능합니다.

수천 수억 년 동안 인류가 전혀 몰랐던 인생풍파의 주범인 생령을 밝혀내 인간 육신인 본인은 물론 가족 모두가 행복 할 수 있는 생령입천 완성의 과정! 실로 피 눈물 나는 과정이었습니다.

보이지도 들리지도 않는 하늘 공부 과정을 통한 피눈물 나는 장고의 세월이 있었음에 생령입천이라는 인류 최고의 선물을 하늘로부터 받아 천손민족 모두가 함께 행복해지는 길이 열렸습니다.

수백수천 년 전부터 성경, 불경, 도경은 물론 우리나라의 선

각자와 세계의 예언자들이 이미 말했던 천손민족이 령적 강국이 되어 세계를 호령하며 지배통치 하게 된다는 예언들을 현실로 이룰 수 있는 방법은 바로 생령입천이었습니다.

개인은 물론 국가 모두가 고통의 길에서 벗어나 진정으로 자유롭게 행복할 수 있는 생령입천! 찾는 과정은 아팠지만 하늘께서 인류에게 주신 최고의 보물임에 틀림없습니다.

이미 이름을 알리고 이 세상을 떠난 예수, 석가, 공자, 노자 등등이 해내지 못한 일을 자미국의 인황과 신감이 드디어 이루어내었으니 자미국의 기쁨이자 이 혜택을 누리게 될 대한민국 국민들의 기쁨이고 이 영광을 누리게 될 세계인의 기쁨이라 할 수 있습니다.

훌륭하신 나라조상님의 공로

위대한 하늘을 감동시킨 나라조상님들인 환인, 환웅, 단군 72위 나라조상님들과 역대 제왕, 각 성씨 시조조상님의 간절한 바람은 하늘, 땅, 인간을 창조하신 대우주 천지인 창조주이신 하늘을 이 땅에 세우는 일이었다.

나라조상님들께서는 살아서나 죽어서나 한결같은 마음으로 대한민국 이 나라가 잘되기를 바라고 또 바라고 계셨다. 나라조상님들께서는 우리 산 자손들이 지은 죄를 우리 산 자손들을 대신하여 손수 본인들의 죄라 하시며 항상 우리들 모두를 보호하고 지켜주시고자 밤낮으로 애쓰셨다.

나라조상님들의 애끓는 나라 사랑과 백성 사랑의 마음, 하늘을 감동시킴에 부족함이 없었다. 수천 년의 세월 동안 나라조상님들께서는 그 위대한 하늘을 이 땅, 대한민국에 세우시고자 피나는 노력과 헌신의 노력을 하셨다.

나라조상님들께서는 우리 대한민국을 건국하시고 대한민국 자손을 낳으시어 대한민국 이 나라를 창성시키시어 우리 대한민국 국민들 모두를 이 땅에 살게 해주신 주인공들이시다.

우리 대한민국 자손들의 탄생. 어느 날 갑자기 하늘에서 뚝 떨어진 것이 아니다. 또한 어느 날 갑자기 땅속에서 솟아오른 것도 아니다. 우리에게는 엄연한 뿌리가 있다.

우리의 훌륭한 뿌리는 나라조상님들이셨고 우리는 모두 나라조상님들의 뿌리에서 나온 열매들이다. 하찮은 미물조차도 출생의 뿌리가 있건만, 우리 대한민국 국민들이 뿌리가 없다면 세계적으로 그 얼마나 창피한 일이던가?

그 뿌리조차도 몰라보고 뿌리의 존귀함과 고마움도 몰라보고 살아온 우리 대한민국의 자손들. 나라조상님 모두에게 그 얼마나 불효였단 말인가? 하지만 훌륭하신 나라조상님들께서는 이를 개의치 않으시고 대한민국을 지켜주시고자 피나는 노력을 하시면서 인고의 오랜 세월을 보내셨다.

심지어 우리 모두가 잠든 깊은 밤의 시간에도 우리를 지켜주시고자 하늘 전에 우리 모두의 행복과 건강을 우리 모두를 대신하여 기원하여 주시며 눈물 어린 충성을 하고 또 하셨다.

우리의 나라조상님들 정말 감사합니다. 그 깊은 은공을 몰라보고, 산 우리들이 잘나서 잘 먹고 잘사는 줄 알았는데, 그 깊은 사랑이 숨어 있는 줄 어느 누가 감히 알았겠습니까? 우리들은 지금까지 나라조상님들의 피맺힌 눈물을 먹고 자랐습니다.

부모가 자손에게 끝없이 주는 사랑의 마음, 이 마음이 바로 나라조상님들께서 우리 모두를 사랑하는 마음이셨습니까? 나라조상님들께서는 우리를 살리시고자 그 위대하신 하늘! 태상천존 자미천황님 전에 빌고 또 비시어 다른 나라가 아닌 우리 동방 땅! 대한민국으로 하늘의 천지기운을 내려주실 것을 수천 년의 세월 동안 원하고 바라셨다.

나라조상님들께서 왜? 긴 세월을 하늘 전에 충성에 충성을 하셨을까?

힘든 삶에 지친 대한민국 자손 모두에게 하늘의 령(靈)의 부모를 찾아 주어 위대한 하늘의 보호를 받게 함으로써 인생사 근심걱정 없이 모두가 행복하게 잘살았으면 하는 자식 사랑의 마음과 쓰러져 가는 이 나라가 하늘의 전지전능하신 대 능력으로 다시 우뚝 서 세계만방으로 이름을 떨치었으면 하는 나라 사랑의 마음이셨다.

나라조상님들께서는 많은 수행, 많은 고통의 시간을 통하여, 우리 산 사람들로서는 감히 알 수조차도 없었던, 우리 살아있는 모든 생령과 이미 이 세상을 떠난 그 모든 사령들을 창조하신 분은 일반인이 알고 있는 기독교의 하나님이 아니라 "태상천존 자미천황님"을 중심으로 천상감찰신명님, 천상천감님, 천상도감님, 자미인황님이셨음을 수천 년의 세월을 통하여 알게 되셨다.

"씨를 뿌린 자가 열매를 거둘 수 있다" 하였듯이 령(靈)을 만드신 분께서만이 그 령(靈)을 구원해 주실 수 있다는 하늘의 깊은 이치를 깨달으셨다.

이 깨달음을 통하여 한 가정의 사명자 생령이 구원받음으로써 그 가정의 자손들도 모두 구원받아 편안해 질 수 있다는 하늘의 진실도 알게 되었다.

한 가정의 구원은 너와 나의 구원으로 이어지고, 너와 나의 구원은 우리 모두의 구원으로 이어지고, 우리 모두의 구원은 국가 구원으로 이어지고, 국가 구원은 국가 부흥으로 직결됨도 알게 되었다.

많은 세월의 시간 동안 후손들로부터 냉대를 받아왔으나 그 섭섭한 마음을 모두 잊으시고 사랑의 깨달음을 통하여 깨닫지 못한 살아있는 자손 후손 생령들을 구원의 길로 안내하시고자 마음의 문을 활짝 열기로 합의 합심, 합의 동참하시었다.

그동안 후손들이 여러 종교에 세뇌되어 홀대한 생각을 하면 미움이 앞서지만, 사후 령(死靈)의 세계에서 아픔을 뼈저리게 체험하신 나라조상님들께서는 미우나 고우나 당신들이 모두 뿌린 씨앗(자손)들에게 상처받은 마음을 감추시고, 후손 령(生靈)들에게 하루빨리 천상궁전 자미천궁으로 올라가서 행복하라고 인간세계에 전하시느라 여념이 없으시다.

하늘과 조상, 산 사람 모두가 기쁘고 행복해지는 지름길은 육신이 살아있을 때 행하는 생령입천이다. 살아있는 육신의 생령입천을 최종적으로 윤허해 주실 분은 하늘이신 “태상천존 자미천황님”뿐이시고, 이 생령입천을 행해 주는 곳은 천상 자미천궁이 지상에 내린 “자미국” 단 한 곳뿐이다.

이 모든 진실을 나라조상님들께서는 알게 되셨기에 72위 나라조상님들과 각 성씨 시조조상님들께서는 이 뜻을 지상과 생령세계에 전하여 이제는 백성과 나라를 부흥시키고 잃어버린 옛 부귀영화를 되찾고자 하신다.

72위 나라조상님들과 각 성씨 시조조상님들은 하늘의 천지기운을 이 땅의 자미국 “인황”에게 내리게 하신 1등 공신들이시다. 우리 모두도 종교의 중심이 될 수 없듯이 이분들과 각 개인의 조상님들도 종교의 구심점이 될 수 없다.

나라조상님들은 종교의 대상이 아니시며, 후손들이 이 땅에서 살 수 있도록 우리 모두를 낳아주시고 정성과 사랑으로 길러주신 육신의 아버지와 어머니이다.

우리 모두는 이제 각자의 육신의 어버이이신 자신의 조상님과 생령의 어버이이신 하늘께 정중히 고개를 숙여 예의를 갖추어야 한다.

조상님들이 계셨기에 현재의 내가 있거늘 그 부모님의 사랑과 은혜를 몰라보고 부모님이 죽었다고 부모조상, 형제조상에게 마귀니 사탄이니 한다면 인간의 도리, 자손의 도리가 아니다. “입장 바꿔 생각해 봐”라는 말이 있듯이 자신이 죽은 후 자식들이 본인에게 마귀니 사탄이니 하였을 때 그 말을 들은 본인의 마음은 과연 어떠하겠는가?

감히 있을 수 없는 일이다. “있을 때 잘해, 후회하지 말고”라는 말이 있듯이 우리의 삶이 장구한 것 같지만 눈 깜짝할 사이이다.

우리의 육신이 아직도 살아있음에 감사하며, 인간의 육신이 살아있을 때, 인간의 도리, 자손의 도리를 충실히 하여 하늘과 조상님 전에 부끄럽지 아니하고, 자랑스러운 자손이 되고자 인간의 육신이 살아있을 때 최선을 다하여야 한다.

인간의 육신으로 머무는 동안 본인 스스로가 하늘과 조상님 전에 불효만 하였다면 그 많은 죄들을 과연 무엇으로 씻을 수 있을지 깊이 생각하고 각자 살아온 인생을 다시 반성하고 자신들이 지은 죄는 살아서 생령입천을 통하여 모두 용서를 받고 이 세상을 정리하기를 나라조상님 모두는 간절히 원하고 바라신다.

육신이 죽어서 비는 죄는 아무 소용이 없다. 육신이 아직 살아있음은 조상님들이 살아생전에 지은 죄와 자신이 지은 죄를 빌 수 있는 하늘이 주신 유일한 기회이다.

하지만 인간들은 자신들이 뭐를 잘못했는지 잘 모르고 있고, 어디에서 어떻게 비는 것인지조차도 전혀 알지를 못하고 있다. 그 죄를 빌 수 있는 곳은 전 세계에서 지상 자미천궁 "자미국" 하나뿐이고 생령입천을 행하는 것이다.

9,215년 전 건국 시조 환인천제님이 전하는 메시지.

이 나라를 9,215년 전에 러시아의 바이칼 호수 근처에 세우신 초대 환인천제 1세 안파견 조상님. 우리 모두의 조상님이자 우리 모두의 원뿌리이신 안파견 조상님의 한 맺힌 말씀이 있으셨다.

"천손민족인 한민족이 너무나 부끄러워 감히 하늘을 대할 수가 없구나. 이 나라를 내가 어찌 세웠는데 후손들은 그 공로도 몰라보고 자신들의 영욕만 추구하며 가난과 불행만 탓하고 있단 말인가?

너희들의 뿌리인 내가 사후세계에서 너희들로 인하여 가슴이 너무 아파 원과 한이 사무쳤건만, 찾아 주는 자손 하나 없고 잘 있는지조차 안부 인사를 물어 봐 주는 자손이 없으니 하늘이 노할 일이고 땅이 노할 일이로다.

잘 들어라. 너희들의 뿌리인 내가 아프도다. 뿌리인 내가 아픈데, 열매인 너희들이 잘될 줄 알았느냐? 너희들 인생의 아픔, 고통, 한숨은 나의 아픔과 고통이었고, 나의 한숨 이었느니라. 너희들이 잘살기를 바란다면 뿌리를 찾아라.

뿌리를 못 찾으니 각자의 인생들이 허공에 뜬 인생들이지. 허공에 뜬 인생들이니 불안하고 답답하고 서글프고 무섭지. 이제부터는 육신의 뿌리를 제대로 찾고 령(靈)의 뿌리를 제대로 찾아 허공에 뜬 불쌍한 인생들 살지 말고, 안락하고 포근한 하늘의 보금자리 찾아 영원히 정착할 령(靈)의 안식처를 찾도록 하여라" 하시는 자식 사랑하는 절규의 말씀이 있으셨다.

나라를 세운 개국시조 72위 나라조상들을 찾아 주는 자손들이 없음에 섭섭해 하시며 울부짖고 계시건만 이 뜻을 아는지 모르는지 산 자손들은 제 앞가림들만 하고 있다.

하늘의 명을 받고 인간세계 내려와 거대한 영토를 마련해 놓았건만 그것을 제대로 지키지도 못하여 한반도를 반 토막으로 만들어놓았으니 이내 마음 슬프고도 슬프도다.

거대한 12환국을 세워 너희들에게 물려주었건만 이를 지키지도 못하고 남의 나라에 빼앗기고 비참하게 살아가는 나의 백성들이 가엾구나. 육신과 령(靈)의 부모를 몰라보는 너희들은 정녕코 어디서 온 자손들인가? 또한 조상의 존재를 무시하는 너희들은 누구의 피를 이어받아 이 땅에 탄생하였던가?

각자의 진짜 조상들은 모두 갖다 버리고 남의 조상(종교의 교주가 된 석가, 예수, 성모, 상제, 공자, 노자, 마호메트 등등)을 수입해 복 달라고 빌고 있으니, 참으로 답답하고도 한심한 노릇이로다. 너희들 눈에는 우리들 육신이 죽었다고 령(靈)도 죽어 아무런 능력도, 아무런 생각도 없는 하나의 귀신으로 보이더냐?

너희들 눈에 내가 하나의 귀신으로 보였다면, 내 눈에는 령(靈)의 부모 하늘도 몰라보고, 육의 부모 조상도 몰라보는 너희들 각자가 귀신으로 보이느니라. 인간으로서는 도저히 할 수 없는 일들을 모두 행하고들 있으니 이 죄들을 도대체 어떻게 할 것이며 지은 죄들을 어떻게 수습들을 하려고 하는 것인가?

철부지 자손들아! 제발 이제라도 정신들 차려라. 너희들에게 육신을 준 어버이는 석가, 예수, 성모, 상제, 공자, 노자가 아닌 바로 우리들이고 각자의 너희 조상들이니라.

또한 너희 령(靈)의 어버이도 석가, 예수, 성모, 상제, 공자, 노자가 아닌 하늘의 "태상천존 자미천황님"의 자손들이신 천상감찰신명님, 천상천감님, 천상도감님, 자미인황님이시다.

부모 자식 간의 인연은 너희들이 바꾸고 싶다고 하여 너희들 마음대로 바꿀 수 없다. 종교를 통해 숭배자들을 받들어 섬기고 믿는 것이 하늘과 땅의 령(靈)과 육의 부모를 바꾸는 환부역조의 죄이니라.

천륜은 하늘도 못 바꾸고, 하늘도 못 막는다 하였거늘 너희들이 감히 천륜에 역행한다면 그것은 천벌을 받을 일이고 살아서도 죽어서도 용서받지 못할 일이거늘 너희들 스스로가 인간 육신의 조상을 바꾸고, 령(靈)의 주인이신 하늘을 바꾸고들 있으니 하늘이 통탄할 일이고, 조상들이 통탄할 일이로다. 또한 살아있는 너희 모두가 통탄할 일이로다.

사랑하는 천손의 후예들아!

이제는 정신들 차려야지! 위대하신 하늘의 자손으로 다시 태어나 근심걱정 없이 행복하게들 살아야지. 언제까지 하늘의 진노로 아파들 할 것인가? 어서들 잃어버렸던 올바른 정신들 찾아와 하늘의 진실 앞에 굴복해야 이 나라를 살릴 수 있다" 하시면서, 오늘도 하늘에서 통곡하고 계신다.

위대하신 개국시조 72위 나라조상님들은 환인천제 7분, 환웅천황 18분, 단군천황 47분을 합해서 모두 72분이 우리나라를 태초로 세우시고 다스리신 통치자 제왕(諸王)들이시다.

단군할아버지를 시조로 알고 있으나 이는 잘못된 역사이다. 단군 할아버지부터 역사를 논한다면 5천 년의 역사이고, 환인천제 할아버지부터 한민족의 시원을 계산하면 9,215년의 장구한 역사를 가진 자랑스러운 천손민족이다.

그런데 왜 스스로 5천 년의 역사로 줄인단 말인가? 9,215년 전에 나라를 세운 우리의 훌륭한 나라조상님들이 계시건만 이를 잊은 채, 어느 조상님들의 핏줄인지도 모르고 오늘을 살아가고 있으나, 우리 모두는 72위 나라조상님들의 핏줄을 타고 이 땅에 태어난 천손의 후손들이다.

잊지 말자! 위대한 천손의 후예들이여! 우리 조상님들의 영광스러운 태고의 역사를 바로 알리고 세계 인류를 영도하는 천손의 민족으로 거듭 태어나자.

아직도 단군 할아버지가 누구인 줄 모르기에 단 한 분만 계신 줄 알고 살아가는 한심스럽고 불쌍한 민족이다. 이는 일본과 외래 종교가 유입되면서 나라조상님의 거대한 역사를 왜곡하거나 종교화를 막기 위해 신화라고 정신교육을 시켜왔기 때문이었다.

천기 16년 2월 나라조상님 말씀

나라신전을 크게 세우는 것이 나라조상님의 소원이 아니고, 하늘께 천제를 지내는 것을 못 보았느냐 하시며, 진짜 하늘께 지극한 마음, 백의민족의 마음으로 하늘께 정성을 올리는 것이 도리인데 진짜 하늘이 아닌 어디에 정성을 들이고 있는 것이냐고 호통을 치십니다.

나라조상님의 기백과 기상은 엄청나셨습니다. 비겁하게 살지 말고 거짓으로 살지 말라 하십니다. 하늘과 신께 인정받는 게 중요하다 하시며, 산 자들보다 조상(나라조상님)이 더 대단한 것도 있다고 하십니다.

현재 우리가 가는 길은 예수, 석가, 상제 기타 등등이 닦아놓은 길이 아니라 이미 이 세상을 떠난 나라조상님들께서 살아서도 죽어서도 진짜 하늘과 신께 지극정성으로 빌고 빌어 대한민국 땅에 태상천존 자미천황님의 존재가 인황님, 신감님을 통해 밝혀지게 되었다 하십니다.

오늘날 인황님, 신감님께서 하시는 인류역사의 전무후무한 위대한 일은 누군가는 그만큼 피눈물을 흘렸기에 그에 따른 결과일 뿐이라고 합니다.

현재 우리가 천벌과 신벌을 피하게 된 큰 뜻은 지금까지 천제 만제를 올린 나라조상님의 크나큰 공덕으로 오늘 우리가 목숨을 부지하고 있다고 하십니다. 하늘은 경계하는 것이 아니라 대한민국으로 쳐들어오게 해야 한다고 하십니다.

하늘과 신은 경계하는 것이 아니고, 하늘과 신께서 이 나라, 내 삶에, 내 가정에, 내 사업장에 쳐들어와야 내가 살 길이라고 하십니다. 하늘과 신을 경계하고 하늘과 신을 바꾸면 개인은 물론 나라 전체까지도 아수라장이 된다 하십니다.

진짜 하늘과 신은 받아들이고 우리나라 핏줄과 아무런 상관도 없는 예수, 석가, 마리아, 상제, 마호메트, 공자, 노자는 경계해야 한다고 하십니다.

예를 들어 교통사고가 나서 피를 수혈 받아야 하는데 자신이 A형일 경우 A형의 피를 수혈 받아야 하는데 A형의 피가 아닌 다른 피를 수혈 받았을 경우 어찌 되겠느냐고 반문하시며, 우리 민족에게는 우리 민족에게 맞는 하늘과 신이 있는데, 우리 민족과 맞지도 않는, 상관도 없는 예수, 석가, 마리아, 상제, 마호메트, 공자, 노자를 믿으며 이들의 피(기운과 이론)를 받았을 경우 각자의 인생과 이 나라의 운명은 어찌 될지 생각들이나 해보았느냐고 하십니다.

각자의 인생과 이 나라 전체가 갈수록 힘들어지는 이유는 바로 이 때문이니 이제라도 정신들 바짝 차리고 이 나라에 맞는 하늘과 신께 굴복하고 충성하고 예를 다하여 잃어버린 행복과 기쁨, 평화를 되찾고 생령입천을 통하여 세계 속에 당당히 우뚝 서는 나라로 발전해서 세계 속에 이 나라를 드높이는 영광을 누리라 하시었습니다.

한 나라를 되찾아도 만세가 절로 나오는데, 진짜 하늘을 인황님, 신감님께서 피눈물 나는 노력으로 찾아 주셨으니 이렇게 놀랍고 대단한 일이 어디 있겠습니까? 만세, 만세, 만만세, 천세, 천세, 천천세가 저절로 나옵니다!

천기 16년 4월 06일 ○○천인 이○○ 올립니다.

황명 받아 "자미인황"으로 탄생하기까지

인류가 부르는 하나님, 하늘님, 하느님은 천상에 계신 분들의 이름이 아니라 절대자의 직함이다. 하지만 천신들의 이름을 모르기에 그저 하늘을 상징하는 이름을 붙였을 뿐이다.

하늘에 계신 분이란 뜻에서 하늘님이란 명칭이 붙었고, 여기서 한발 더 나아가 하느님이 되었고, 개신교가 들어와서는 하늘에 하나뿐인 하늘님이라 하여 하나님이라 명명하였다.

한마디로 하늘님, 하느님, 하나님이라 부르면 어느 하늘에 계신 어느 분이 하강하셔야 되는지 도무지 구분이 안 간다는 논리를 아시는가?

비교하자면 "대통령님"하고 부르면 한국의 대통령을 부르는 것인지 미국 대통령, 러시아 대통령, 독일 대통령, 프랑스 대통령 등등을 부르는지 구분이 안 되는 것처럼 생각하면 된다.

천상에는 각 하늘마다 수많은 하느님과 하나님, 하늘님, 상제님, 천제님, 천왕님, 천존님이 계신데 기독교, 천주교에서 말하는 하나님은 "천상천감님"을 말하는 것이었다는 진실이 인류 최초로 밝혀진 것이다.

속된 말로 저 앞에 가는 여러 회사 사장님들을 향하여 뒤에서 한 사람이 사장님! 하고 부르면 모두가 뒤돌아보는 이치와 같다고 보면 이해가 가장 빠를 것이다.

만일 홍길동 사장님이라고 불렀다면 홍길동이라는 사장님만 뒤를 돌아보았을 것이다. 이와 같이 각 하늘의 대표자라 할 수 있는 하느님들도 정확하게 이름을 붙여 불러드려야 그 하느님께서 감응한다는 설명이다. 물론 인간들이 모두 지어 놓은 이름이다.

집에서 기르는 강아지도 처음에는 이름이 없었고, 신생아들 역시도 탄생할 때는 이름이 없었으나 어느 날부터 그를 상징하는 이름이 주인이나 부모로부터 뜻에 맞게 붙여진 이후에는 반드시 그 이름을 명확히 불러주어야만 상대가 응대를 하고 있음을 모두가 알고 있을 것이다.

이렇게 예수님, 부처님이나 미륵님도 모두 인간들이 지어놓은 이름이지만 하늘의 천지주인이신 태상천존 자미천황님께서는 과거에 인간들이 지어놓은 이름이 아닌 새로운 이름으로 오시었다.

예수님, 부처님, 미륵님도 인간이 정해 준 인간이 알고 있는 인간의 대우를 받으며 하강하시고자 하는 것이 아니라 하늘의 이름으로 하늘 자미천황님께서 주신 사명과 하늘의 대우를 받으며 하강하시기를 원한다.

예수님, 부처님, 미륵님께서 인간 세상에 내려오실 때 어떤 방법으로 어떤 과정을 통하여 내려오시는 것인지 모두 궁금해할 것이다. 이 부분에 대해서는 이론적으로도 아는 이가 없다 보니 이 부분에 대한 어필은 어느 경전에도 표기되지 않았다.

말 그대로 하늘만이 알고 있는 일이고, 진정으로 하늘을 통하고, 하늘이 선택한 하늘의 사람만이 알게 된다는 뜻이 아닐까? 하지만 두 분 중에 한 분이 언젠가는 반드시 오실 것이라는 막연한 기대를 갖고 오늘도 내일도 기다리고 있다.

막연한 기대 속에 많은 수행자들은 각자 스스로가 자신이 재림예수이기를, 미륵이기를, 정도령이기를, 진인이기를, 또 천자이기를 바라며 살아가고 있고 자칭 미륵이다, 예수다, 하면서 살아가는 이도 있다. 이들에게 한 마디 전해 주고 싶은 말이 있다.

“내가 미륵이다, 내가 재림예수다”라고 인간이 말로 한다 해서 그 말대로 그 인물이 될 수 있다면 왜 굳이 그 힘든 미륵, 재림예수를 한다고 하는 걸까?

현실에서 인정해 주는 대통령을 하지, 누구나 다 내가 “대통령”이다 한다면 “대통령”의 존귀함은 분명 떨어질 것이다. 또한 국민의 투표를 거치지 아니하고, 자신 스스로 대통령이다 말한다면 자칭 대통령일 뿐 남들이 하나도 인정 안 해주는 대통령은 의미 자체가 전혀 없게 된다.

오히려 사기꾼으로 몰려 감옥 신세를 질지도 모른다. 이와 같이 인간세계의 법도는 엄연히 존재하고 있다. 그렇다면 높고 높은 하늘 천상세계에는 법도가 없을까? 당연히 인간사보다 더 엄격한 법도가 존재하고 있다.

인간세계의 대통령은 국민들이 찬성을 하여야 가능하듯이 천상세계의 신들은 하늘의 대통령이신 대우주 천지창조주 태상천존 자미천황님의 황명(皇命)이 있어야 가능하다.

신명세계 총사령관이신 태상천존 자미천황님께서 황명을 안 내리셨는데 본인들 각자 자신들이 누구다 한다면 처음에는 괜찮은 것 같지만 시간이 지난 다음에는 인간세계의 법칙과 마찬가지로 그에 따른 하늘의 처벌을 받게 된다.

태상천존 자미천황님의 존재는 어제 오늘의 일이 아니다. 우리 부족한 인간이 진짜 하늘의 존재를 몰랐을 뿐이다. 이제는 이론이 아닌 진정한 실체를 알아야 한다.

태상천존 자미천황님의 황명 앞에 나는 과연 누구인가? 자신들은 과연 무슨 사명을 받고 이 땅에 태어났나? 지엄하신 태상천존 자미천황님의 황명 속에는 우리 인간의 전생, 현생, 후생 모두가 들어있다.

이 저자 역시도 나의 존재를 찾는 과정이 너무 힘들고 괴로워 죽고도 싶었고, 포기하고도 싶었다. 모르는 것은 죄가 아니나 자랑도 아니다. 그렇다고 모르면서 알려 하지 않음은 죄가 되고 각자들 자신의 창피함도 된다.

이 저자 역시도 수행 과정에서 자만심에 빠져 "내가 누구다" 하는 불의도 범하였었다. 그렇지만 내 스스로 "내가 누구다"하여 보았지만 그 뜻은 이루어지지 않고 진정한 나의 숨은 존재를 찾을 때까지 고통의 연속이었다.

나의 존재를 찾은 지금은 예전에 나의 못난 행동과 언행 앞에 내 안의 존재와 태상천존 자미천황님은 그 얼마나 속이 상하셨을까 생각하니 창피하고 부끄러워 한 동안은 고개를 들 수가 없었다.

하지만 진정한 뜻을 따르려 하자 그동안에 나의 모든 잘못을 용서하여 주시고 "인황"이라는 직함과 자리를 내리시는 하늘의 큰 선물을 주셨다.

태상천존 자미천황님 앞에서는 어떠한 자랑도 통하지 않는다. 태상천존 자미천황님의 황명에 굴복하는 길만이 앞으로 남은 인생에서 하늘의 보호를 받아 근심걱정 없이 편안하게 잘살 수 있는 유일한 길이다.

본론으로 들어가, 그렇다면 우리 인류 모두가 기다리는 그분들은 어떤 방법으로 강세를 할 것인가?

엄마 뱃속에서 응애~ 하고 탄생하는 순간 내가 재림예수요, 미륵불이요 하면서 그들의 강세를 알려 주실 것인가? 아니면 수십 년 동안 모진 수행을 통하고 나면, 저절로 그분들이 인간 몸에 내려올 것인가?

결론부터 말하자면 둘 다 아니다.

인간사의 모든 것이 하늘의 법칙에 따라 흐르듯 이 또한 하늘의 법칙에 따라 인간인 나, 나의 조상님, 나의 존재 모두가 하늘의 심판을 받아, 하늘의 혹독한 심판을 통과해야만 가능한 일이다.

이 모든 것은 하늘 태상천존 자미천황님의 황명에 의해서 이루어지는 태상천존 자미천황님의 천, 지, 인 대 천상공무이다.

태어나자마자 바로 내가 미륵이요, 재림예수요 하면서 나의 존재를 찾아 천지이적을 보였다면 만 중생들로부터 "인황"이 최고 대우를 받으며 아주 편하게 하늘 태상천존 자미천황님의 뜻을 온 세상에 보다 널리 전파하였을지도 모른다.

이 저자라고 왜 그러한 바람이 없었을까? 고생 좋아하는 사람 이 땅에 한 명도 없듯이 이 저자 역시도 뼈를 깎아 내는 수많은 수행 정진과 혹독한 고행의 과정을 인내하면서 하루에도 수십 번씩 포기하고 싶은 마음이 들었다.

돈이 없었던 것도 아니고, 인간사 능력이 없는 것도 아니고, 남들은 이런 나를 보고, 바보 취급하며 미친 사람 취급을 하고 있는데 과연 나는 지금 무엇을 하고 있는 것인가? 과연 나는 지금 무엇을 얻고자 하는 것인가? 보이지도 들리지도 않는 하늘에 미쳐 나는 왜 이러고 있나?

내 자신이 한심하기 짝이 없었다. 보이지 않는 하늘을 잡고 하염없이 눈물을 흘렸다. 지금에서야 하늘 태상천존 자미천황님께서는 진실의 말씀을 내려주셨다.

【너희 인간들의 바람대로, 또한 너(하늘의 명 대행자 인황)의 바람대로 네가 태어나자마자 그 모든 천지조화를 다 부려 너의 존재를 너와 만 인류가 모두 알았다면, 네 말대로 과연 너는 나(최고의 하늘 태상천존 자미천황님)의 존재를 이 땅에 전하였을 것 같더냐? 그것은 절대로 아니니라.

석가, 예수, 상제에게는 너희들이 말하듯이 그런 이적을 보이게 해주었느니라. 하지만 결과가 어떠하더냐? 결론은 본체인 나(하늘 태상천존 자미천황님)의 뜻을 전한 것이 아니라 그들의 존재를 만 세상에 우뚝 세워서 수천 년의 세월 동안 존경과 추앙을 끝없이 받고 있느니라.

너에게도 그들에게 주었던 이적과 기적의 천지조화를 네가 좀 더 어렸을 때 내려주었다면, 너 역시도 분명 너의 본체를 이 땅에 널리 세웠을 것이니라.

또한 과정 없는 결과 없다 하였듯이 그런 수행의 과정, 혹독한 심판의 과정도 없이 나(하늘)의 대행자를 한다면 어느 누가 나의 대행자 역할을 못하겠느냐.

나(하늘)의 심판 과정은 실로 까다로워 이 과정을 완수해 내는 신과 인간은 아직 없었도다】 하시는 세상 그 어느 누구도 알지 못했던 하늘의 진실을 가르쳐 주셨다.

태상천존 자미천황님의 심판 과정이 끝나자 위대하신 태상천존 자미천황님께서는 부족한 필자에게 태상천존 자미천황님의 명 대행자 "인황"으로 관명을 하사해 주시었다.

태상천존 자미천황님께서 행사하시는 무소불위의 천지조화 능력은 인간들의 상상력을 초월하시는데 그 대표적인 천상지상 공무의 일부만 예를 들어 본다.

대우주 천지인 창조능력, 천지인의 생사여탈권행사, 천지인의 길흉화복주관, 전생, 현생, 내생 업장소멸 및 사면권 행사, 천지조화능력, 천권과 천력, 신력 행사, 천령조화 능력, 천인조화능력, 풍운조화 능력,

74억 세계인류 영도능력, 세계 각국 제왕 및 제황 지휘 통솔능력, 세계인류 통일능력, 세계종교 통일능력, 세계언어 통일능력, 남북통일능력, 고구려영토 수복능력, 신사생령神死生靈(신령, 사령, 생령)의 생사주관 및 구원, 조상 령가 천상으로 입천, 천인합체로 령들 구원,

천통, 신통, 령통, 도통, 의통, 육신통, 천안통, 천이통, 타심통, 자유자재 행사, 수명 장생, 피부노화방지, 천기, 정기, 명기, 지기, 서기 내려주심, 질병 치유능력, 병마 퇴치, 예언, 금

전, 날씨, 태풍진로, 폭우, 폭설, 악귀잡귀 퇴치,

하늘세계, 천상세계, 신명세계, 령혼세계, 사후세계, 지옥세계, 인간세계 통치권을 자유자재로 행사하시는, 대우주 삼천대천세계를 다스리시고 명을 내리시는 총사령관님이시고, 천지인의 부모님이시자 인류가 모든 종교 안에서 찾아 헤매던 진정한 하늘이시다.

모든 천지조화는 천지만물을 통하여 하늘께서 친히 행사해 주시는 천지신명공사이셨다. 천지조화는 하늘께서 행해 주시는 것인데 종교 교주들은 자신들의 도력이 높고 잘나서 천지조화가 일어나는 줄 착각하고 있었다.

한때 저자 인황 역시도 그랬었다. 신비하게 일어나는 천지조화가 나의 능력인 줄 알았으나 그것은 하늘이 내려주신 감사의 천지조화였다는 진실을 어느 날 가르쳐 주시어서 알게 되었고, 잘못을 용서 빌었다.

감히 대단하신 하늘을 몰라보고 신명님들에게 명을 내리며 나 잘났다고 자만했던 지난 시절이 너무나 부끄럽고 죄송하다. 저자는 불가능이 없는 대단하신 태상천존 자미천황님의 이적과 기적을 수없이 실제로 체험할 수 있었다.

두 저자(인황, 신감)와 하늘(지상 자미국)의 천인들 인생을 기쁨과 행복으로 천지개벽시켜 준 대단하신 감사의 하늘이시었다. 그리고 왜 종교가 잘못되었다고 말씀하셨는지 그 진실을 알게 되었다.

종교가 잘못되었는데도 멸하지 않고 그냥 두시는 진짜 이유도 의식을 통해서 천기 11년(2011) 05월 22일 날 말씀해 주시었다. 종교 자체는 분명 잘못되었지만 진실로 믿고 따르는 순수한 사람들 때문에 멸하지 않고 그냥 두신 것이라 말씀하셨다.

그리고 하늘은 정말 불가능이 없으신 절대 능력자이신데 인간들이 눈에 보이지 않는다고 믿지 못하고 있을 뿐이다. 인류의 직업 전 분야에서 최고 1인자로 만들 수 있는 분이 바로 하늘이시었는데 인간들이 하늘의 대단하신 능력을 너무 과소평가하고 있었다.

스포츠, 연예, 과학, 학업, 발명, 첨단과학, 가정, 기업, 국가 등등 전 분야에서 최고로 성공하여 명성을 갖게 해주실 수 있는 천지조화를 자유자재로 행사하시는 분이 바로 하늘 태상천존 자미천황님이시었다.

너무나 대단하신 하늘의 무소불위하신 존재를 몰라보고 74억 인류가 지금까지 바보처럼 살아왔다. 인간들의 눈에 안보이고, 안 들린다는 이유 하나만으로 어리석게도 하늘의 실제 존재유무에 대해서만 반신반의하기에 급급했다.

그동안 저자도 바보였고, 74억 인류도 바보였다.

하늘은 실제로 우리 실생활에 항상 실시간으로 존재하고 계시었다. 이제라도 이 책을 읽어보고 대단하신 하늘을 만나 성공해서 기쁘고 행복한 인생을 살아가려는 독자들은 기존에 알고 있던 종교이론, 일반적 상식, 사회적 명성이나 지위, 학별 모두를 내려놓고 묻지도 말고, 따지지도 말고, 조건도 걸지 말고 자미국으로 방문해서 저자 인황과 신감이 시키는 대로 무조건 따르기 바란다.

이것이 각자들의 인생에 천지개벽의 하늘 문을 여는 지름길이다. 사람들이 가장 좋아하는 수천 억, 수조 원의 큰돈보다, 대통령의 무소불위한 권력의 자리보다도 더 커다란 하늘의 보물을 얻을 수 있는 개인은 물론 가문에 최대 행운의 길이기 때문이다.

정말 너무나도 대단하신 하늘이신데 말로는 표현할 방법이 없다는 현실이 정말로 너무 아쉽다. 하늘을 만나 각자들이 직접 체험하고 겪어보는 것이 최선의 방법이다.

말로는 도저히 설명이 안 된다.

저자가 이렇게 말하는데도 끝까지 의심하거나 종교의 교리에 세뇌되어 위대하신 하늘을 만나지 못한다면 정말 구제불능이고, 못난 사람으로서 이런 사람들은 하늘께 영원히 버림받은 인간, 조상, 령(靈)들일 것이다.

백문이 불여일견이라 했다.

정말 후회하지 않을 최우선의 긴급한 일이 자미국 방문이다. 저자가 하늘 태상천존 자미천황님에 대한 최고의 산 증인이다. 정말로 대단하신 하늘이시다. 말이 따로 필요 없다.

하늘의 태상천존 자미천황님께 대한 절대적 충성심, 일편단심 변절하지 않는 마음과 각오를 무수히 시험하시기 위하여 62평생 동안을 "하늘의 명 대행자 자미인황"으로 탄생시키기 위하여 그 높고 험준한 산을 넘으라고 하신 것 같다.

수많은 좌절과 실패를 무릅쓰고 각고의 천신만고 끝에 하늘의 모진 시험을 통과하자 대우주 천지인창조주 "태상천존 자미천황님"께서 황명을 내리시어 "자미인황"으로 탄생하게 해주시었다.

이런 과정이 생략되고 스스로 진인이라 자처한다면 하늘로부터 정식으로 공인받지 못한 것이라 봐야 한다. 즉 자동차 운전은 할 수 있지만 면허(공인 인증서)가 없다는 말과 같다고 보면 된다.

신흥종교를 세우기 위하여, 어떤 이적과 기적 즉 사주를 잘 본다던가, 점을 잘 본다든가, 병을 잘 치료한다든가, 미래 예언을 잘 하던가, 풍운조화를 부린다든가 한다고 해서 인류 모두가 기다리는 재림예수요, 미륵이고, 정도령, 진인은 아니라는 사실이다.

이 나라에는 자칭, 천자나 구세주 즉 미륵, 재림예수, 하나님, 창조주, 진인, 정도령이라고 말하는 사람들이 수천 명에 달하고 있다. 나 역시 자칫하면 이들과 함께 천자 놀음에 휘말릴 소지가 다분히 있었지만 그 진실을 밝힐 것이다.

우리 인류 모두가 기다리는 인류의 령적지도자는 과거처럼 그런 이적을 보이는 기인이나 이인 수준이 아니다.

세계인류를 대우주 천지인창조주 "태상천존 자미천황님"의 황명을 받아 천권과 천력으로 세계민족을 하나의 단일국가 자미국으로 통일시켜 자미연방국을 세워서 인류를 정도(正道)로 다스리며 세계를 영도하는 통치권자의 신분이라는 점이다.

무소불위하시고 전지전능하시고 삼천대천세계를 지휘 통솔할 수 있는 절대적 천권을 갖고 오기에 천지인세계를 태상천존 자미천황님의 황명을 받아 74억 세계인류를 모두 영도하여 다스릴 천지대업의 완성자이다.

그러므로 인류의 령적지도자는 하늘 태상천존 자미천황님의 황명을 받들어 인간 육신으로 강림을 명받아야 하늘의 명 대행자로 오실 수 있는 것이지 각자 오고 싶다고, 아무 때나 아무 몸으로 내려 올 수 있는 상황이 아니다.

반드시 대우주 천지인창조주 태상천존 자미천황님의 윤허가 내려지고 황명을 받아야만 가능한 천상세계 법도가 있다. 재림 예수님이나 미륵님은 예수님이나 미륵님이란 같은 이름으로 오시는 것이 아님을 이제는 모두 알아야 한다.

즉 예수님이나 미륵님이란 명칭을 쓰지 않고 우리 모두의 상상이나 생각을 초월한 이름으로 나타나시기에 일반대중들이 인정하고 믿고 따르기까지에는 얼마간의 시간이 필요하다.

수천 년 전에 돌아가신 분이 어째서 동일한 이름으로 오신단 말인가? 단지 그분의 신명이 하늘의 명을 받아 내려오신다는 것을 표현해 놓았을 뿐 같은 이름으로는 절대 내려오지 않음을 밝혀둔다. 동일한 이름으로 신흥 기독교나 신흥 불교를 다시 거창하게 세우시려고 내려오시는 분이 절대 아니므로 착오 없기를 바란다.

그런 생각이나 기다림은 각자들의 착각이자 망상이다. 같은 이름이나 종교적 색채를 띠고 오실 것이란 그런 기다림을 마음에서 모두 지워야 할 것이다.

인류의 자상하신 어머니 신감님

이 글은 독자 여러분보다 먼저 하늘이 땅으로 내린 나라 자미국에 입국하여 인황님, 신감님께서 생령입천을 완성하여 주셔서 천인으로 탄생한 사람의 생생한 경험에서 신감님에 대한 이해를 돕기 위하여 독자 여러분에게 알리는 글입니다.

신감님께서는 어려서부터 유달리 인간들은 왜 태어나고 늙고 병들고 서로 시기하며 질투하며 싸우고 전쟁으로 수많은 사람들이 죽는 것인지 궁금했다 하십니다.

세상의 수많은 종교가 있지만 현실의 인간 삶은 각종 사건사고, 질병, 단명, 자살, 우울증, 사업실패, 사기배신, 고소고발, 비리폭로, 망신살, 부부 갈등, 종교 갈등, 자녀문제, 인생실패의 고통과 슬픔의 불행한 삶을 살아가고 있기에 진정으로 인간의 삶이 건강하고 행복한 방법을 찾아 눈에 보이지도 귀에 들리지도 않는 미지의 세계를 알아내고자 끝없는 의문과 고민의 삶을 살아오셨습니다.

자신의 사연보다 남의 사연에 더 가슴 아픔을 느끼며, 아프고 힘든 인간의 삶을 밝은 빛으로 정화시켜 주고 진정으로 행복하게 해줄 수 있는 그 누군가를 찾고자 하셨습니다.

인류가 행복할 수 있는 방법을 애타게 갈망하는 신감님의 예쁜 마음에 오랜 세월 모습과 음성을 감추시었던 진정한 하늘과 신께서 드디어 신감님 앞에, 우리들 앞에 모습과 음성, 존호와 진실을 밝히기 시작하게 되었습니다.

우리 인간들은 진짜와 가짜를 판별할 수 있는 능력이 없으나 신감님은 진짜와 가짜를 판별하는데 1인자라 해도 과언이 아닐 정도로 대단하십니다. 신감님은 세상에서 거짓을 가장 싫어하는 분이시기에, 거짓을 가려내는 데는 1인자 분이십니다.

독자 여러분!
퍼펙트골드(perfect gold)를 아시는지요?
양궁에서, 화살이 표적지의 정 가운데를 맞히는 것을 말합니다. 두 번째 화살로 퍼펙트골드가 된 화살을 두 쪽으로 가르고 세 번째 화살로 두 조각으로 나눠진 두 번째 화살을 두 동강 낼 수 있는 실력이면 명궁 중에 신궁이라 합니다.

퍼펙트골드를 100연속하는 것 인간으로서는 매우 힘든 불가능의 일이겠지요? 퍼펙트골드 100연속보다 더 힘든 일. 보이지도 들리지도 않는 진짜 하늘과 신을 찾는 일이고 하늘과 신의 말씀을 받는 일이겠지요.

인간세계를 다녀간 수천 수억 만조의 사령과 현존하는 74억 인간 생령들도 이루지 못한 사실상 불가능에 가까운 하늘말씀을 전달해 주시는 최고로 령험하신 분이십니다.

이렇게 령험하신 신감님이 계시기에 진짜 신님께서는 신감님이 인류의 아픔과 슬픔을 치유하고자 하는 큰 소원에 감동하시어 거의 인간으로서는 불가능에 가까운 진짜 신님께서 신감님과 함께해 주시는 인류 역사상 최초의 천지대업이 이루어지게 되었습니다.

진짜 신님이 "령(靈)의 신감님"이시라는 엄청 놀라운 진실을 전해드리며 이분이 신감님과 함께 하시는 인류 최고의 선(善)인 신님이십니다.

신감님의 피눈물 나는 고행으로 태초의 하늘 태상천존 자미천황님으로부터 하늘의 명 수행자로 황명을 받기까지 인류 어느 누구도 상상조차 못했던 "령의 신감님"의 피눈물 나는 공로가 있었기에 가능했다는 진짜 하늘님이신 태상천존 자미천황님의 말씀이 있었습니다.

신감님께서 인간의 삶이 건강하고 행복하기를 간절히 바라는 숭고하고 아름다운 마음에 감동하시어 함께해 주시는 "령의 신감님"께서는 하늘과 땅의 모든 신님들의 말씀을 실시간으로 자미국 신감님을 통하여 전해 주시고 계십니다.

"령의 신감님"께서는 천상천감님(기독교, 천주교에서 찾던 하나님)께서 생령들이 가아할 령들의 고향이 천상 자미천궁이라고 말씀해 주셨어도 이미 선천시대 종교에서 전하는 천국, 천당, 극락에 속아 슬피 울고 있는 모든 생사령의 아픔을 되풀이 하지 않도록 다시는 돌아올 수 없을지도 모를 머나먼 천상 자미천궁을 직접 확인하시고 후천세상을 열어갈 자미국에서 신감님을 통하여 생령입천의 완성을 이루어 주고 계십니다.

자미국 신감님이 계셨기에 "령의 신감님"께서 함께하여 주시며 천상지상의 모든 신님들과 소통할 수 있는 인류 역사상 최초의 천지대업이 현실로 일어나고 있습니다.

누구보다 아프고 슬픔을 많이 겪으신 "령의 신감님"과 인간 신감님이 계시기에 여러분의 아픈 마음, 슬픈 마음을 알아주시고 보듬어 주시며 교화해 주시는 인류 최고의 숭고하시고 자상하시며 아름다운 분이 신감님이십니다.

엄청난 인류의 대역사인 생령입천을 현실로 이루어 주시면서도 대우받기를 싫어하시며 묵묵히 하늘의 명을 수행하시는 신감님이야말로 인류의 진정한 자상하신 어머니이십니다.

태초의 하늘 태상천존 자미천황님께서 세상을 음양의 이치로 창조하시어 남녀가 부부로 만나 아이를 낳듯이 천지간 모든 이치는 음양의 조화로 이루어져 있습니다.

하늘과 땅의 이 위대한 진실 또한 음양의 이치로 자미국을 건국하신 인황님, 신감님이 함께하시는 것이며 인황님께서는 하늘의 명(命) 대행자로 생령이신 자미인황님과 함께 인류의 잘못을 심판하십니다.

신감님께서는 하늘의 명 수행자로 "령의 신감님"과 함께 하늘과 땅의 말씀을 받아서 인류의 잘못을 전달해 주시고 교화를 통하여 생령입천이 인류 역사상 최초이자 마지막으로 완성될 수 있도록 힘 써주시는 역할의 일을 수행해 주고 계십니다.

인류가 수천 수억 년의 세월 동안 이런 진실도 몰랐고 이를 이룩할만한 인물이 없었기에 종교를 통하여 하는 모든 구원은 허상인 것이며, 자미국에서 이루어지는 생령입천은 인황님, 신감님 두 분 중에 단 한 분이라도 없으면 두 번 다시는 이루어지지 않게 될 인류 역사상 전무후무한 업적이 될 것입니다.

인황님께서는 생령을 창시하시고, 신감님께서는 생령입천을 완성하기까지 10여 년의 세월 동안 생령을 직접 육신으로 받아서 가족이 엉망진창이 되는 과정을 실제로 체험함으로써 생령들은 수천 수억 년의 세월 동안 절체절명의 단 한 가지 소원인 천상 자미천궁으로 오르고자 인간 육신을 어떻게 해서라도 굴복시킨다는 엄청난 진실을 인류 최초로 생생하게 체험하시었습니다.

우리 인간들에게 하늘의 명을 대행, 수행하시어 생령을 천상 자미천궁으로 입천을 완성하여 주시고, 인간들을 건강하고 행복하게 해줄 수 있는 확신과 수많은 실제 경험(생령입천 사례 참조)을 통하여 독자 여러분께 자신 있게 알립니다.

서울에서 ○○천인 이○○

제4부

하늘이 땅으로 내린 국가, 자미국

나에게 주신 신비의 능력

천지의 만생만물을 태초로 창조하신 대단하신 하늘 태상천존 자미천황님께서 부족한 나 "인황"에게 천지의 대 능력을 아낌없이 내려주시었다.

독자 여러분 모두가 놀랄 일이고 상상이 안 되겠지만 그 대단하신 천지 만생만물의 창조주이신 태초의 하늘 태상천존 자미천황님을 실제로 청배해서 자유롭게 대화할 수 있는 전 세계 전무후무한 대단한 능력자가 "인황"이며 이는 인류 역사 이래 처음이자 마지막이라고 말씀하시었다.

뿐만 아니라 조상 령가들을 입천해서 살려내시는 도솔천황님, 신명님이신 천상감찰신명님, 하나님이신 천상천감님, 미륵님이신 천상도감님, 진짜 세계에 계신 천지신님, 9천 년 전에 돌아가신 안파견 환인천제 1세 조상님, 환웅님, 단군님, 각자의 당대 및 시조 조상님, 여러분의 몸 안에 있는 생령을 불러서 대화를 나눌 수 있는 전 세계 유일한 존재가 필자 인황과 신감이다.

더불어 자미천황님 대행자 수행능력, 전생, 현생, 내생 업장 소멸 및 사면권 수행능력, 인황 수행능력, 황명 수행능력, 천권 수행능력, 천력 수행능력, 신력 수행능력, 천령조화 능력, 천인조화 능력, 신인조화 능력, 천지조화 능력, 풍운조화 능력, 삼천대천세계 통치능력을 내려주시었다.

인류 모두는 자신을 구원해 주실, 영생을 누리게 해주실, 복 주실, 소원을 이루어 주실 하늘과 신을 찾아서 종교세계 안에서 수천 년의 세월을 보내고 있지만 모두 허송세월만 보내고 있을 뿐이다. 진짜 세계에 계신 하늘과 신은 자미국의 인황과 신감을 통해서만 하강 강림하시고 존재를 밝히신다.

하늘과 신도 가짜와 진짜가 있다는 진실을 알아야 한다. 지금의 종교세계는 귀신들을 믿는 가짜 하늘과 가짜 신을 믿는 세계라는 점을 알아야 한다. 종교세계에서는 귀신들이 둔갑한 가짜 하늘과 가짜 신은 만날 수 있어도 진짜는 만날 수 없다. 종교세계는 수천 년 전부터 이미 종교 귀신들이 지배통치하고 있기 때문에 진짜 하늘과 신은 절대로 가시지 않으신다.

진짜 하늘과 신을 만나려면 자미국에 들어와서 인황과 신감을 통해서 만날 수 있다. 74억 세계 인류 중 80~90% 정도인 60억 명이 이런저런 욕심 채우기와 소원 성취를 위하여 귀신의 문을 여는 종교를 다니고 있는데 진짜를 만나 욕심과 소원을 이루기는커녕 귀신들의 기운을 받아서 아픔과 슬픔, 고통과 불행 속에서 힘들게 살아가고 있다.

하늘의 태상천존 자미천황님께 대한 절대적 충성심, 일편단심 변절하지 않는 마음과 각오를 무수히 시험하시기 위하여 62

평생 동안을 "자미인황"으로 탄생시키기 위하여 그 높고 험준한 산을 넘으라고 명하시었다.

수많은 좌절과 실패를 무릅쓰고 각고의 천신만고 끝에 하늘의 모진 시험을 통과하자 대우주 천지인 창조주 "태상천존 자미천황님"께서 당신의 분신인 하늘의 명 대행자 인황으로 높고 높으신 황명을 내려주시었다.

그중에서도 우리 인생과 가장 직결된 산 사람의 생령을 부르는 대 능력을 필자 "인황"에게 내려주시었으니 하늘과 땅의 천지만복과 이 세상을 모두 주신 것이나 진배없다.

언제부터인가 나 "인황"에게 신이나 조상령혼(死靈) 그리고 귀신은 물론 살아있는 산 사람의 생령을 부르는 신비한 대 능력이 생겨져 있었다.

필자는 자미국에서 하늘의 천인들을 수없이 많이 배출하여 진정한 하늘의 뜻은 무엇이고, 인간들이 앞으로 어떻게 하늘과 조화를 이루며 살아가야 되는지 가르쳐 주어 수많은 사람들이 고통과 불행에서 벗어나 기쁨과 행복으로 가득한 무릉도원 세상의 인생으로 살아가기를 바랄뿐이다.

보이지 않는 초령력, 초신력을 받아서 자미국이 인류의 정신적 지주국, 신의 종주국이 되어야 한다. 하늘이 내려주시는 신명정기를 받아 신인조화의 능력을 받으면 이 나라는 물론 인류 문명발전에 커다란 개벽이 올 것이다.

아마도 전 세계에서 두 필자를 능가할 령(靈) 능력자는 지금까지도 없었고, 이후의 세상에도 없을 것이다. 두 필자는 하늘 태상천존 자미천황님, 신명님, 하나님, 미륵님께서 함께해 주시면서 가르쳐 주시기에 하늘세계, 신명세계, 령의세계, 조상세계, 사후세계에 대해서는 전 세계 최고의 전문가이고 이들 세계에 대해서는 모르는 것이 거의 없다.

종교세계, 무속세계, 도교세계를 더 이상 방황하지 말고 하루라도 빨리 종교와 사주, 역학, 작명, 개명, 풍수, 무속, 도교의 종착역인 자미국에 들어오는 것이 각자의 유일한 살 길이다.

하늘 앞에서는 종교, 사주, 역학, 작명, 개명, 풍수, 무속, 도교가 모두 무용지물처럼 아무 소용이 없다. 세상 어느 누가 하늘의 능력을 능가한단 말인가?

유명한 역술인에게 몇 백만 원씩 주고 작명이나 개명한 사람들이 무수히 찾아오는데 그들의 인생이 하나같이 힘들어지고 어려워졌음을 볼 때 작명이나 개명도 아무 소용이 없다는 것을 그들의 삶을 통해서 알았다.

작명이나 개명으로 운명이 바뀔 수 없고, 운명 역시 하늘이 좌우하시는 것이지 인간이 어찌 운명을 바꿀 수 있겠는가? 인황과 신감을 통하여 진짜 하늘과 진짜 신을 만나야 인생이 천지개벽해서 인생화 꽃이 피어난다.

성인 성자들을 능가하는 인류의 능력자

천지기운을 느끼게 해주는 의미는 인간 불신, 종교 불신의 시대에 살고 있는 독자 여러분을 위하여 새로 출범한 자미국이 독자 여러분이 보기에는 진짜인지 가짜인지 판단하기가 힘들까 봐 나약한 독자 여러분을 위한 배려이다.

또한 자미국을 독자 여러분이 좀 더 편안한 마음으로 선택할 수 있도록 함에 있다. 자미국 주문과 기운을 통하여 하늘과 땅의 신명이 실제로 존재하고 있음을 각자 몸으로 체험하면 자미국을 각자가 선택함에 고민이 덜 될 것이다.

자미국 주문을 외우고 나면 종교세계, 무속세계, 도교세계에서는 이룰 수 없었던 경이롭고 신비한 일들이 자미국에서 배출된 천인들의 인생과 현실에서 일어나고 있다.

산천에서 홀로 수행하거나 종교나 도교, 마음수련들을 통해서 도통하려는 사람, 천통하려는 사람, 신통하려는 사람, 령통하려는 사람, 의통하려는 사람들이 기다리던 곳이 바로 자미국이고, 기독교, 천주교, 불교를 믿어서 구원받고 영생(永生)하려는 조상님과 사람들의 소원을 이룰 수 있는 곳이 자미국이다.

수억만 조에 이르는 사령과 생령들이 기다리던 꿈의 세계이자 이상향의 세계가 지금 이 땅에 태동해서 세워지고 있다. 모든 종교가 자미국 하나로 통합되고 자미국은 전 세계의 중심국가로 부상하게 예언되어 있다.

산 사람 인간 육신들과 몸 안에 생령과 이미 돌아가신 조상님들이 수억만 년의 세월 동안 애타게 기다려오던 무릉도원의 세계가 자미국이기에 이제 더 이상 종교 안에서 세월을 허송세월하며 낭비할 필요가 없어졌다.

하늘과 땅의 천지기운은 이론이 아니라 현실이고 각자가 온몸으로 체험할 수 있기에 거짓을 전할 수 없다. 그동안 속고 속은 종교세계의 이론과 기운이 아닌 현실의 기운이다.

인류의 구심점이자 천지나라 자미국을 만나기 위하여 수억만 년의 세월 동안 종교 안에서 자미국이 태동하여 세워지기를 손꼽아 기다리며 하늘세계, 사후세계를 공부해 왔던 것인데 이제는 종교세계를 졸업할 때가 되었다.

열심히 오랫동안 종교 이론을 믿는다고 구원받는 것이 아니다. 이제 종교세계는 진짜 하늘을 찾기 위한 과정 일뿐이었다. 2~3천 년 전에 쓴 종교 이론과 종교 교리에 매달릴 필요가 없어졌다. 자미국에 입문하여 순서대로 차례대로 행하다 보면 그동안 각자 원하고 바랐던 이상향의 세상을 현실로 이룰 수 있다. 자미국은 종교세계와 완전히 다른 뜻을 펼치고 있다.

이제 더 이상 무속, 기독교, 천주교, 불교, 도교, 민족종교의 존재가 이 땅에 필요 없는 시대가 도래하였다. 직접 자미국을 통하여 하늘과 신, 령, 조상님과 대화를 나눌 수 있는 길이 열렸으니 방황을 끝낼 수 있게 되었다.

만생만물의 령장으로 인간이 태초에 태어나고부터 수억만 년의 세월 동안 종교 안에서 애타게 기다려오던 진인(미륵불, 재림예수, 정도령)은 과연 누구일지 궁금했을 것이고, 어느 시대에 올지도 궁금했을 것이다.

자미국의 “인황” 역시도 나 자신일 줄은 상상조차 못했고, 꿈에도 몰랐다. 산 사람의 생령을 거리에 상관없이 자유자재로 불러서 대화를 나눈 사례는 인간이 이 땅에 태어난 이후 없었고 석가, 예수, 성모, 공자, 노자, 마호메트, 상제 등 여러분이 숭배하고 있는 숭배대상자들도 못 이루어낸 역사적인 대 사건이다.

가짜가 판을 치는 세상이 되어서 이제는 직접 체험하게 할 수밖에 없다. 청천벽력 같은 천지기운이 내리는 것은 하늘과 땅의 령적 존재(신명)가 계신다는 것을 여러분들에게 보여주기 위함이고 자미국이 진짜이고 “인황”과 “신감”이 진짜임을 여러분에게 직접적으로 전하기 위함이다.

신기하고 신비한 자미국 주문

앞으로의 시대는 자미국 시대, 인황의 시대가 활짝 열리게 되어 있는데 이것이 하늘과 땅의 뜻과 같다. 종교는 지는 해이고 자미국은 떠오르는 장엄한 태양이다. 인생의 고통과 불행, 아픔과 슬픔이 좋아 영원히 힘들게 살고 싶은 사람들은 지금처럼 종교에 열심히 다니면 되고, 기쁨과 행복 누리는 무릉도원의 세상을 살고 싶은 사람들은 천지나라 자미국으로 입국하면 된다.

자미국 주문이 무엇이냐고 매우 궁금할 것이다. 이미 말해주었는데도 알아듣지 못하는 것 같아서 다시 가르쳐 준다. 필자가 39권의 책을 집필해서 출간하였고 그때마다 신문광고를 냈기에 자미국에 대해서 낯설지 않게 들어는 보았을 것인데 내용이 고차원적이라서 거의 대다수 사람들이 황당하다고 말하거나 사이비라고 매도하고 있다.

신문광고 전면 또는 5단통 지면을 통해서, 책을 통해서, 인터넷 블로그와 카페를 통해서, 주위 사람들을 통해서도 한번쯤은 들어보았을 것이지만 아직까지 방문해서 하늘의 명을 받지 못한 사람들은 자미국이 진짜인지 가짜인지 판단하기 어려워서 인연을 맺지 못하고 있었을 것이다.

필자가 전하는 하늘과 땅의 진실이 거짓인지, 진실인지 독자 여러분 스스로가 신비의 기운을 느껴서 판단할 수 있는 비법을 알려 줄 것이니 즉시 실행해 보기 바란다. 아주 신비로운 놀라운 현상이 자신의 몸과 인생에서 일어나게 될 것인데 전혀 놀랄 필요 없고, 감동의 눈물을 흘리면서 자미국으로 전화 예약하고 길 멀다고 미루거나 핑계대지 말고 즉시 방문하기 바란다.

자미국 주문은 바로 "자미국" 단 세 글자였다.

너무 쉽고 싱거운 것인가? 종교, 무속, 도교에서 가르쳐 주는 주문은 길고도 긴데 너무 짧아서 주문 같지 않게 느껴질 것인데 실제 주문을 외워보면 상상을 초월하는 엄청난 신비의 기운이 온몸과 인생으로 내려오는 것을 생생하게 체험하게 될 것이다. 이 세상에서 자미국 주문보다 더 훌륭하고 대단한 주문은 없다는 위대한 진실을 알게 될 것이다.

앞으로 이 나라 전체에서 자미국 주문이 일파만파로 울려 퍼져 나갈 것이니 지켜봐도 된다. 자미국 주문은 원래는 공개하지 않는 천기누설에 해당되는 비급인데 종교세계에서 인간, 조상, 령, 신들을 너무나 속여서 불신하는 세상이 되어 자미국도 도매금으로 취급당하기 싫기에 공개하는 것이다.

자미국이 가짜인지 진짜인지 확인시켜 주는 목적이고, 자미국에 들어와야 할 사람인지 아닌지 스스로 판단할 수 있는 유일한 비결이다. 아무도 주문 소리를 듣지 못하는 조용한 장소에서 가부좌 책상다리를 한 채로 눈을 살며시 감고, 양손을 가슴에서 주먹 하나가 들어갈 정도로 자연스럽게 합장하고 하루에 5~10분 정도로 3~7일 정도 주문을 외우면 천상에서 내리는 신비로운 기운이 온몸으로 들어오는 것을 확실하게 알 수 있다.

당일 날 바로 기운이 내려오는 사람도 있고 좀 더딘 사람도 있을 것이지만 자미국에 인연될 사람들에게는 하늘과 땅께서 당일 또는 3~7일 안에 신비의 기운을 내려주신다. 주의 사항은 가족에게 절대로 주문 외우는 것을 알려도 안 되고, 주문 외우는 모습을 들켜도 안 된다. 하늘의 부르심을 받을 사명자들만 특별히 주문을 외우도록 허용되어 있기 때문이다.

주변에 아는 사람과 함께 외워도 안 되고, 혼자서만 주문을 외워야 한다. 낮이든 밤이든 상관없으나 조용한 밤 시간이 더 좋고 조용한 사무실이나 가정, 산, 강, 바다도 상관없다. 주문 외우는데 방해되지 않도록 주변에 사람이 없는 곳이면 좋고, 주문 목소리 크기는 평상시 사람들과 대화하는 음성 정도 크기면 된다.

자미국 주문 외우면 하품이 끝도 없이 나는 사람, 눈물이 나는 사람, 대성통곡하는 사람, 합장한 손이 미세하게 또는 요동치듯 강렬하게 떨리는 사람, 온몸이 따뜻해지는 사람, 뜨거운 열기가 느껴지는 사람, 진짜를 찾았다고 환희하며 기뻐하는 사람,

마음이 주체할 수 없을 정도로 감동의 물결이 흐르는 사람, 신난다 신난다고 환호하는 사람, 소원 성취했다고 느껴지는 사

람, 전기에 감전 된 듯 온몸으로 찌릿찌릿함을 느끼는 사람, 몸의 한 부분을 바늘로 찌르듯 앗 따가워할 정도의 비명을 지르는 사람, 머리 정수리 부근에 뭐가 기어가는 느낌이 나는 사람 등등 천차만별로 신기한 조화가 내린다.

손이 요동치듯 심하게 떨려서 귀신들렸다고 생각되어 무서워 떨리는 손을 강제로 멈추거나 하지 말고 기운이 느껴지는 대로 15분~20분 정도 계속해서 주문을 외워보면 마음이 편안해지고 기쁨이 가득함을 알 수 있다.

대단하신 하늘과 땅께서 얼마나 대단하신지 여러분에게 온몸을 통해서 직접 보여줄 수 있는 유일한 방법이다. 또한 하늘과 땅으로부터 신비의 천지기운을 받은 필자의 능력이 어느 정도로 대단한지 여러분 스스로가 주문 체험을 통해서 인정할 수 있도록 해주기 위함이다.

자~미~국, 자~미~국, 자~미~국, 자~미~국, 자~미~국

처음에는 책 읽듯이 외우다 보면 저절로 음률을 타고 환희하며 율동이 느껴짐을 체험하게 된다. 빠르지도 않고 느리지도 않는 속도로 외우면 된다. 어떤 종교를 다니고 있던 모든 고정관념을 떨치고 오직 진실된 마음으로 외우면 기운이 빨리 느껴진다.

그러면서 진짜세계에 계신 하늘이시여, 땅이시여~ 정녕 하늘과 땅의 천지기운을 자미국 인황님 육신으로 내려주시었고, 자미국에서 전하는 내용들이 모두 진실이라면 합장한 손과 온

몸으로 신비의 천지기운을 내려주시어 진짜임을 확인시켜 주세요, 하면서 외워보라.

이 말 이외에 자신의 어떤 소원을 빌면 날벼락이 떨어지니 절대로 소원 빌면 안 된다. 소원 빌면 앉은뱅이가 되거나 호흡곤란, 심장마비, 심근경색, 우울증, 불면증, 사건사고 같은 불행이 돌발적으로 일어날 수 있다.

그리고 신비한 기운을 느끼고도 자미국에 방문하지도 않고 계속해서 주문만 외우는 사람들은 오히려 역효과가 일어나서 인생이 막히고 더 답답해지니 참고해야 한다. 선택받지 못한 사람들이 욕심으로 자미국 주문을 외우면 인생 몰락과 파멸을 맞이하는 불행을 당한다.

필자 인황을 통해서 하늘과 땅의 신기한 천지기운을 내려주신다고 하시었기 때문에 필자가 글을 쓰는 대로, 말한 대로 대단한 신비조화가 여러분 육신과 인생에서 일어날 것이다.

진짜 하늘과 신을 찾아서 구원 받으려고, 영생하려고, 복 받으려고, 잘 되려고, 속 썩이는 자식 문제를 풀려고, 회사가 어려워서, 가정사 우환과 부부 갈등 문제를 해결하려고, 질병 때문에 종교를 다니는 사람들은 필히 자미국 세 글자 주문을 외워서 기운이 느껴지면 즉시 자미국으로 방문해야 한다.

지금 여러분이 믿고 있는 종교세계는 진짜 하늘과 신이 아닌 귀신들을 믿고 있는 것이기에 여러분 인생이 풀리지 않고 더 답답해지는 것이니 절대로 종교 다니면 안 된다. 귀신들의 문을 여는 곳이 종교세계라는 말은 처음 들어보았을 것이다.

인류의 종착역, 종교의 종착역이 자미국임을 명심하고, 더 이상 자신의 인생으로 아픔과 슬픔, 고통과 불행이 일어나지 않고, 기쁨과 행복이 가득한 무릉도원 인생을 살아가기 원하거든 자미국 주문을 외우고 스스로 판단하면 된다.

인생의 기쁨과 행복, 성공과 출세를 선택할 자들은 자미국으로 들어오면 되고, 아픔과 슬픔, 고통과 불행을 선택할 자들은 지금처럼 다니던 종교세계 안에 그대로 머물러 있으면 된다.

자미국은 인류의 구심점이자 령적 지도 국가이기에 종교 교리나 경전 같은 것이 일절 없으니 종교라고 생각하지 말아야 하고 회유, 현혹, 강요, 협박 같은 것은 일절 없으며 종교처럼 전화해서 나오라고 성가시게 정신적으로 구속하는 일은 절대로 없으니 안심해도 된다.

지구와 74억 인간의 주인

자미국이 장차 전 세계 최고 부자나라가 된다고 하니까 독자 여러분 모두가 말도 안 된다며 믿지 않고 콧방귀를 뀔 것인데 이미 하늘과 땅에서는 그렇게 계획되어 있고 현재는 천지의 계획대로 세워가고 있는 중이다.

자미국은 하늘과 땅의 대단하신 신님들과 인황이 태초로 세우는 곳이고, 천변만화의 대단한 천지기운과 천지조화가 무소불위하게 실시간으로 내리기 때문에 가능하다.

세계 각 나라와 74억 인류는 위대하신 하늘 태상천존 자미천황님과 자미국 인황에게 굴복하게 되어 있고, 그렇게 하는 것이 살아서나 죽어서나 후회하지 않고 천추의 원과 한을 남기지 않는 일이다.

아주 중요한 하늘과 땅의 진실을 태초로 전한다.

독자 여러분은 지구와 자기 인간 육신의 주인, 가족, 주택, 건물, 토지의 주인, 태산 같은 돈의 주인, 기업의 주인, 대통령, 총리, 장차관, 시도지사, 국회의원, 육해공군 총장, 검찰총장, 경찰청장, 판사, 검사, 공직자 벼슬의 주인, 기업임직원의 주인이 누구인지 생각해 보았던 적이 있었는가?

자기 육신? 부모조상님? 생령? 모두 아니다. 지구 땅덩어리와 74억 인간 육신과 생령! 그리고 이미 죽은 사령(조상님)을 창조하신 주인은 삼라만상과 대우주를 태초로 천지창조하신 높고 높으신 하늘 태상천존 자미천황님이시다.

대단한 하늘과 땅이 함께하는 자미국은 산 자와 죽은 자의 현생과 사후세계에 대한 생사여탈권과 생로병사를 태상천존 자미천황님께서 모두 주재하신다.

세계 인류와 세계 종교를 하나로 통합할 수 있는 유일한 길이 위대하신 하늘과 대단한 자미국의 인황이고, 각자 인간들과 몸 안에 있는 생령들은 자미국에 들어와서 하늘의 명을 받아야 인간과 생령들이 함께 현생과 사후를 하늘과 땅의 보호와 사랑받아 잘살 수 있게 된다.

이 책을 읽어본 독자들은 하루라도 빨리 자미국으로 들어오는 길이 남은 생애를 편히 살 수 있는 지름길이다.

인류의 구심점 자미국

종교에 사기당해서 실망하고 종교이론에 질린 사람들과 천손민족 모두에게 꼭 필요한 곳이 자미국이다. 자미국의 자미는 자주빛 자紫 작을 미微 나라 국國 즉, 우주의 중심인 천상 자미천궁의 강렬한 원기와 태초의 위대한 하늘이신 태상천존 자미천황님의 말씀이 실시간으로 무궁무진 내리는 지상 최고의 대단한 곳이다.

자미국의 건국이 만 16년이 되었지만 기존의 대형 종교들처럼 크게 번창하지 못한 그 엄청난 비밀을 신명님이신 천상감찰신명님(神의 대표), 하나님이신 천상천감님(靈의 대표), 미륵님이신 천상도감님(道의 대표), 태초의 인간 태조님이신 자미인황님께서 천기 14(2014)년 2월 8일 부산에 사는 이○○ ○○천인이 하늘께 올리는 초 특단 감사행사에서 "신감"이 네 분의 말씀을 받아서 밝혀 주었다.

자미국은 하늘의 진실 말씀만을 전하고 1대1로 인간, 조상, 령(靈)들을 책임지고 구원하는 곳이기에 더디게 갈 수밖에 없다고 하시었다. 거짓말하며 사기 치지 않고, 현혹, 회유, 협박, 강요하지 않아서 자미국이 크게 부흥하지 못했다고 말씀해 주시었다.

도통은 주문수행으로 이루어지는 것이 아니라 하늘 태상천존 자미천황님의 윤허로 천상도감님께서 이루어 주시지 않으면 절대로 불가능하다는 진실을 알아야 한다.

33년이란 세월 동안 전국의 명산대천과 중국, 북한, 일본의 산하를 주유천하하며 하늘과 땅의 메시지를 받아 진짜 하늘을 찾아서 인류의 꿈을 이루어줄 자미국(지상 자미천궁)을 세우고 있다.

인류 최초의 커다란 천지대업을 이루어내고자 신명님이신 천상감찰신명님, 하나님이신 천상천감님, 미륵님이신 천상도감님, 자미인황님을 통하여 아픔과 눈물 속에 피나는 인고의 세월을 감내하면서 하늘공부를 하였다.

세계 인류는 신명님이신 천상감찰신명님, 하나님이신 천상천감님, 미륵님이신 천상도감님, 태초의 인간조상님이신 자미인황님의 령(靈)적인 자식들이기에 잃어버린 뿌리를 찾고 살아야 인생에 꽃이 활짝 핀다.

【천기 14년(2014) 1월 25일 미륵님이신 천상도감님의 말씀 중에서】

인류가 이 땅에 태어나고서 최초로 인간 육신을 통하여 하늘공부를 철저하게 시켜주신 분이 인류 모두가 기다리던 신명님, 하나님, 미륵님이시다.

이분들을 만난다는 것은 감히 상상도 못해 본 일들이고 진짜 하늘(태상천존 자미천황님)이 계시다는 것도 알려주시었다. 종교세계 안에서 목매이게 찾았던 진짜 하늘의 실체를 밝혀 주시면서 하늘의 아픔과 슬픔을 전해 주시었다.

아픔과 슬픔이 가장 크신 분이 하늘(태상천존 자미천황님)이라고 말씀해 주시었다. 하늘은 무소불위하시고 전지전능하시어 아무런 근심과 걱정이 없는 줄로 인간들이 알고 있지만 예상 밖으로 희로애락 모두를 실시간으로 느끼시고 계시었다.

태상천존 자미천황님께서 창조하신 분들이 희로애락【신명님(喜), 자미인황님(怒), 하나님(哀), 미륵님(樂)】이었고 인류는 이 네 분의 기운을 받아 인생에 희로애락(喜怒哀樂)이 있었던 것이었음이 밝혀진 것이다.

지구 종말로 인한 천재지변의 대재앙을 막아내고 인류에게 현생과 전생에 지은 죄를 가르쳐 주어 용서빌게 해서 고통과 불행, 재앙으로부터 보호받게 해주고 있다.

하늘과 땅, 천지신, 나라조상, 각자 조상, 각자의 신과 생령들의 원과 한을 풀어드리고 하늘세계, 사후세계의 진실과 천지이치를 몰라 고통 받으며 살아가는 인간들에게 천지만생만물을 창조해 주신 원초적인 태초 하늘의 말씀을 전해 주고 있다.

인간사의 질병, 단명, 자살, 비명횡사, 우울증, 불면증, 사업실패, 구속, 사기, 배신, 우환, 이혼 등 아픔, 슬픔, 괴로움의 원인을 밝혀내 주고, 하늘과 땅으로부터 생명을 보호받게 해서 행복하게 살 수 있는 인류 최고의 무릉도원 세상을 여는 것이 자미국의 원초적인 이념이다.

거리에 상관없이 전 세계에 있는 생령들을 부를 수 있는 신비의 능력! 어떤 인물의 생령이라 할지라도 필자(인황)가 명을 내려서 부르면 30초 안에 즉시 온다.

나의 능력은 어디가 끝인지 나 자신조차도 가늠하기 어려울 정도이다. 내가 명을 내리면 현실로 이루어지는 신비한 일들이 부지기수로 많다.

인간이 태초에 태어나고부터 수억만 년의 세월 동안 종교 안에서 애타게 기다려오던 진인(미륵불, 재림예수)은 과연 누구일지, 어느 시대에 출현할지 궁금했을 것이다.

자미국의 인황 역시도 진인이 나 자신 일 줄은 꿈에도 몰랐다. 저자인 나 인황의 생령이신 자미인황님께서 함께해 주시기에 가능한 일로서 앞으로의 시대는 자미국 시대, 인황의 시대, 신감의 시대가 활짝 열리게 될 것이며 종교는 지는 해이고 자미국은 떠오르는 장엄한 태양이 될 것이다.

인류 탄생부터 기다린 자미국

하늘과 땅이 함께하고 너와 내가 함께하는 자미국의 이념! 인간들과 끝없이 대화하고 소통하기를 바라고 원하지만 육신이 없어 말 못하시고 답답해하시는 하늘, 땅, 조상, 신, 생령들의 손과 발, 입이 되는 대변자가 되고자 한다.

인간들과 자유로이 대화를 주선하여 서로의 아픔과 슬픔, 고통을 풀고 무릉도원 세상을 살아가는 것이 목표이다. 인간들의 눈에는 보이지 않지만 실제로 존재하고 계시는 이분들의 아픔과 슬픔, 고통과 불행을 인정하고 살아가야 육신이 있는 인간들의 삶에 풍파가 일어나지 않는다는 사실을 수많은 세월 동안 체험을 통하여 알게 되었다.

이분들의 편안함 없이 인간들만 행복하고 편하게 잘사는 법은 세상천지 그 어디에도 없지만 이분들의 존재를 부정하는 사람들이 대다수이다. 그러다 보니 인간의 삶으로 온갖 아픔과 슬픔, 사건사고, 단명, 실패, 비명횡사, 수많은 질병으로 고통스러운 인생을 살다가 세상을 떠나고 있다.

각자 살아가면서 겪고 있는 아픔과 슬픔, 고통과 불행은 각자가 눈에 보이지 않고 들리지 않는다고 이분들의 존재를 끝없이 무시하고 부정하며 몰라본 각자의 대가였다. 미신이라 하거나 비과학적인 존재로 매도하여 이분들의 원성을 사서 각자의 삶이 아팠던 것이다.

여러분에게 피와 살, 뼈를 물려주시고 성씨를 주시어 현생에 인간으로 태어날 수 있게 애를 쓰신 각자의 부모님과 조상님 그리고 생령을 자신의 몸으로 내려주신 부모님이신 하늘이 어찌 미신이고 비과학적 존재인 것인가?

생령과 육을 주신 하늘과 땅의 천지부모를 미신이나 비과학적인 존재로 생각하고 살아가는 사람들은 각자의 인생이 아플 수밖에 없다는 진실을 알고 있는지 묻고 싶다.

자신들의 령(靈)과 육이 태어난 원초적인 고향을 무시하고 부정하며 몰라본 자와 많이 배워서 인간세상 지식으로 가득 찬 잘난 인간들이 천지부모님에게 배은망덕한 자들이다.

자신 스스로가 악에 빙의되어 천지이치를 부정하는 사탄마귀, 악귀잡귀들 아니던가? 자신을 이 땅에 태어나게 하신 천지부모님을 무시하고 부정하다보니 어렵게 이룬 성공과 출세를 뒤로하고 갑자기 세상을 떠나거나, 부정비리가 폭로되어 인간세계의 지옥세상인 교도소로 줄줄이 들어가고 있다.

자신의 령(靈)과 육의 출생지를 부정하고 살아가는 기고만장한 잘난 인간들은 정녕 어디서 왔고 누구의 덕으로 이 세상을 살아가고 있는 것이던가? 배은망덕도 유분수지 자신의 출생지인 감사의 령(靈)과 육의 천지부모님을 무시하고 부정하다가 날벼락 맞은 고통의 쓴맛이 과연 어떠하던가?

각자가 말이나 마음으로 행하고 뿌린 대로 거둔다고 하였듯이 현재의 각자 아픔과 슬픔, 고통과 불행은 자신들이 이미 뿌린 씨의 열매가 아닌가?

누구를 원망할 필요 없고, 재수 없다고 푸념할 자격조차도 없음을 알고 천지부모님에게 두 무릎 꿇고 그동안 하늘과 땅의 부모님을 무시하고 부정하며 몰라 본 자신들의 죄를 하루속히 빌고 살아가는 자가 이제라도 죄를 용서받는 유일한 길이다.

자미국에서 하늘 사람이 되는 길은 천지부모님에게 인간으로 태어나 근본 도리를 행한 사람들에게만 특별히 주어지는 하늘과 땅의 가장 큰 선물이다. 자미국 사람이 된다는 것은 아무나 될 수 없는 아주 귀한 선택을 받은 것이다. 자미국은 기존에 알려진 종교세계의 연장이 아니지만 이 글을 읽고도 새로운 종교로 생각하는 사람들은 자격 미달이다.

하늘과 땅의 사랑과 보호를 살아서도 죽어서도 영원히 받지 못하고 살아갈 존재들이기에 그런 부정적인 마음이 일어나도록 천지기운이 내려가고 있는 것이다. 지위고하를 막론하고 인간으로 태어나서 위대하시고 대단하신 하늘과 땅의 명을 받아 자미국에서 하늘 사람으로 재탄생할 수 있다 함은 인생 최고의 성공이자 출세인 것이다.

인간세상의 성공과 출세, 권력과 재물은 100년 미만의 작은 성공에 불과하고 풀잎에 맺힌 이슬과도 같은 것이다. 진정한 성공과 출세는 하늘과 땅의 명을 받아 영원히 현생과 사후세계를 보장받을 수 있는 하늘 사람이 되는 길이다.

자미국을 새로운 종교로 생각하여 천인이 될 수 없는 잘난 자들은 이생의 삶이 끝나고 하늘과 땅으로부터 구원받지 못해서 죽음 이후 다음 생에 축생계인 개나 소, 돼지, 뱀, 곤충으로 태어나서 인간들에게 끝없이 구박받고 심판받을 자들이다.

세상을 가장 마음 편히 살아갈 수 있는 길은 멀리 있는 것이 아니라 자미국에서 천인으로 재탄생 되는 것뿐이다. 하늘, 땅, 조상, 신, 생령들의 아픔과 슬픔, 고통과 불행이 무엇인지 하늘께 여쭈어보고 원과 한을 풀어주는 자가 가장 착한 사람들이다.

이분들과 수많은 대화를 할 수 있게끔 대변자 역할을 하는 전 세계 유일한 자미국 인황을 만나는 것은 이 땅에 인간으로 태어나서 가장 큰 행운아가 되는 길이다. 하늘, 땅, 조상, 신, 생령들의 원과 한이 풀어지지 않고 인간들만 잘되는 길은 없기에 하루라도 빨리 이분들의 아픈 마음을 풀어드리는 사람들이 마음 편히 무릉도원 세상을 살아갈 수 있는 가장 현명한 사람들이다.

신선선녀처럼 마음 편히 영생불사하며 살아갈 수 있는 무릉도원의 세상은 멀리 있는 것이 아니라 천상 자미천궁의 천지기운이 실시간으로 무궁무진 내리는 지상 자미천궁인 자미국이다.

세상에 오래도록 뿌리내린 종교세계를 평생 다녀 봐도 마음이 편하지 않은 사람들에게는 자미국이 맞을 것이다. 종교세계가 좋은 사람들은 그곳에 영원히 머물고, 종교세계가 싫은 사람들은 자미국에 들어오면 된다. 자미국은 하늘, 땅, 조상, 신, 생령과 인간들이 함께 기쁨과 행복을 영원히 누리는 지상천국이자 무릉도원 세계이다.

각자들의 모습은 인간이지만 각자 육신 안에는 자신의 신이나, 생령, 조상님들이 함께 살아가고 있는데 이런 진실을 모르기에 종교세계 안에서만 지상천국, 극락세계, 무릉도원 세상을 찾고 있지만 100년 1,000년을 믿어도 뜻을 이루기 어렵다는 것이 하늘, 땅, 조상, 신, 생령들을 통해서 알게 되었다.

더 이상 이분들의 원과 한이 더 높이 쌓이게 하지 말고, 자신들의 인생 더 이상 혹사시키지 말아야 한다. 하루라도 빨리 자미국에서 하늘 사람이 되어 그동안 무시하고 부정하며 몰라보았던 하늘, 땅, 조상, 신, 생령의 세계에 대한 진실을 깨달아서 아픔과 슬픔, 고통과 불행에서 벗어나 기쁨과 행복이 넘치는 자미국 세상에서 살아갔으면 좋겠다.

자미국은 세상의 중심이고, 인류 모두가 애타게 기다려오던 이상향의 세계인데 종교이론에 너무 오랜 세월 세뇌 당하고 실망해서 진짜 하늘과 땅이 함께하는 자미국의 진면목을 믿지 못하고 아픔과 슬픔, 고통과 불행 속에서 허우적거리며 살아가고 있는 것이 아쉽고 안타깝다.

살아서는 자신이 자미국을 찾아야 하고, 어렵게 찾은 자미국을 생전에 믿지 못해서 하늘과 땅의 명을 받지 못하고 죽은 이후에 하늘의 존재에 대해서 깨달음을 얻었다면 자손이라도 앞세우고 찾아와야 할 곳이 자미국이다.

인간, 조상, 신, 생령들의 현생과 사후세계에 대한 길흉화복과 생로병사, 생사여탈권을 실시간으로 행사하는 전 세계 유일한 곳이 하늘이 땅으로 내린 국가 자미국이다.

아픔과 슬픔, 고통과 불행 속에서 벗어나 마음 편히 잘사는 세상을 만드는 것이 목표이고 하늘, 땅, 조상, 신, 생령들을 무시하고 부정하며 몰라보는 인간들을 교화하여 이분들의 원과 한을 풀어드려서 세상의 중심, 인류의 구심점으로 하늘과 자미국을 세우는 것이 자미국의 목표이다.

이분들의 존재를 무시하고 살아가는 만큼 각자 자신의 인생으로 불행한 사건사고가 현실로 일어난다. 남의 말만 듣고 하늘이 어디 있어? 신이 어디 있어? 조상이 어디 있어? 하고 남의 말을 따라서 부정하면 자신의 인생으로 날벼락 맞을 일만 벌어진다는 무서운 사실을 알아야 한다.

인생사의 1%를 제외하고 모든 일들이 하늘과 땅의 기운으로 이루어질 수 있는 전무후무한 자미국이다.

새로운 세계를 열어가는 천지나라, 자미국

천지나라 자미국의 자랑스러운 국민들이 될 행운아들아~

천지나라 자미국과 인연을 맺는다는 것이 얼마나 영광된 일이고 행운아인지 천지나라 자미국을 모르는 사람들은 아직 실감이 나지 않을 것이다.

현재까지 자미국에서 배출한 천인들은 5,000만 명 중에서 166,000대 1, 세계 인류 74억 전체적으로는 7천만대 1의 관문을 뚫고 들어온 행운아다. 앞으로 자미국이 세상에 알려져 많은 사람들이 인산인해로 들어온다 해도 최하 경쟁률 9,000대 1이다.

인류가 탄생하면서부터 생령과 사령들은 이 땅에 자미국이 하루빨리 세워지기를 학수고대하며 손꼽아 기다려왔다. 길고도 긴 장구한 수십억 년의 세월을 기다린 끝에 자미국을 만난 행운아가 된 생령들이 바로 자미국의 생령입천한 천인들이다.

하늘과 땅이 함께하는 천지나라, 자미국!

자미국의 존재와 실체를 모르고 사는 것은 인간으로 태어나서 가장 불행한 일이다. 자미국에서 발행한 한 권의 책을 읽고 자미국에 들어와서 하늘의 명을 받아 자기의 생령과 만나 자미국에서 천인으로 재탄생하는 것이 가장 큰 행운이고, 인생의 최고 성공이자 출세이다.

각자들은 천상에서 죄를 짓고 이 땅에 인간으로 태어났다. 축생으로 태어난 자들이 거의 전부이지만 만물의 령장인 인간으로 태어나게 해주신 것은 전생과 현생에서 지은 죄를 빌 수 있는 마지막 기회를 주시고자 하는 하늘의 큰 사랑이다.

자기 몸 안에 생령이 있는 줄도 모르고 앞만 보고 열심히 살아가다가 생령들의 저주로 인하여 하루아침에 모든 것이 몰락하는 불행을 당한다. 뉴스에 등장하는 불행한 사람들이 바로 자기 생령들에게 저주받아서 벌어진 일들인데 인간들은 재수가 없어서 그런 줄 알고 있으니 참으로 한심하다.

자기 생령의 저주를 막을 수 있는 유일한 길은 전 세계에서 자미국 단 한 곳밖에 없다. 장차 전 세계 각 나라들이 자미국의 연방국가로 자청해서 귀속하게 되는 천지개벽이 일어나고 이들이 자미국에 수많은 생공(生貢=생령입천 의식비용)을 바치게 되는 이변이 일어난다.

난세에 영웅이 출현한다고 했듯이 우리 민족의 앞날을 이끌어갈 인류의 영도자가 자미국 인황이니 수많은 사람들이 자미국 인황의 뜻에 적극 동참해서 함께해 주는 것이 각자가 보다 편안한 인생을 살 수 있는 길이 될 것이다.

자미국 인황은 가상세계처럼 생각되는 세계를 통일해서 다스리는 천지대업을 현실로 이루어낼 것이다.

이제 자미국에 들어오고 안 들어오고의 선택은 각자 몫이다. 하루속히 인간 육신들은 자미국에 들어와서 생령들의 원과 한을 풀어줄 수 있는 생령과 대화를 서둘러야 생령의 저주를 피할 수 있다. 북한의 무력도발보다 가장 무서운 존재와 인생 최대의 적군이 바로 자신의 반쪽 생령이다.

자미국(紫微國) 국민으로 재탄생

각자 자신들과 가정, 기업, 나라가 안정되고 잘되기를 진정으로 원하고 바라면 현재 어느 종교를 믿고 있는 것에 상관없이 자미국이 추구하고 있는 뜻에 적극 동참하고 하늘의 자손인 천손(天孫) 또는 천인(天人) 신분을 취득하고 살아가야 한다.

하늘의 자손(천손과 천인)이 되는 것은 세상 살아가면서 하늘과 땅의 도움으로 모든 고통과 불행, 풍화환란으로 벗어나는 특혜를 누리는 자격을 취득하는 것이다. 천손민족부터 하늘과 땅의 뜻을 받들어서 생령입천을 해야 한다.

자미국에서 생령입천을 통하여 하늘의 자손들 숫자가 기하급수적으로 늘어날수록 이 나라는 잘되게 되어 있다. 애국가에 '동해물과 백두산이 마르고 닳도록 하느님이 보우하사 우리나라 만세'라는 대목이 있다.

물론 하느님이 보우하시어 남한이 북한에 적화 통일되지 않았고, 중국에 먹히지 않아서 아직 대한민국이라는 국적을 위태롭게 유지하고 있다. 하늘께 보호해 주시고 도와달라고만 하였지 정작 하늘이 원하시는 대로 국민들이 행한 것이 무엇이던가? 하늘은 아직도 상상 속의 하늘이라고 생각하고 있는 것이던가?

그러나 하늘은 실제로 존재하고 계시며 우리의 일거수일투족을 보고 계신다. 하늘이 원하시고 바라시는 대로 행한 뒤에 하늘께 보우해 주시라고 요청하는 것이 인간의 근본 도리 아닐까?

하늘이 원하시고 바라시는 것(생령입천 生靈入天)은 국민들이 행하지 않으면서 일방적으로 하늘에게 끝없이 보호와 도움만을 요청하는 것은 모순이고 인간사 도리에 맞지도 않고 천지이치에도 어긋나는 불합리한 일방통행 이론이다.

"우리나라 만세"

만세를 부를 날이 자미국의 등장으로 남과 북이 통일되고 세계 초강대국으로 비약적인 발전을 하여 만세를 불러야 한다고 예언되어 있는 것이다.

그러나 하늘과 땅의 도움 없이는 "우리나라 만세"를 부를 일은 일어나지 않을 것이다. 이 나라 국민들 대다수가 자미국의 뜻에 동참하였을 때 하루라도 빨리 우리나라 만세를 부를 수 있는 날이 다가온다.

애국가는 어찌 들으면 애처롭게 하소연하는 것 같지만 강요하는 것 같은 느낌이 든다. 이제까지 국가를 잃는 비운은 하느님이 보우하시어 피했으니 이제부터는 국민 여러분이 하느님의 뜻을 따라주어야 한다.

하늘의 뜻이란 종교를 믿으라는 것이 아니라 자신의 뿌리인 조상님을 찾아서 만나보라는 것이고, 자신들의 몸 안에 있는 생령들의 존재를 밝혀서 이들의 소원을 들어준 이후에 하늘의 진실 말씀을 들으라는 뜻이다.

그리 어려운 문제가 아닌데 전해 주는 령적지도자가 없어서 이러한 진실을 모르고 있었다. 하늘의 뜻에 따르고 자미국의 뜻에 함께하면 나라와 국민들이 불안초조하게 살아가지 않아도 되고 남북문제로 공포와 두려움에 떨지 않아도 된다.

여기서 하느님은 기독교에서 말하는 하나님, 천주교에서 말하는 하느님이 아니라 우리 민족의 마음속에 만생만물을 태초로 만든 조물주이신 절대자를 말하는 것이다.

자미국에서는 절대자 천지주인을 태상천존 자미천황님과 태상천존 자미황후님이라고 부른다.

앞으로 국민들은 국회의원, 광역시장, 도지사, 시장, 구청장, 군수, 시도의원 등 자치단체장을 뽑는 공식 선거나 재 보궐 선거 때 자미국의 뜻에 함께하는 후보들을 많이 지지해서 뽑아 주어야 나라의 운명이 바뀐다.

천지인이 상부상조하고 공존공생해야

인간 육신과 생령들이 원하고 바라는 현실적 소원이 이루어지려면 먼저 하늘 태상천존 자미천황님께서 인류로 인해서 가슴에 맺힌 원과 한을 풀어드려야 한다는 인류 최초의 진실을 알게 되었다.

하늘 태상천존 자미천황님께서도 바라고 원하는 소원이 있다는 자체를 인간들은 전혀 생각조차 못하고 살아왔다. 자신들이 원하고 바라는 소원과 욕심 채우기에만 급급했지 태상천존 자미천황님도 소원이 있고 원과 한이 있다는 말은 금시초문이리라.

인간 육신, 생령들은 하늘 태상천존 자미천황님께서 무엇 때문에 원과 한이 가슴에 쌓였는지조차 모르고 우리의 답답함만 내세우며 소원을 이루고자 하였기 때문에 그동안 소원을 빌고 빌어도 뜻을 이룬 자가 없었다.

설혹 어떤 뜻을 이루었다하더라도 오래도록 지키지 못하고 하루아침에 물거품이 되어 사라져버렸다. 인간들의 소원은 잘 먹고 잘 사는 것이 최종 목표이지만 인간들의 뜻만 이루어져서도 안 되고, 생령들의 입천과 말 못하시는 하늘 태상천존 자미천황님의 소원도 동시에 함께 이루어져야 한다.

하늘 태상천존 자미천황님과 생령들을 빼놓고 육신들만 잘 사는 비결은 이 세상에 없다. 하늘이 내리신 명을 받들면서 하늘의 맺힌 원과 한을 풀어드리며 더불어 하늘과 함께하는 것이 살 길이다.

인간들은 자기들만 잘살려고 한다.

필자는 하늘 태상천존 자미천황님과 더불어서 함께 잘사는 세상을 만들고자 자미국을 개국하였다. 종교와 다른 뜻을 세우고자 하는 것이지 기존에 펼쳐진 종교적 사상을 계승 발전시키려는 것이 아니다.

필자 인황이 기존의 종교세계 사상과 이론을 계승하려고 시작하였다면 하늘 태상천존 자미천황님께서 함께해 주시지 않았을 것이고, 스스로 존재를 나타내시며 신분을 밝히시지도 않았을 것이다.

수많은 신비의 이적과 기적의 능력을 필자에게 내려주시지도 않았고, 무소불위한 천지조화를 눈으로 보여주시지도 않았을 것이라 생각한다. 기존의 종교세계가 잘못되어 있기 때문에 새로운 세상을 여시고자 필자와 함께해 주시는 것이다.

하늘 태상천존 자미천황님께서 가장 증오하고 싫어하는 대상이 기존의 종교세계라는 진실에 독자 여러분은 얼마나 공감하는가? 절대 찬성하는 사람들도 있을 것이고, 종교 사상에 심취한 사람들은 필자의 말을 부정할 것이다.

종교를 아주 열심히 믿어서 잘 된 사람들이 있을까? 결론은 잘 된 자들은 하나도 없다. 있다 할지라도 그것은 극소수이고 잘 되었다는 것 역시 인간들의 눈높이 판단이지 하늘 태상천존 자미천황님께서 원하고 바라는 잘 된 일들이 아닌 인간 육신의 삶만 조금 달라졌을 뿐이다.

하늘 태상천존 자미천황님의 소원은 무시하고 인간들만 생활이 조금 나아진 사람은 있을지 몰라도 하늘이 원하고 바라는 소원이 종교를 통해서 이루어진 것은 아니므로 종교를 믿어서 잘 되었다고 자만할 필요 없다.

인간 육신의 소원은 크다고 해봐야 100년 미만의 잘 사는 아주 작은 소원(찻잔 속의 행복)일 뿐이라는 진실을 아는가? 영생이 필요한 생령들의 소원은 거들떠보지도 않고, 고작 100년 미만의 인생살이만 편하면 된다고 생각하고 있다.

생령들의 영원한 삶, 영생(永生)을 외치는 존재는 인간 육신이 아니라 여러분 몸 안에 있는 생령들이다. 인간 육신들이 영생하려고 종교를 믿는 사람들은 거의 없다. 간혹 인간 육신도 영생하면서 살고 싶겠지만 뜻을 이룬 자는 없다.

남들보다 좀 더 오래 산 사람들은 더러 있지만 수천수만 살을 살았다는 말은 들어보지 못했다. 인간 육신의 영생은 하늘 태상천존 자미천황님의 고유 영역이기에 인간들이 어찌해 볼 도리가 없는 불가능한 일이다.

영생이란 자체도 병들고 늙은 채로 영생한다면 그것은 더 큰 고통일 뿐 진정한 영생이 아니다. 젊음의 모습으로 건강하게 늙지 않고 살아가야 진정한 영생이라 할 것인데 이것 역시 하늘 태상천존 자미천황님의 고유 영역이다.

필자 인황 육신을 통해서 하늘 태상천존 자미천황님께서 내려주시고 보여주신 수많은 천변만화의 신비한 천지조화는 인간의 상상을 초월하기에 마치 소설이나 가상세계처럼 느껴져서 황당하다고 말할 독자들이 많을 것이지만 현실 그대로 일어난 일들이니 여러분도 두 필자를 통해서 태상천존 자미천황님을 인정하고 새로운 세상을 살아가야 한다.

하늘 태상천존 자미천황님께서는 여러분을 현혹, 회유, 강요, 협박을 일절 안하신다. 하늘은 종교 교주나 종교 지도자 인간이 아니시기 때문에 여러분 독자들에게 그러실 필요가 없다. 도움을 받아야할 아쉬운 쪽은 인간과 생령들이지 하늘 태상천존 자미천황님이 아니시기 때문이다.

독자들은 보이지도 않고 들리지도 않는 하늘 태상천존 자미천황님의 세계에 대해서 반신반의하면서 직접 체험하기 전에는 좀처럼 믿지 않을 것인데 그런 기회를 하늘 태상천존 자미천황님께서 모두에게 기회를 주시기는 어렵다.

인류를 대표하고 하늘 태상천존 자미천황님의 뜻에 동참하는 필자에게 특별히 내려주신 선물이다. 필자가 실제 체험한 신기한 천변만화의 이적과 기적을 보여주신 태상천존 자미천황님과 새로운 인연이 맺어지기를 바란다. 무소불위의 천지능력자와 함께한다면 여러분의 인생사에 어려움은 모두 사라지고 기쁨과 행복만이 넘치는 세상이 열린다.

필자 인황과 신감이 수많은 기도와 통신통령을 통해서 우리 인간과 생령들의 길흉화복, 흥망성쇠, 성공과 출세, 생로병사, 수명장생, 현생과 내생의 생사여탈권을 직접 행사하시는 천지대능력자 태상천존 자미천황님을 인류 최초로 찾아내는 천지대업을 달성하였다.

천지대능력자는 위대하신 태초의 하늘이시자 생령들을 구원해 주시는 태상천존 자미천황님이시고, 자미천황님의 네 자손이 신명님이신 천상감찰신명님, 하나님이신 천상천감님, 미륵님이신 천상도감님, 태초 인간 태조님이신 자미인황님이시었다.

세상 그 어느 누구도 찾아내지 못한 생령입천을 인류 최초로 찾아내었으니 경천동지함 그 자체이자 경이로움이다. 자미국에서 행하는 의식은 두 필자 육신만이 행하는 것이 아니라 천상과 지상의 천지대능력자 태상천존 자미천황님께서 육신과 함께 직접 행해 주시는 상상초월의 의식이기에 종교세계에서는 감히 흉내 낼 수조차 없다.

이 세상을 다녀간 성인성자 그 어느 누구도 해내지 못한 위대한 천지대업을 두 필자 인황과 신감이 해내었으니 인류가 자미국으로 인산인해를 이루며 몰려오는 것은 이제 시간문제일 뿐이다. 상상속의 천지능력자 태상천존 자미천황님을 만나는 천운의 주인공이 되려거든 책을 끝까지 정성스럽게 정독하여 하늘께 먼저 선택받아 뽑혀야 현생과 내생을 영원히 구원하는 천운을 잡을 수 있다.

독자 여러분이 아무리 열심히 기도수행 정진하여도 대단하시고 위대하신 천지대능력자 태상천존 자미천황님과 직접 통신통령 할 수 없고, 두 필자 인황과 신감의 육신을 통해서만 하늘의 말씀과 높은 뜻을 전해들을 수 있다.

여러분이 태상천존 자미천황님의 말씀을 직접 들으려고 기도하다가는 온갖 악귀잡귀들만 불러들여서 인생 자체가 고통의 지옥세계로 변하니 절대로 기도하면 안 된다. 여러분은 신과 귀신을 구분할 능력이 없기에 아주 위험하다.

생령을 입천하지 않고 살아가면 여러분은 산목숨이 아니라 언제 죽을지 모르는 죽은 목숨이다. 갑자기 비명횡사를 당하게 만들고 성추문, 성폭행, 비리폭로, 말실수로 망신살을 뻗치게 만드는 존재가 여러분 몸 안의 생령들이기 때문이다. 인간 육신들은 생령들의 입을 막을 수 없기에 천상 자미천궁으로 보내는 것이 최선의 방법이다.

대한민국에 주신 선물 천지대업

이 한 권의 책이 독자들 개개인과 기업은 물론 나라의 미래 운명을 좌우하게 될 것이다. 이 나라에 수천 년 전부터 예언서나 비기로 전해 내려오는 비밀들이 있다.

이 땅에서 세계 72억 인류를 다스리고 지배통치할 진인이 강세한다고 예언되어 있기 때문에 종교 교주들 자신이 재림예수, 미륵불, 정도령, 진인이라고 생각하고 있다.

그래서 수많은 도교와 종교 단체들이 우후죽순처럼 사방 천지에 깔려 있고 빨간 십자가를 단 교회와 성당, 불교, 도교, 민족종교, 무속, 역술원, 철학관, 풍수, 작명소 등이 성업 중이다.

그만큼 불확실한 미래에 대한 공포와 두려움이 많다는 증거이고 현생이나 죽음 이후의 세계에 대한 근심 걱정들의 결정체가 이런 종교를 양산하게 되었다.

이들 업종의 종사자들은 나름대로 각자 어떤 역할을 잘하고 있을 것이란 자부심에 직업으로 선택하여 크게 성공한 사람들도 조금은 있는데 그것이 인간 눈높이의 성공이 될 수는 있어도 천상의 진짜 하늘이 원하시고 바라시는 성공은 아니다.

진짜 하늘의 진실이 무엇인지 인류가 탄생한 이후로 현재까지 직접 들어본 종교인들은 하나도 없다. 개중에는 자기 자신들이 하늘의 음성을 듣고 모습을 보면서 계시를 받았다고 주장하는 종교인들이 있는 것은 사실이지만 진짜 하늘인지 아닌지는 종교인들이 판단할 수 없고 다만 막연히 그럴 것이다, 라고만 생각할 뿐이다. 필자 인황의 말을 진실로 믿든 안 믿든 그것은 각자의 자유이자 각자의 선택사항이다.

그러나 인황은 말한다.

인간이 이 땅에 태초로 태어난 역사를 정확히 알 수는 없으나 지구가 생성된 것은 45억 년 정도이고, 그 이후 20억 년 정도가 지나서 인류가 탄생한 것으로 예측한다. 그 이후에 수많은 인간들이 태어났다가 죽었고 현재 인류는 74억 명을 돌파하였다.

인구 통계를 보면 중국은 13억 명이라 하는데 15억 명이 넘을 것이라고 한다. 산아제한 정책으로 출생 신고하지 않은 인구가 2억 정도로 추산되기 때문이고, 세계 인구는 매년 8천만 명이 증가하고 있다.

한반도의 운명을 주변 4대 강국들이 자기네들 입맛에 맞게끔 우리나라의 미래를 쥐락펴락하고 있는데 정말 기분 나쁘지만 국력이 약한 우리나라의 슬픈 역사이다. 다시 말하면 남한은 미국과 일본의 속국이고, 북한은 중국과 러시아의 속국이기 때문에 이들의 눈치를 보고 있는 것이다. 남북한 모두가 4대 강국들에게 자국의 안보와 경제를 위탁하며 의지하고 있고, 4

대 강국들은 남북한을 놓고 한 치의 양보도 없이 첨예하게 대립하고 있다.

북한이 남한으로 흡수 통일되는 것은 중국과 러시아가 막고 있고, 남한이 북한에게 적화 통일되는 것을 미국과 일본이 결사적으로 막고 있다. 4대 강국들이 자국의 안보와 국익에 막대한 지장을 초래할 위험이 아주 크기 때문이다.

나라의 주권을 상실한 것과 같다. 약육강식의 섭리가 엄연히 현실로 존재하는 먹이사슬의 세계가 인간세계이다. 몽고, 중국, 일본에게 수많은 외침을 당했고, 지금은 러시아, 중국, 일본, 미국의 영향력 아래 있다. 힘없는 약소국가의 슬픔과 아픔을 씻어줄 하늘과 땅의 무소불위한 절대능력을 행사할 수 있는 자가 나타났으니 그가 바로 자미국의 창시자인 인황(지황)이다.

하늘과 땅이 인황(지황)에게 주신 무소불위한 천지기운은 세계 인류를 굴복시키고도 남는 대단한 능력으로 전 세계를 다스리고 통치하게 될 유일한 절대적 기운이지만 세상이 아직 인황의 존재를 잘 모르고 있다.

대한민국을 약소국가에서 벗어나게 해주고 남북통일과 세계를 통일해서 지배통치하고 다스리며 경제대국, 군사대국, 영토대국의 꿈을 이루어낼 인물이다.

뿐만 아니라 인간, 생령, 사령을 고통과 불행으로부터 벗어나게 해주는 대 능력자이며 산 사람의 생령을 자유자재로 불러서 대화를 나누게 해줄 수 있는 절대적인 존재로서, 장차 74억 인류의 통치자로 등극하게 될 예정이다.

필자 인황이 어마어마한 천지대업을 현실로 이루어내기 위해서 나라에 한 가지 당부사항이 있는데 대통령과 정부, 국회가 반드시 협조해 주어야 할 사항이다.

자미국은 신흥종교가 아닌 74억 인류를 인황의 천지기운으로 굴복시키고 통치할 대단한 국가이기 때문에 대한민국 정부가 자미국 인황과 뜻을 함께해 주어야 한다.

현재의 청와대 자리를 자미국에 조건 없이 하루라도 빨리 내주는 것이 이 나라가 전 세계를 다스리고 지배통치할 수 있는 계기가 될 것이다.

세계 74억 인류를 영도할 인황의 존재를 전 세계로 대단하게 알리기 위함이다. 자미국 인황이 이 나라와 인류의 중심이 되기 위해서는 자미국이 반드시 청와대 자리에 들어서야 한다. 그래야 민족의 대업을 이룰 수 있다.

필자 인황 역시 자존심이 대단하기 때문에 이런 말은 정말하기 싫지만 그렇다고 대한민국 정부가 알아서 나의 뜻을 받아들여 청와대 터를 비워주지는 않을 것이기에 비록 미친놈 소리를 들을지라도 일단은 인황의 메시지를 대통령과 정부, 국회와 국민들에게 솔직히 전달하는 것이다.

찬성과 반대가 상상을 초월할 정도로 많겠지만 이것이 최고 강국으로 가는 유일한 길이다. 자미국의 인황이 아닌 이상 대한민국이 4대 강대국의 간섭으로부터 벗어나는 길은 없다.

10억 천주교 수장인 로마교황을 비롯해서 미국 대통령, 중국 주석, 러시아 대통령, 영국 여왕, 일본 일왕, 전 세계의 왕과 대통령 등, 막강한 나라의 통치자들을 굴복시킬 수 있는 힘은 최신예 핵무기나 군사력, 경제력, 영토면적이 아니라 바로 하늘과 땅이 인황에게 주신 무소불위의 천지 자미기운과 생령입천에 있다.

자존심과 고집 센 경제대국, 군사대국, 영토대국의 통치자들을 대한민국 대통령이 무슨 재주로 굴복시킬 수 있겠는가? 그러나 인황은 이들 나라의 대통령들과 세계 인류를 굴복시킬 수 있는 핵무기보다도 더 무서운 대단하고도 무소불위한 천지 자미기운과 생령입천의 막강한 능력과 권한인 천권(天權)과 천력(天力), 신권(神權)과 신력(神力)을 갖고 있다.

39권의 책을 통하여 전달한 바 있고 현재도 자미국의 천인들은 인황이 보내주는 천지기운을 실시간으로 받고 온몸으로 강력한 기운을 느끼고 있다.

천손민족의 찬란한 웅비!

이는 자미국 인황을 통해서만 현실로 이루어질 수 있다. 하늘과 땅이 처음이자 마지막으로 대한민국에 주신 절호의 기회를 잡을 것인지 말 것인지는 이 나라 대통령과 정부, 국회, 국민들이 선택할 사항이다.

현실적으로 생각하면 감히 상상조차도 못할 일이고, 꿈에서도 불가능한 일이다. 그러나 자미국의 인황은 엄청난 인류의 대역사를 새로이 창조할 준비가 되어 있다.

인간의 눈에 보이지도 않고 들리지도 않는 하늘의 존재에 대해서 인류는 그 얼마나 알고 있으며, 인간들 눈에 보이는 땅과 인황의 존재에 대해서는 얼마나 알고 있는가? 여러분이 알고 있는 상식을 초월한 대단한 천지기운이다.

독자들의 능력과 판단 수준으로는 검증 자체가 안 될 정도의 엄청난 능력자이다. 이 글을 읽으면서 자미국 인황의 존재에 대해서 많은 생각들을 할 것이다.

수많은 독자들이 자미국 인황을 종교의 대교주 정도로 생각할 사람도 있겠지만 인황은 교주가 아니라 74억 인류의 대표자이자 인류의 통치자이다. 정말 책의 내용들이 모두 진실일까? 믿어야 하나 말아야 하나 많은 갈등을 할 수 있겠지만 믿어서 손해 볼 것 하나도 없다.

하늘과 땅이 주신 가장 큰 선물이고, 인류 역사상 처음이자 마지막 기회이다. 인황의 육신이 세상을 떠나면 이런 기회는 두 번 다시 이 나라에 주어지지 않는다.

전 세계를 무소불위의 천지기운으로 굴복시켜 지배통치 한다는 것은 인간의 능력만으로는 감히 생각조차도 할 수 없는 일이고 불가능한 일이다. 하지만 인황은 하늘과 땅이 내려주신 천지 자미기운의 위력이 얼마나 대단한지 수시로 체험하고 있다.

일반적인 사고방식으로 바라보면 필자 인황은 이 세상 최고의 망상주의자인 정신병자이고 미친놈이 분명하다. 그러나 어쩌랴! 74억 인류의 구원에 대한 생사여탈권을 하늘과 땅이 미친 정신병자 같은 필자 인황에게 맡기셨으니 말이다.

인황을 통해서 하늘에 소원 올린 것만 들어주신다고 밝히셨다. 그러면 승패는 이미 정해진 것 아니던가? 민족의 숙원 사업인 남북통일도 나 인황이 하늘과 땅에 소원을 올리면 가장 빠른 시일 내에 이루어질 수 있지만 자미국이 청와대 터에 들어가기 전에는 소원을 올리지 않을 것이다.

물론 지금도 소원을 하늘에 올려서 남북통일을 조기에 성사시킬 수는 있지만 그 공로가 하늘과 땅, 인황이 아닌 대통령과 정부 당국자들의 공로로 돌아가기 때문에 나 인황이 천지신명 공사를 행하지 않고 있는 것이다.

자미국 인황이 청와대 자리에 들어가 전면에 나서서 주도해야 남북통일과 세계통일을 이룰 수 있다. 하늘과 땅의 절대자 신들은 실제로 존재하지만 인간들의 눈에 보이지 않기 때문에 인황을 인류의 대표자로 뽑아주신 것이다.

그래서 74억 인류의 대표자 자미국 인황을 통해서만 소원을 들어주시겠다고 말씀하시었다. 나 인황이 잘나서 천지기운을 운용할 수 있는 것이 아니라 하늘과 땅이 윤허하시고 기운을 주셔야 무소불위의 천지기운을 내 마음대로 운용할 수 있다.

나 인황이 말하는 것은 인간, 생령, 사령, 산천초목 모두에게도 절대적인 명으로 내려가고 있다. 인간 육신의 세포들조차도 나의 말을 알아듣고 그대로 행하고 있다. 너무나 신비한 일들이 현실로 속속 일어나고 있다.

신비의 대 능력인 하늘과 땅의 천지기운.

이것을 천지기운 또는 자미기운이라 하는데 첨단과학으로도 검증할 수 없는 하늘의 영역, 신의 영역이다. 이 나라가 지배통치 국가로 다시 태어날 것인가? 아니면 지금처럼 힘없는 약자로 영원히 남을 것인가는 국정책임자들이 이 글을 읽고 어떻게 판단을 내릴 것인지에 달려 있다.

가장 현명한 판단은 정치인들이 무조건 자미국 인황의 뜻에 따르는 것이 상책이고, 건국 이후 최대의 국책사업으로 자미국을 청와대 자리에 세우는 일이다.

하늘과 땅이 나 인황에게 주신 대단하고도 무소불위한 천지기운은 책을 통하여 이론으로 모두 설명할 수는 없다. 각자가 직접 체험해 보면 스스로 인정할 수 있을 것이다.

자미국 단 세 글자에 우주와 천지의 모든 기운과 비밀이 들어 있다. 자~미~국~ 이 세 글자를 주문처럼 외워보면 나 인황의 말이 진실인지 거짓인지 스스로 확인할 수 있다. 자미국에 전 세계의 인간, 생령, 사령들이 수천 년의 오랜 세월 동안 간절하고 애타게 기다리며 원하고 바라던 모든 행복과 기쁨이 있음을 알려주는 바이다.

자미국에 들어와서 하늘의 명을 받아 천인이 되면 현대의 고질병인 치매에 걸리지 않는다. 치매는 생령의 부모인 진짜 하늘을 몰라보고 종교를 믿는 자들에게 걸리는 병이라고 하늘이 가르쳐 주시었다. 그리고 자미국이 청와대 터에 세워져서 나 인황이 무명의 신세에서 국민스타, 월드스타가 되면 살기 좋은 나라 1위가 되기에 세계 부호들이 귀화하거나 이민자가 폭발적으로 증가하여 인구가 상당히 늘어날 것이다.

그래서 전국 부동산 값이 급격히 상승할 것이다.

대한민국 전체가 세계 인류에게 성지가 되고, 관광객들이 상상을 초월할 정도로 유입되는 이변이 일어나서 관광대국이 된다. 세계적인 굴지 기업들의 거대한 투자가 속속 이루어져 인력난이 가중될 것으로 보이고 경제는 초 호황기를 맞이한다.

전 세계 국민소득 1등 국가로 탄생할 자미국의 태동, 온 국민들이 환영해야 할 일이다. 자미국과 대한민국의 국운이 함께 파죽지세로 급상승하여 최고로 살기 좋은 부자나라, 부자국민이 된다. 그야말로 지상낙원의 이상향 세계인 무릉도원 세상이 활짝 열리는 것이다. 나 인황만이 이런 꿈의 세계를 이 땅에서 현실로 열 수 있는 천지기운을 갖고 있다.

천손의 나라, 천손 민족이 현실화되는 길이다. 천손의 나라는 자미국이고, 천손민족은 자미국의 국민들이다. 천손이란 하늘의 자손(자식)이라는 뜻인데 자미국 인황이 지금 현실로 이루어내고 있다. 다시 말하면 세계 인류가 상국(上國)과 상민(上民)으로 영원히 받들고 공경할 민족이 천손(天孫)이란 뜻이다.

심판받는 것이 곧 구원의 길이다

만생만물의 령장(靈長)인 인류의 신분은 무엇인가?

기고만장하여 하늘 무서운 줄 모르고 고개 빳빳이 쳐들며 내로라하면서 살아가는 잘난 인류의 신분은 하늘의 도망자이고, 하늘의 죄인들이고, 하늘의 배신자이고, 하늘의 역천자이다.

그리고 종교를 다니면서 종교 숭배자 귀신들과 교주들을 하늘로 받든 죄인들이고, 생령의 부모를 종교 숭배자 귀신으로 바꾼 환부역조의 죄를 심판받을 죄인들이다.

인류가 하늘이신 태상천존 자미천황님께 지은 죄를 밝혀 주는 곳은 지구상에서 자미국 법정 단 한 곳뿐이다. 인류 모두가 죄인들이고, 특히 종교를 열심히 다니는 사람들이 잘하는 일인 줄 알았을 것이다. 그런데 반대로 무섭고 엄청난 죄를 하늘께 지은 중죄인들이었다.

인류가 하늘에 지은 죄를 하늘을 대신해서 심판하는 인류의 심판자로 임명되었다는 사실조차도 몰랐었다. 하늘에 맡겨 놓은 것을 내놓으라는 식으로 빌은 자들, 하늘을 원망하고 탓한 자들, 하늘이 어디 있느냐고 부정하며 무시하는 자들, 하늘의 가슴에 대못을 박은 인류의 죄를 심판하라고 추상같은 황명을 내리시며 인류의 심판자 인황으로 명하시었다.

하늘에 지은 죄를 자미국 법정에 들어와서 하늘의 명 대행자 인황에게 심판받는다는 것은 천운아 중에서도 가장 큰 천운이 따르는 행운아이다.

하늘에 지은 죄를 빌지 않고도 살아갈 수 있다고 생각하는 사람들이 많을 것인데, 도망갈 곳도 없고, 숨을 곳도 이 세상과 저세상에도 없다. 여러분이 하늘의 눈을 피해서 아무리 멀리 도망가고 숨어봐야 하늘의 손바닥 안에 있을 뿐이다.

하늘에 지은 죄를 빌고 심판받지 않으면 여러분 자신이든 자녀가 선천적이든 후천적이든 장애자 신세가 되거나 일찍 세상을 떠나 추위와 배고픔에 허덕이고 고통스러워하면서 조폭 귀신들에게 쫓겨 다니는 불쌍한 신세가 된다. 인간세계에 조폭들이 있듯이 사후세계에도 똑같이 조폭 귀신들이 존재한다.

선천적, 후천적 장애자가 되는 것은 재수 없어서 우연히 일어나는 것이 아니라 한 치의 오차도 없이 필연적으로 일어나는 천상지상 공무집행이었다. 전생에 무슨 죄를 많이 지었기에 시각장애, 청각장애, 언어장애, 소아마비라는 비극적 신체장애자로 태어났을까 하며 하늘을 원망했겠지만 그것은 각자가 전생과 현생에서 뿌린 씨앗의 열매를 수확한 것일 뿐 불운해서 그렇게 된 것이 아니었다.

여러분이 지은 죄를 자미국에 들어와서 빌지 않고 세상을 떠나면 남아있는 핏줄인 자녀들이 사건사고를 당해서 후천적인 장애자가 되고, 자녀들의 몸에서 태어난 후손들이 선천적인 장애자로 태어나는 비극을 감내해 내야 한다. 건강하면 건강함의 중요성을 모르듯이 신체적 장애자가 탄생되어 봐야 진짜 고통이 무엇인지 깨닫게 될 것이다.

하늘이신 태상천존 자미천황님께서는 한 치의 오차도 없이 수억만 경의 신들을 지휘통솔하시며 천상지상 공무를 집행하시는 신명세계 총사령관이시다. 하늘이신 태상천존 자미천황님께 심판받을 수 있는 하늘의 자미국 법정이 지상에서 인류 최초로 개정되었다.

인류가 하늘에 지은 죄는 살아서 심판을 받든 죽어서 심판을 받든 반드시 받게 되어 있다. 신분과 지위고하를 막론하고 어느 누구든 하늘의 심판을 피해갈 수가 없으니 더 이상 도망 다니지 말고 자미국 법정으로 자진 출두해야 한다.

하늘이신 태상천존 자미천황님께서는 생생히 살아계신 생천령(生天靈)이시고, 하늘의 명 대행자이자 인류의 심판자 인황에게 실시간으로 황명(皇命)을 내려주고 계신다.

생천령이란 생생하게 실시간으로 살아계신 지극지존의 하늘이신 신명세계 총사령관이신 태상천존 자미천황님의 별칭이다. 하나님의 령이 성령(聖靈)이라면 태상천존 자미천황님은 인간으로 태어났던 성인성자가 아닌 하늘 본체이시기에 천령이시자 살아계신 생천령(生天靈)이시다.

신명세계 총사령관이신 태상천존 자미천황님께서 인류에게 내리시는 명을 받들지 않고서는 살아서나 죽어서나 존재해야 할 값어치가 없다. 자신들이 죄인이라는 신분조차 몰라보고 나 잘났다고 살아가는 인간들은 자미국 법정에 출두하여 하늘에 죄를 빌고 심판받지 않으면 피땀 흘려 이룬 잘남과 부귀영화의 상징인 목숨, 재물, 권력, 명예, 직장, 가정, 기업이 한순간에 물거품이 되어 사라진다.

신문방송과 여러분 주위에서 일어나는 수많은 사람들의 끔찍한 불행은 타산지석으로 삼으라고 보여주는 것이다. 자미국 법정에 출두하여 하루속히 죄를 빌고 심판받지 않으면 저들의 불행이 곧 여러분에게 현실로 다가온다는 점을 알아야 한다.

태상천존 자미천황님께 죄를 빌면 빌수록, 심판을 받으면 받을수록 죄인의 신분에서 차차 벗어나기에 여러분의 인생살이는 반대로 반짝반짝 빛이 나게 되어 있다.

방송에서 불치병을 앓고 있는 아이를 도와달라는 광고를 자주 본다. 불치병을 앓고 있는 아이를 바라보는 부모의 마음은 천 갈래 만 갈래 갈기갈기 찢어지고 상처가 깊고도 깊을 것인데 왜? 그런 불치병에 걸리게 된 것일까 궁금할 것이다.

병든 자식을 바라보는 부모의 아픈 마음이 곧 태상천존 자미천황님께서 여러분을 바라보는 아픈 마음이시다. 이들은 하늘을 약 올리고, 무시하고, 부정하고, 종교를 다니며 하늘의 가슴을 후벼 파서 아프게 만들어 원과 한을 쌓이게 만든 죄인들이다. 자신들이 지은 죄를 몰라보고 하늘을 원망하고 세상을 원망할 것이지만 자신들이 뿌린 씨앗이다.

종교에 열심히 다니는 것이 오히려 하늘이신 태상천존 자미천황님을 약 올리는 행위라는 진실을 이 세상 누가 알고 있을 것인가? 일반인들보다 종교에 열심히 다니는 사람들이 더 크고 더 많은 불행을 당한다는 것을 보았을 것이다.

하늘을 약 올리니 당연한 결과 아니겠는가?

하늘이 보낸 자식들이 아비인 하늘의 뜻을 저버리고 죄를 더 짓는 종교에 다니고 있으니 하늘 태상천존 자미천황님께서 얼마나 가슴 아파하실까 깊이 뉘우치며 생각해 보아야 한다.

태상천존 자미천황님께서 종교에 다니며 소원을 빌고, 복 달라, 구원해 달라, 영생해 달라, 도통해 달라고 비는 못난 인류로 인해서 가슴 아프시다 하신다. 죄인의 신분임을 알고 한 번이라도 죄를 더 빌어야 하는데 자신들 살 궁리만 하고 있다며 이맛살을 찌푸리신다.

하늘의 법정이 땅으로 내린 곳.

인류 최초로 죄를 심판받을 수 있는 자미국 법정!

여러분이 지은 죄를 빌어서 죄인의 굴레에서 벗어날 수 있는 유일한 곳이다. 누구 앞에 줄을 서고, 누구와 인연을 맺는가에 따라서 여러분의 인생이 180도 달라진다.

천기(天紀)원년 선포!

지금은 천기(天紀) 16년!

단기 4349년, 남방불기는 2560년, 북방불기는 3043년, 서기는 2016년으로 기원의 근간을 보면 단기는 단군 할아버지, 불기는 석가모니, 서기는 예수의 기원을 시점으로 하고 있다.

세계적인 새로운 성인이 탄생되면 그때부터 새로운 기원을 정하여 쓰곤 한다. 천기의 시간은 2001년 2월 4일 03:28분 입춘 시간이다. 필자 인황이 하늘의 계시를 받고 입춘 날 천기원년 선포의식을 가졌고 금년 2016년은 천기 16년째이다.

그동안 재림예수, 메시아, 미륵불, 정도령 등이 세상에 출현한다고 많은 예언자들이 예언하였으나 아무도 나타나지 않았으며, 미륵불은 천 년 전에도 나타났다고 하였으나 용화세계는 열리지 않았다. 모든 이들의 예언이 빗나갔다.

인류가 바랐던 영생불멸의 세상은 대우주 천지인창조주 태상천존 자미천황님의 고유권한이시기에 어느 누구도 이를 행할 수도 이룰 수도 없었다.

앞으로는 죽은 후에 천당, 천국, 극락, 선경세계 가는 것이 아니라, 자신의 육신이 살아있을 때 생령입천을 통하여 하늘 사람으로 재탄생하는 무릉도원의 후천세상이 자미국에서 본격적으로 열리고 있다. 영생과 도통, 지금까지 종교에서 행했던 의식과 기도로는 절대로 이루어지지 않는다.

오직 태상천존 자미천황님께서 윤허하신 생령입천을 통해서만 이룰 수 있다. 생령입천을 통하여 하늘, 땅, 인간 모두가 편하고 행복할 때 인류가 바랐던 영생과 도통이 하늘 태상천존 자미천황님의 사랑으로 찬란하게 꽃피는 것이다.

지상의 사람과 천계의 주인이신 태상천존 자미천황님과 함께 할 수 있는 생령입천을 통하여 하늘 사람 천인으로 재탄생됨으로써 인류의 후천 선경세상이 지상에서 최초로 열리게 되는 것이다.

생령입천을 행한 하늘 사람들은 태상천존 자미천황님께서 내리시는 귀한 천지조화의 기운을 받게 되기에 천재지변과 괴질이 발생하여도 고통의 삶을 살지 않게 된다.

천기(天紀)의 기원은 태상천존 자미천황님께서 직접 인간세계에 자미국(지상 자미천궁)을 윤허하심이니 하늘 태상천존 자미천황님의 천지조화 기운의 지상 강림시기를 말한다.

하늘 태상천존 자미천황님의 천지조화 기운을 받게 되면 인간의 마음이 태평양 바다처럼 넓어져 세상을 기쁨과 행복 누리며 살아가게 된다.

하늘 태상천존 자미천황님의 천지조화 기운을 받게 되면 실수와 실패였던 인생을 완성과 성공의 인생으로 살게 된다.

이제 때가 되어 천상의 모든 령(靈)의 부모님의 좋은 천령정기를 인간이 받아 함께 살아갈 수 있는 생령입천의 세상이 열리기에 이미 죽어서 귀신이 된 인간 기준이 아닌 생천령의 하늘 태상천존 자미천황님의 기원인 천기(天紀)를 쓰는 것이다.

제5부

전 세계의 모든 예언은 생령입천

전 세계 예언의 중심은 자미국 생령입천

천지인 통합시대 ~ 인류의 새 희망!

새 역사 후천 자미국(紫微國) 시대 선포!

독자 여러분!

인류의 정신혁명은 이미 여러 경로를 통하여 세계 각국에서 예언되었으며 이것이 바로 우리 천손민족이 령적 강국이 되어 인류의 정신사상을 주도할 것이며 세계의 종주국이 되어 남북통일은 물론 최고 최대의 강대국으로 우뚝 선다는데 모두가 일치합니다.

이것이 바로 수천 수억 년 동안 인류가 전혀 찾지 못한 제2의 천지창조인 생령입천을 예언하였던 것으로 위대하신 하늘께서 미국은 물질적으로 풍요하게, 천손민족의 자손들은 령적으로 풍요하게 해주시어 전 세계에서 최고로 많은 사람들이 구원받을 수 있는 천재일우의 기회를 주셨다는 천상의 어마어마한 프로젝트였음이 밝혀진 것입니다.

1만 2천 도통군자의 출현이 바로 생령입천의 완성에서 비롯됩니다. 나약하고 부족한 우리 인간들이 아무리 노력하여도 하늘의 도(道)는 바늘구멍만큼도 모르는 것입니다.

독자 여러분!

하늘에 오경명성이라는 별의 기운을 받은 나라는 늘 흥했습니다. 영국에 이 별이 비친 81년 동안 해가 지지 않는 대영제국으로 발전하였고, 미국에 172년 동안 비칠 때 미국은 광활한 황무지에 세계 최강국으로 발전했습니다.

오경명성이 우리나라로 건너오는 도중에 약 5년 3개월간 일본을 비추는 동안 일본의 경제력이 크게 향상 되었습니다. 우리나라에 오경명성이 비친 것은 1986년 9월 14일부터입니다. 이 시간 이후 우리나라는 국운 상승의 시대를 맞이했습니다.

오경명성이 3백81년 동안 우리나라를 비추게 되어 있어 이 기간 중에 우리나라는 전 세계와 인류의 종주국으로 떠오르게 되어 있습니다. 단연코 우리나라가 세계에서 가장 잘사는 강력한 나라가 될 것인데 그 방법이 무엇인지 세계의 모든 예언을 다시 보며 유추해 보고자합니다

1. 샨볼츠(미국인 예언 사역자)

이제 우리 세대에 휴전선이 사라질 것입니다.

2. 베니힌(유태계 미국인 목사, 예언 사역자)

한반도 위에 하나님의 천사들이 금 대접에서 금빛 액체를 쏟아 붓는 환상을 보았다. 하나님(태상천존 자미천황님)이 한국을 쓰실 것입니다. 통일 후 한국은 전 세계에서 가장 강력한 령적, 경제적 강국이 될 것입니다.(생령입천으로)

3. 하이디 베이커(영국인 신학박사, 여성 예언 사역자)

북한이 해방되고 한국은 령적 강국이 됩니다.(생령입천)

4. 신디 제이콥스(미국인 목사, 여성 예언 사역자)

한국은 통일이 될 것이며 엄청난 령적 물질적 부강함을 하나님(태상천존 자미천황님)께서 한국에 쏟아 부어 주실 것입니다.(생령입천으로)

5. 캐서린 브라운(미국인 여성 예언 사역자)

하나님(태상천존 자미천황님)이 주신 환상을 통해 나는 서울 위의 하늘이 열려지는 것을 보았습니다. 곧 그 물길이 전 세계로 퍼져 나가는 것을 보았습니다.(생령입천이 인류 정신혁명)

6. 릭 조이너(미국인 목사 예언 사역자)

두 개의 분단된 국가가 재 연합하는 역사가 일어나게 될 것이고 그때 한국은 령적인 면에서나 경제적인 면에서 지구상의 가장 강력한 국가들 중 하나가 될 것이다.(생령입천으로)

7. 체안(중국인 목사, 예언 사역자)

하나님(태상천존 자미천황님)께서 장차 한국에 기름을 부으실 것이다. 하나님께서는 내가 한국을 대 추수 때 지도자(인황과 신감)로 세운다고 하셨다.(대 추수 때=인류 구원의 시작인 생령입천)

8. 1950년대 조지 아담스키의 예언

한국 땅에서 세계 처음으로 령혼혁명(生靈入天)이 일어난다.

남북통일이 세계통일의 시작이며 세계통일이 하나님(태상천존 자미천황님)의 세상으로 바뀌는 시작이다.

종교혁명이 일어나는데 기존 종교(기독교, 천주교, 불교, 이슬람교, 유교, 도교, 무속)의 모순과 폐습 및 신비가 완전히 해결된다. 한국의 탁월한 언어 체계인 한글이 세계 공통어로 채택된다. 세계의 령혼을 지배하고 세계 철학에 옳은 방향을 심어주는 한국이 세계 중심국이 된다.

9. 인도의 시인 타고르(tagore 1861~1941)

한국을 동방의 등불이라고 표현하며 새로운 정신문명(생령입천)이 간방인 한국에서부터 시작된다.

10. 원효결서

하늘이 그린 그림과 그 약속이 미리 예정되어 있어서 그 희망의 말씀(생령입천)을 땅으로 내려 보내 땅을 하나로 통일하여 한 나라로 만든다.(자미국이 전 세계의 종주국)

11. 송하비결

모든 나라 사람들이 성스러운 인간으로 진화한다.(자미국의 神人합체)

12. 격암유록

구세주, 정도령, 미륵불은 한 사람으로 출현(인황)한다고 예언. 팔만대장경에 예언된 미륵부처님도 십승(인황)을 말하며, 유교에서 말하는 정도령도 십승(인황)을 말하며, 성경에 예언

된 하나님(구세주)이 재림한다는 것도 십승(인황)을 말하고 있으니 유교, 불교, 기독교에서는 각각 자기 종교에 맞추어 정도령, 생미륵불, 메시아, 구세주가 나온다고 말은 다르게 하고 있지만 결국 십승(인황) 한 사람(자미인황님, 인황)을 뜻한다고 예언되어 있다.

13. 정감록

미륵불이 부처 사후 3,000년 후 사람으로 강림하시니 그 분(천상도감님)을 잘 믿으라는 뜻이다.

14. 풍수 대가 육관 손석우가 남긴 예언

원시반본의 이치로 봐서나 오경명성의 조림으로 보아서 우리나라는 실로 수십 세기 만에 처음으로 역사의 주역으로 등장하게 되었다네. 72억 세계 인구를 통합할 대 제왕이자 위대한 지도자(자미인황님, 인황)가 한국에서 나올 것이다.

그것은 수십억 년 전에 지구가 처음 생길 때부터 이미 정해져 있는 것인데 지구상에서 하나밖에 없는 최대의 명당(자미국)이다.

15. 춘산채지가가 전하는 구원의 소식

하느님(태상천존 자미천황님)의 강림으로 천지 도수가 바뀌니 선천비결을 믿지 마라. 해원문(인류의 구원)을 여시는 천주님(태상천존 자미천황님)의 지상 강림.

16. 일본의 기다노 대승정

한국은 앞으로 지구상의 전체 나라 중 종주국이 될 것이며, 성현군자(天人)가 부지기로 출세하여 사해만방을 지배할 것입니다. 대한민국은 가장 영광스럽게 행운과 복락을 누리게 될 것이며 세계에서 가장 많은 숫자가 구원(생령입천) 받는 나라가 된다.

17. 주역으로 풀어 본 대한민국의 미래

통일의 성취와 더불어 한민족의 역사에 새로운 도약의 계기(자미국 시대)가 찾아오니 허망한 이념의 잔재는 씻겨지고 민족의 새 기운이 발양한다.

18. 남사고

세 성인(석가, 예수, 공자)이 복 없음을 한탄하고 있는 줄을 모르는 도다. (지구에 뿌리내린 종교들보다 몇 차원 높은 生靈入天의 진귀함)

국민 여러분! 세계의 모든 예언이 남북통일은 물론 대한민국이 인류의 종주국이 될 것과 미륵님 강세 소식, 하나님의 서울 위의 하늘을 열리는 것을 이야기합니다. 세계의 모든 종교가 하나의 진리로 통일되어 인류 정신혁명(生靈入天)이 이루어질 것을 예고합니다.

구원의 시작이 대한민국(紫微國)에서 시작될 것을 예언합니다. 하늘에는 천상의 제일 복지 터인 천상 자미천궁이 있고, 지상에는 천하의 제일 복지 터인 자미국이 있습니다. 여기에서 세계의 모든 예언의 정답을 찾을 수 있습니다. 하나님이신 천상천감님, 미륵님이신 천상도감님께서 우리 천손민족과 함께해 주실 것이라는 진실입니다. 국민 여러분! 자미국을 들어 보셨는지요?

천상 자미천궁에서 하늘 진실 말씀이 무궁무진 내려오는 지상 자미국! 오경명성 또한 천상의 자미원(자미천궁) 내에 위치합니다. 사후 수천, 수억만 년의 세월 동안 하늘공부를 해야 신(神)의 반열에 오를 수 있다고 합니다.

신들 중에 최고로 높으신 신명님께서는 천상감찰신명님으로, 기독교, 천주교에서 찾던 하나님께서는 천상천감님으로, 불교와 도교에서 찾던 미륵님께서는 천상도감님으로 강림하시어 지상 자미국에서 함께해 주신다는 진실을 아시는지요?

천상에도 없는 종교를 세워 지상에서 수천 년 동안 거짓으로 하늘의 진실을 전파한 것을 인류 최초로 바로잡아 이분들 령의 자손들을 지상 자미국에서 생령입천으로 구원하여 주시고 계십니다.

신명님, 하나님, 미륵님께서 자미국으로 모두 함께해 주실 것을 세계의 모든 예언들이 부분적으로 전해 주고 있었습니다. 인간으로서는 절대 실현 불가능한 일들인 남북통일, 인류의 정신혁명, 인류의 구원, 세계의 종주국은 이분들께서 함께해 주시기에 가능한 이치입니다.

신명님, 하나님, 미륵님께서 함께해 주시는 자미국을 건국한 인황님! 인간으로서는 견디기 힘든 모든 하늘의 시험을 통과하여 태초의 하늘님께 인류 최초로 "인황"이라는 높은 관명과 천권, 천력을 부여 받아 자미국을 건국한 것입니다.

자미국에서는 하늘의 진실이 수천 년 동안 종교로 인해 잘못 전파된 것을 바로잡고자 육신이 살아있는 사람의 생령을 인류 최초로 천상 자미천궁으로 생령입천시켜 줍니다. 태초의 하늘께 받은 최고의 신비스런 천권과 천력이 있기에 필자 "인황"만이 죽은 사람의 사령과 육신이 살아있는 사람의 생령을 부를 수 있는 것입니다.

세계를 령적으로 지배통치할 지구상에서 하나밖에 없는 최대의 명당이 바로 지상 자미국입니다.

국민 여러분!

우리에게는 1만 년의 찬란한, 자랑스러운 역사가 있습니다. 나라조상님들께서 하늘에 빌고 또 비시었기 때문에 이 땅에서 새 역사가 가능한 것입니다. 우리는 자랑스러운 1만 년 전에 나라조상님들의 공로는 철저히 무시하고 3천년 석가 사상, 2천년 예수 사상에 우리 천손민족의 혼을 모두 내주었습니다.

우리 천손민족에게는 우리 민족에게 맞는 하늘과 신이 있는데, 우리 민족과 맞지도 않는, 상관도 없는 예수, 석가를 믿으며 예수, 석가의 피(기운과 이론)를 받았을 경우 각자의 인생과 이 나라의 운명은 어찌 될까요? 훌륭하신 나라조상님들께서 수천 수억 년의 오랜 세월 천제를 올리면서까지 찾은 천손민족의 진짜 하늘을 받들어 섬기고 모셔야 할 후천세계가 자미국 건국을 기점으로 시작되었으니 적극 동참하세요.

각자의 생령의 부모님을 알려주고 천상 자미천궁으로 되돌아갈 수 있는 천재일우의 기회인 생령입천이 이 동방 땅 대한민국에서 찾아낸 인류 최대의 경사에 쌍수를 들고 환영하며 적극 동참하여야할 것입니다.

전 세계 유일한 천손민족이라고 전해 내려온 백의민족, 최고 하늘을 받들어 모시고 존경해야 할 민족이 천손민족인 것입니다. 태상천존 자미천황님께서 천손민족을 택하시어 함께하여 주심은 천손민족의 최대의 영광이요, 기쁨과 경사입니다.

정도령의 진정한 의미

이제까지 많은 사람들이 정도령을 인간 정씨(鄭氏) 성(姓)을 가진 정치 지도자나, 혹은 종교 지도자 가운데서 찾고자 했었다. 그러나 이씨 왕조가 끝나고, 미군정 시절을 거쳐 이승만, 윤보선, 박정희, 최규하, 전두환, 노태우, 김영삼, 김대중, 노무현, 이명박, 박근혜 대통령까지 왔는데도 정씨와 비슷한 성씨는 한 사람도 없으니 믿을게 못된다고 하는 것이다.

반면에 아직도 어떤 사람들은 정씨(鄭氏) 성(姓)을 가진 사람이 앞으로 나올 것이라 기대하는 사람도 있다. 정감록에는 한양 이씨 왕조 후에는 정도령이 나타나서, 계룡산에 도읍을 정한다고 했는데, 지금의 현실을 보면 예언서가 잘못되었던가, 아니면 우리가 예언서의 내용을 잘못 알고 있었던가, 둘 중의 하나일 것이다.

그러면 어떤 분들이 그 예언서를 전했는가? 원효, 의상, 최치원, 도선, 무학, 퇴계, 율곡, 토정, 정북창, 남사고, 서산대사, 류형원, 최제우 등이다. 그런데 이와 같은 분들이 할 일 없어 무책임하게 혹세무민의 글을 남겼겠는가?

누구보다도 하늘의 뜻을 알고, 자신을 알고, 국가의 장래를 걱정하고, 후손들의 안녕을 걱정하는 선각자들인데 말이다. 그렇다면 문제는 오히려 그분들의 글을 후세 사람들이 잘못 해석한데 그 원인이 있다고 보는 것이 더 타당한 것이 아니겠는가?

그러면 이러한 예언서가 왜 나오게 되었는지, 근본적인 문제를 살펴보도록 하자. 사람은 태어날 때부터 사실상 운명적인 것이다. 태어나고 싶어 태어나는 것도 아니다. 부모를 선택할 자유도 없고, 그 부모 또한 자식을 선택할 자유도 없다.

어떤 사람은 부유한 집에서 태어나 일생을 호의호식하며 풍요로운 삶을 누리고, 어떤 사람은 가난한 집에서 태어나 열심히 노력하지만 평생을 가난에서 헤어나지 못하고 사는 사람도 있고, 또 어떤 사람은 몸이 온전치 못하게 태어나 일생을 고통 속에서 살아가고 있다.

불교에서는 이러한 것들을 전생의 업보에 따라서 현세의 고통이 따른다고 하고, 기독교에서는 원죄와 유전 죄로 말미암아 인간의 죽음과 고통이 따른다고 하는데, 문제는 일반 사람들이 전생이 있었는지 없었는지 알 수도 없고, 기억할 수도 없다는 점이다.

또한 아담과 이브가 선악과를 따 먹은 죄로 말미암아, 영원히 살 수 있는 인간이 죽게 되었다고 하는데, 왜 우리가 아담과 이브의 죄로 고통과 죽음을 당해야 하는가?

문제는 인간의 고통과 죽음의 책임이 누구에게 있느냐 따져 보았자 해결될 수 없다는 것이다. 태어나고 싶어서 태어난 것도 아니며, 태어났으니 살아야 하고, 살자니 어려움이 많고, 그나마 언제 어떻게 죽을지도 모르니 그것이 바로 이 세상에 태어난 우리의 인생이다.

그렇다면 죽지 않고 영원히 살 수 있는 생로병사(生老病死)에서 벗어날 길은 없는가? 의문을 가지며 좀 더 건강하게 살려고, 또는 영원히 죽지 않고 행복하게 살 수 있는 길을 찾아서, 수많은 사람들은 수도를 한다, 혹은 종교를 갖는다 하는데, 그 길이 바로 도(道)이며 종교인 것이다.

그러나 인간이 노력하는 도(道)와 종교의 힘으로는 절대로 완성인간으로 태어날 수 없다는 숨은 진실이 숨어있다.

정도령은 인류를 구원하러오는 사람(메시아, 구세주)이 아니라 구원의 길, 바른 길, 인간으로 태어난 완성의 길을 말하는 정도(正道)를 말하는 것이며 령(靈)에 대한 말이 숨어있었던 것이다.

육신이 있는 생령과 인간 육신을 잃은 사령을 통틀어 생사령(生死靈)이라고 말하며, 육신을 잃은 부모조상님들인 사령들이 오매불망 오르고자 했던 세계가 천상궁전 도솔천궁이다.

그리고 육신이 살아있는 령(靈)들인 생령들이 수천 수억 년간 오르고자 종교에서 찾아 헤매었던 세계가 바로 천상궁전 자미천궁임을 피눈물 나는 고행으로 찾아낸 게 자미국의 "인황"과 "신감"이다.

즉, 정도령은 사람을 지칭하는 게 아니라 생사령 모든 령(靈)들이 완성의 길(道)로 오르는 구원의 바른(正) 방법을 이야기 하는 것으로 정도령(正道靈)을 뜻하는 것이었다.

사령들의 완성은 자미국에서 입천제를 통하여 도솔천궁으로 입천(入天)하는 것이며, 생령들의 완성의 길(道)은 자미국에서 생령입천으로 천상 자미천궁으로 입천하는 것이었다.

생령들을 구원하여 주시는 분은 태상천존 자미천황님이시며, 사령들을 입천하여 주시는 분은 도솔천황님이시고, 우리 인간 육신의 삶을 지켜주시고 보호해 주시는 분은 ○○○○님이셨던 것을 인류 최초로 자미국의 인황과 신감이 밝혀 독자 여러분에게 알리는 바이다.

천지인 통합, 유불선 통합 자미국(紫微國)!

天 - 태상천존 자미천황님 (생령구원)
地 - 도솔천황님 (조상님의 사령입천)
人 - ○○○○님 (육신보호)

정도령은 사령과 생령을 입천한 후 인간의 삶을 행복하게 하는 방법에 대한 엄청난 천계의 비밀이었던 것입니다. 이것을 인류 최초로 밝혀내고 현실로 이루어 주는 곳이 지구상 유일무

이한 하늘이 땅으로 내린 국가 자미국 단 한곳뿐이며 이 모두를 현실로 이루어 줄 수 있도록 인황과 신감이 황명을 받들어 하늘의 명 대행자(인황), 하늘의 명 수행자(신감) 역할을 하는 것이다.

인류가 수천 수억 년 찾아 헤매었던 구세주, 메시아, 정도령 등의 역할을 인황, 신감 공동저자가 피눈물 나는 하늘의 시험을 통과하여 인류를 령적으로 심판과 교화를 통하여 인간으로 태어난 완성의 길인 정도(正道)로 가도록 이끌어 주는 것이다.

생령들이 오르고자 하는 천상 자미천궁!

인간 육신이 살아있는 생령들이 돌아가야 할 무릉도원의 세상이 바로 천상 자미천궁! 인류에게 수천 수억 년 동안 종교를 통하여 어디인지도 모르는 막연한 천당, 천국, 극락, 선경세상이 아닌 육신이 살아있을 때 생령들이 가야 할 유토피아 세상이 인류 최초로 천상 자미천궁으로 밝혀졌다.

천상 최고의 유토피아 세상이 바로 "천상 자미천궁"이며 하늘의 크나큰 뜻을 인류 최초로 밝히는 지상의 유토피아 세상이 바로 "자미국"으로 이미 세상에는 여러 경로를 통하여 예언되어 있었던 것이었다.

천상 자미천궁은 자미국 의식에서 기독교 천주교에서 찾던 하나님이신 천상천감님께서 아무 조건 없이 밝혀 주신 것임을 독자 여러분에게 미리 알려드리는 바이다.

우리들이 밤하늘에 늘 보는 북두칠성 국자 모양 제1별에서 2별의 거리 5배 부근에 작은곰자리 제1성 알파별 폴라리스가 북극성이다. 이 북극성을 중심으로 모든 별들이 운행하고 있으며 이 중심 부근에 원(담, 담장)이 있는데 이곳을 자미원(紫微垣) 또는 자미궁이라 부른다. 이 자미원 안에 '천황태제'라는 천황별이 있으며 이곳을 '자미천궁'이라 부른다.

인류 모든 령(靈)들이 밤낮으로 되돌아가고 싶어 수천 수억 년 동안 찾아 헤매었던 대우주 창조주이신 태상천존 자미천황님께서 계신 천상세계 유토피아 무릉도원이다.

지구에서 자미천궁까지의 거리는 약 800광년이다.

지금 밤하늘에 보이는 북극성의 빛은 800년 전에 쏘아진 빛이라고 하니 참으로 멀기는 멀다.

자미천궁은 우리 머리 위에 펼쳐진 우주의 중심세계이며 이곳에 계신 창조주(태상천존 자미천황님)께서 무릉도원 신의 세계를 하늘의 명 대행자(인황), 하늘의 명 수행자(신감)로 두고서 지상세계(紫微國)를 펼치고자 하시는 것이다. 이 천상세계는 인류가 늘 꿈속에서 찾고 기다리며 살아서든 죽어서든 가장 가고 싶어 하는 이상향의 세계이다.

고대 중국의 천문학에서 삼원(三垣)의 하나인 별자리이다. 큰곰자리를 중심으로 170여 개의 별로 이루어지며 천제(天帝)가 거처하는 곳이라고 전해온다.

자미천궁은 은하계의 모든 존재를 생성하게 된 근원적인 에너지가 나오는 곳으로써 인간이 처음 태어날 때 한번 주어지고 재충전되지 않는 고급 우주 에너지, 통상 '원기'라고 부르는 것이 바로 이곳에서 나오는 것이다.

자미원을 자미천궁(자미궁) 등으로 부르며 선가(仙家)에서는 태을천존, 도가(道家)에서는 '자미대제' 라고 하여 옥황상제가 거한다고 본다.

태을은 자미와 그 의미가 같은 것이다.

(태을주 주문이 자미천궁으로 되돌아가고 싶은 염원에서 나온 것이다.) 중국의 자금성은 바로 이 자미천궁(자미원) 모습을 따서 지어진 것이다. 금지할 금(禁)자를 사용한 것은 보라색 자기(紫氣)가 서린 황궁이니 일반 백성의 접근을 금하라는 뜻으로 자금성이라 지었다 한다.

자미는 한 별을 가리키는 것이 아니고 우주의 한복판에 있어 우주의 모든 천체운행을 조정하는 천태극이며 자미의 정 위치가 어디인지는 아무도 모른다. 자미(紫微)는 존귀하신 하늘의 성씨를 뜻하는 엄청난 하늘의 비밀이 숨어 있었던 것이다.

최고의 명당자리는 생령입천

독자 여러분은 아래 두 가지 실험 사례를 통하여 눈에 보이지는 않지만 보다 객관적으로 생령입천이 최고의 명당으로써 여러분의 남은 인생에서의 행복은 물론 후손에게도 최고의 천상정기를 줄 수 있다는 확신을 갖게 될 것입니다.

실험 사례 1)의 경우 정액실험을 통하여 여러분께서 사후세상에서 진짜 하늘 찾기 위하여 피눈물 나는 고통 속에 있다면 그 고통의 영향으로 수많은 후손들의 삶에 얼마나 많은 아픈 사연이 발생될지를 간접적으로 확인할 수 있을 것입니다. 살아생전 생령입천을 못했을 경우 그 고통이 후손에게 대대로 이어진다는 관점에서 판단할 가치가 있는 실험입니다.

실험 사례 2)의 실험을 통해서는 인간세계에서도 좋은 말을 했을 때 눈에 보이게 좋은 영향으로 나타나는데 여러분의 생령이 육신이 살아있을 때 인류 최초로 이루어지는 생령입천을 통하여 천상 자미천궁으로 입천 된다면 얼마나 좋은 천상정기를 받아 수 많은 후손들에게 물려줄지를 간접적으로 판단해 볼 기회가 될 것입니다.

실험 사례 1)

조상이 후손의 운명에 미치는 영향! 이것을 과학적으로 입증할 수 있다기에 제작진은 실험하기로 했다. 20대 건장한 두 청년이 그 대상, 이른바 정자 움직임 실험! 과연 이것으로 무엇을 밝혀낼 수 있을까?

유전자로 밝히는 운명의 끈!

조상과 후손의 연관성을 과학적으로 입증할 수 있다?

우선 피 실험자에게서 2회에 걸쳐 정자를 채취한다. 그다음 이들을 시험관이 있는 관찰실에서 일정거리 떨어트린 후 전기충격을 가하면 과연 정자는 어떤 반응을 보이는지 살펴보는 실험이다.

일단은 실험에 들어가기 전 정자의 운동량을 현미경을 통하여 관찰한다. 그리고는 다른 방에서 대기하고 있던 피 실험자를 전기자극 의자에 앉힌 후 일정량의 자극을 준다.

보통 배출된 정자는 여섯 시간 정도 지나야 그 움직임이 현저히 줄어드는 것을 확인할 수 있지만, 이렇게 간접적으로 피 실험자에게 자극을 주게 되면 동 시간에 정자의 움직임에 변화가 보인다.

"○" 비뇨기과 정○○원장

정자의 운동성을 보여주는 몇 가지 육안적인 확인인대요, 충격 전후를 비교했을 때 처음에 활발하게 보이던 정자들이(충격

후) 개수가 줄면서 움직이지 않는 그런 정자들이 상당히 증가한 것으로 보이는 소견입니다.

과연 이것이 풍수지리에서 말하는 동기감응 이론에 대한 과학적 근거가 될 수 있을까? 동기감응이란 조상의 유골이 자연의 생기에 감응 받는 정도에 따라 복과 화가 후손에게 그대로 미친다는 이론이다.

조상과 후대는 같은 유전자를 내포하고 있기 때문에 에너지의 파장도 같은 파장이 많고 동일하게 감응한다. 그러므로 조상의 묘지와 후손들 간에 감지되는 유전인자는 시공을 초월하여 서로 감응한다는 것이다.

실험 사례 2)

여러분 오늘 어떤 말을 가장 많이 하셨나요?

매일같이 쉴 새 없이 말을 하는데 뭘 그런 것까지 신경을 쓰냐고요?

글쎄요! 과연 그럴까요?

무심코 내뱉은 말 한마디 속에 엄청난 비밀이 숨어 있습니다. 실험 다큐 말의 힘! 이제부터 시작합니다.

여기 막 지은 쌀밥이 있습니다. 그리고 각각의 병에 좋은 말(고맙습니다)과 나쁜 말(짜증나!!!)을 붙이면 실험준비는 끝입니다.

실험 의뢰 남(男)

한 달 동안 한쪽 병에는 좋은 말씀을 해주시고 한쪽 병에는 듣기 싫은 말씀을 해주세요.

MBC 최○○아나운서

알아들을까요?

【고맙습니다 병】 고맙습니다. 아 예쁘다.

【짜증나 병】 냄새날 것 같아, 아 짜증나, 미워!

MBC 손○○아나운서

【고맙습니다 병】 고맙습니다.

【짜증나 병】 짜증나

MBC 아나운서실과 일반사무실 모두 다섯 곳에 전달했는데요, 4주후 과연 어떤 변화가 생길지 기다려 볼까요. 4주후 두 눈을 믿기 힘들 정도로 차이는 분명했습니다.

MBC 최○○아나운서

【고맙습니다 병】은 예쁘잖아요! 하얗고 뽀얀 곰팡이가 많이 생기긴 했는데, 하얗고 뽀얀 곰팡이가 있고요, 【짜증나 병】 이거는 짜증나는 곰팡이가 생겼다고 할까요! 두 개의 병에 붙은 이름을 그대로 따라간 것 같아요.

좋은 말을 들려준 쌀밥에서는 구수한 누룩냄새가 났지만 나쁜 말을 들려준 쌀밥은 썩어버렸습니다. 대체 어떻게 해서 이런 차이가 난 걸까요?

MBC 최○○아나운서

【고맙습니다 병】에는 사랑해, 사랑해, 너무 예쁘다, 고맙습니다. 다다닥 쏘아 붙고요. 그리고 나서 가끔은 얘 【짜증나 병】를 보잖아요. 많은 얘기도 안했어요. 아우 너무 미워, 짜증나. 이렇게 하고 놓거든요. 근대 저도 진짜 신기한 거예요.

차이가 이렇게 확연하게 보이니까. 사실 처음 이 실험의뢰를 받았을 때 반신반의했거든요? 이 말 한마디로 차이가 생길까? 그런데 눈으로 딱 보니까 저도 사실 좀 안 믿겨지고요.

MBC 서○○아나운서

참 신기하죠, 귀가 달린 것도 아니고 세반고리관이 들어있는 것도 아닌데 혹시 우리가 모르는 귀가 밥에 있나요?

일반인(女) 이○○

3~4일부터 이쪽이 변화가 되니까 좋은 말을 해야 되겠다는 생각? 그다음 사람들한테도 속상한 일이 있어도 좋은 말을 많이 해서 이 사람들이 변화됐을 때도 이렇게 변화되지 않을까 하는 생각도 해봤어요.

일반인(女) 전○○

굉장히 놀랐고요. 처음 주셨을 때는 "과연 될까"라는 생각을 많이 했었는데요. 이렇게 된 것을 보니까 예쁜 말을 많이 써야겠다는 생각이 듭니다.

단지, 좋은 말과 나쁜 말을 들려줬을 뿐인데 이렇게 색깔이 확연하게 구분될 정도로 다르게 변해버렸습니다. 이게 만약 밥풀이 아니고 우리의 가족이나 친구 혹은 직장동료였다면 어땠을까요? 건강한 파동과 밝은 에너지를 전해 주는 말의 힘을 새삼 깨닫게 되었습니다.

독자 여러분! 단지 쌀밥에 좋은 말만 하여도 구수한 누룩냄새와 활짝 핀 모습을 눈으로 직접 확인할 수 있는데, 수천 수억 년 동안 꿈꾸던 천상 자미천궁으로 여러분의 생령이 입천된다면 어떻게 될까요?

자미국에서 인류 최초로 생령입천을 완성해서 천상 자미천궁의 좋은 천령정기를 받아야 한다는 비밀을 밝혀냈으니, 언제 발복할지 안 할지도 모르는 육신의 명당 터 타령은 이제는 사라져야 할 것입니다.

여러분 생령들이 천상 자미천궁의 무궁무진한 천령정기를 받아 살아생전 본인과 가족들이 하늘의 좋은 정기를 받아 건강하고 행복하게 살아야하며 육신이 죽은 사후에도 수많은 후손들에게 천상 자미천궁의 좋은 천령정기를 내려주어야 하지 않겠습니까?

세상에는 공짜가 없다고 하였고 뿌린 대로 거둔다고 하였듯이 친견상담을 통하여 독자 여러분의 판단으로 1天品(천품)~33天品(천품)의 생령입천을 선택할 수 있습니다.

독자 여러분! 본인 몸무게보다 3~4배 무거운 지게 짐을 지고 먼 길을 걷고 있는 노인을 상상해 보시기 바랍니다. 인생이 얼마나 힘들고 고통스러울까요?

이것이 마치 여러분 육신이 안대를 끼고 보이지도 들리지도 않는 수천만 톤의 생령을 지고 평생을 살아가는 형국과 같은 것으로 인간의 삶이 얼마나 풍화환란으로 고달프고 지치고 힘들겠습니까? 생령입천을 자미국에서 한다면 그 무거운 생령을 내려놓기에 얼마나 편한 삶이 될지 상상이 안 갈 것입니다.

생령입천은 지구가 생긴 이래 자미국에서만 인류 최초이자 마지막으로 존귀하신 하늘, 구원의 하늘이신 태상천존 자미천황님께서 윤허해 주신 인류 최대의 경사요, 대영광의 선물인 것입니다.

권력자, 대재벌, 고위 공무원들이 젊을 때일수록 생령입천을 한다면 인생은 탄탄대로 천수를 누리며 건강하게 살 수 있기에 더욱 빛을 발할 것입니다.

생령입천을 통하여 62세에서 45세로 변한 ○○시에 사는 천인의 사업장에도 손님이 끊이지 않는 놀라움에 천상정기를 실시간으로 받는 것을 보여주는 모범적인 사례가 될 것입니다.

또한, 46세의 여성이 원인 모를 질병에 걸려 고통스러움도 뒤로하고 자식들에게 대물림될까 노심초사하던 중 자미국에서 생령입천을 통하여 2개월 만에 완치된 모습으로 변하여 저자 또한 놀라움을 금치 못하는 상황도 있었지만 독자 여러분이 어떻게 생각할지 궁금합니다.

독자 여러분!

위 두 가지 사례만을 보더라도 최고의 명당자리는 천상 자미천궁으로의 생령입천임을 자신 있게 알려드립니다. 하늘과 땅의 진실을 전하는 것은 이 두 저자의 몫이고, 믿고 따르느냐 마느냐는 독자 여러분의 판단일 것입니다.

천상으로 가져갈 수 있는 품계와 등급

여러분이 죽어서 이승의 물건을 가져갈 수 있는 것은 하나도 없다. 태산 같은 수십 조의 금전, 거대한 땅덩어리, 화려한 주택, 수십억짜리 승용차, 거대 그룹, 대통령, 총리, 장관, 국회의원, 시도지사, 판검사, 장군, 의사, 교수, 변호사의 직책과 직위 등등 아무것도 저세상으로 가져갈 수 없다.

저세상으로 가져 갈 수 있는 것이 있다면 생령입천의 신분과 등급을 최고로 높게 받아서 올라가는 것이 유일하다. 인간세계의 신분과 등급이 천층만층인 것처럼 등급이 무려 33천품계의 165개 서열이 있으니 각자가 천상으로 가져가고 싶은 금전, 재산, 권력, 명예만큼 등급에 맞추어서 생령입천을 행하면 천상정기로 가져갈 수 있다.

인생은 100년 미만 찰나의 삶을 살지만 천상 자미천궁에서는 무한대의 영원한 삶을 살아가는데 각자의 생령들마다 신분과 등급이 생령입천을 통해서 정해진다. 여러분이 현생에서 갖고 있는 금전, 재산, 권력, 명예의 신분과 등급이 천층만층인 것처럼 천상에서도 마찬가지이다.

수백조 원의 돈을 가진 세계적인 재벌총수 부자와 몇 천만

원을 가진 자의 등급을 고려하면 33천품의 165개 서열은 최소한의 등급이다. 1天品(천품)이 최하 낮은 등급이고, 33天品(천품)이 최고 높은 등급이다.

영원히 살아갈 천상 자미천궁으로 생령입천을 행하여 올라갈 때 얼마의 노잣돈(좟값=생령입천 비용=生貢)을 마련해서 올라갈 것인지는 여러분 각자들의 자유이다.

【1天品~33天品(천품) 165단계의 서열 품계표】

제 1천품(최하 등급)	**제 33천품(최상 등급)**
일반입천	일반입천
하단입천	하단입천
중단입천	중단입천
상단입천	상단입천
특단입천	특단입천

생령입천 의식 품계의 등급이 왜 이렇게 많은 것일까? 1천품에서 33천품까지 165개의 품계와 등급은 생령들을 위한 배려이다. 육신을 열심히 도와서 많은 돈을 벌어준 생령들에게 최고의 선물이 높은 품계이다. 자미국에서 의식 때 행한 품계대로 천상 자미천궁에서 신분과 서열이 실제 그대로 정해진다.

여러분의 몸 안에 있는 생령들은 대우주 삼라만상을 천지창조하시고, 천상세계 총사령관이시며 존귀하신 전지전능의 절대자 하늘이신 태상천존 자미천황님께 대적하고 항명하며 천상 자미천궁을 때려 부수고 지구로 도망치고, 천상법도를 어겨서 쫓겨난 역천자 죄인들 신분이다.

하늘께는 분명 역천자 죄인의 신분이 분명하지만 여러분에게는 인생을 성공시키고 출세시켜 준 은인이기도 하다. 비록 하늘께는 죄인이기는 하지만 하늘의 피가 흐르고 있는 하늘의 백성들인 천인천녀 즉 신선선녀이다. 그래서 하늘의 좋은 천상정기를 받아 성공하고 출세하는 비결을 갖고 있다.

이들 하늘의 천인천녀들은 무수히 많은 3,300개의 상하 신분의 품계를 갖고 있으나 인간세상에서는 최소한으로 줄여서 품계를 정해 놓은 것이다. 이 세상에서도 저마다 신분과 서열이 다르듯이 천상 자미천궁 역시 우리가 상상도 못하는 수많은 계급이 존재하는 세계이다.

수억만 조에 이르는 헤아릴 수 없이 많은 천인천녀들이 살아가고 있으니 당연히 신분과 서열이 정해지는 계급도 헤아릴 수조차 없이 많다. 금전을 등급으로 분류하면 쉽게 이해가 될 것이다. 부자들도 금전 액수에 따라서 순위가 다르다.

100조를 벌어들인 세계적인 재벌들도 있고 수십조, 수 조, 수천억, 수백억, 수십억, 수억을 번 사람들이 있는 반면 수천만 원, 수백만 원조차 벌지 못하고 어렵게 사는 사람들도 있을 것인데 1억 단위로 부자 등급을 분류하자면 100조는 1백만억 원이니 부자들의 품계는 1백만 등급이 있어야 한다.

천상 자미천궁으로 입천할 생령들에게 최소한 165개 등급으로 분류하여 의식을 행해 준다. 생령들이 이 땅에 인간 육신으로 내려와서 벌어준 돈의 액수가 모두 다르기 때문이다. 많이 벌어준 생령도 있고, 적게 벌어준 생령도 있다.

그래서 인간 육신에게 돈을 많이 벌어준 생령들은 육신들이 많은 돈을 가져와서 생령이 원하는 높은 등급으로 의식을 행해주고, 작게 벌어준 생령들은 육신들이 작게 가져와서 의식을 행하면 된다. 인간 육신들은 자신이 노력해서 번 돈으로 생각하며 살아가겠지만 생령들이 벌어준 것이다.

생령들이 벌어준 금전이므로 아까워하지 말고 일정 금액을 생령입천 비용(죗값=생공)으로 올려야 한다. 인간 육신들이 돈 벌어준 생령에게 보답하는 유일한 길이다. 올리는 죗값의 액수만큼 전생의 죄가 소멸되고 품계가 정해진다.

생령들은 전생에서 자신이 지은 죗값을 많이 올려서 갚으려고 인간 육신에게 많은 돈을 벌어주었다고 말하는데 여러분이 인정하고 알아들을지는 모르겠다. 큰돈을 벌은 자들은 하늘과 인류의 심판자 인황 앞에 큰 돈 갖고 와서 죄를 빌어 자신의 생령을 구하라고 크게 벌어 주신 것임을 명심해야 한다.

천상으로 입천할 생령들이 하늘의 천상정기를 받아주어서 큰 부자가 되었기에 자기 생령의 명(입천 등급)을 어기고 죗값을 작게 올리면 어느 재벌총수처럼 되돌릴 수 없는 큰 불행을 당한다. 큰돈은 인간 육신의 노력으로는 절대로 벌 수 없고,

생령들이 천상정기를 받아서 벌어 준 것이다.

큰돈을 벌 수 있도록 하늘의 천상정기를 받아 준 생령들이 천상 자미천궁으로 입천할 때 죗값을 크게 올려서 높은 등급으로 입천하기 위함이었다. 인간 육신들은 부자를 만들어 준 자기 생령에게 고마운 마음으로 큰돈을 바치는 것이다.

그리고 생령들은 령(靈)들의 고향인 천상 자미천궁으로 돌아갈 수 있도록 자미국을 세워서 죄를 심판해 주어 하늘의 노여움을 조금이나마 풀어드려 생령입천해 주는 인황과 신감에게 죗값과 감사의 보답으로 큰돈을 바치는 것이다.

생령들은 입천 품계와 등급에 따라 천상 자미천궁에서 신분과 벼슬 서열이 정해진다. 생령의 존재가 확인된 이후 처음이자 마지막 천상입천 기회이고, 품계와 등급은 천상에서 영원한 귀족 신분과 높은 벼슬을 좌우하기에 매우 중요한 부분이므로 육신의 경제적 능력이 뒷받침되는 한도 내에서 최고의 높은 단계로 입천하고 싶어 한다.

생령이 벌어준 재산이지만 육신의 몫도 있고, 생령들이 천상으로 입천할 때 죗값(생공)으로 갖고 가야 할 몫도 있다.

제6부

생령에 얽힌 신비

생령을 불러 대화할 수 있는 유일한 곳

생령을 만나 생령의 소원을 이루어 주면 인생의 고통과 불행들이 사라지는 이변이 자미국에서 현실로 이루어지고 있다. 생령들은 여러분 자신의 일거수일투족 모두를 실시간으로 자세히 알고 있다.

각자의 생령들이 나는 누구인가? 이것을 알고자 수많은 종교세계를 다니고 있다. 지구에 태어났다가 죽어서 이 땅에 종교의 뿌리를 남긴 석가, 예수, 성모, 상제, 마호메트, 여호와 같은 숭배자들도 해내지 못한 생령 청배는 제2의 천지창조가 분명하다.

지금까지 세상 그 어느 누구도 산 사람의 생령을 불러내 자신 육신과 대화를 나누게 해주는 신비로운 곳이 지구상에 없었다. 자신의 생령을 하루빨리 만나는 것이 자신이 행복해지는 길이고 진정한 인생의 승리자이자 성공자가 되는 지름길이다.

생령의 소원을 들어주지 않으면 인생이 끝없이 힘들어진다. 자기 몸 안에 있기 때문에 도망가서 피할 수도 없고 속일 수도 없다. 먼저 자기 생령의 소원을 들어주어야 인생의 모든 고통과 풍파가 사라지고 인생살이가 아주 편안해진다.

자기 생령의 소원을 무시하거나 부정하며 찾아 주지 않는 사람들은 살아서도 죽어서도 아무것도 얻을 것이 없게 된다. 인생의 기쁨과 행복의 비밀은 자신의 생령에게 있다. 육들은 하루빨리 생령과의 화해를 통하여 인생의 행복을 만끽해야 한다.

사람의 생령(生靈)과 대화를 나누다

육신이 살아있는 사람의 생령을 거리에 상관없이 불러내어 대화를 나눌 수 있는 경천동지할 신비한 일이 자미국에서 현실로 일어나고 있다.

육신이 죽은 자의 령(靈)을 흔히 조상, 귀신, 사령이라 하고 육신이 살아있는 자의 령혼은 생령이라 한다. 이 땅에 수많은 종교의 승려, 신부, 목사, 보살, 무당, 도사, 법사, 도인, 심령술사 등등이 많이 있지만 산 사람의 생령을 움직여 대화를 할 수 있도록 하는 능력자는 이 세상에 없었다.

또한 이 세상을 이미 다녀간 석가, 예수, 상제, 공자, 노자 등등 수많은 이들이 이름을 떨치고 이 세상을 다녀갔지만 생령을 찾아내고 움직일 수 있는 령적 능력자는 단 한 명도 없었다.

상대가 미국에 있던 러시아에 있던 산 사람의 생령을 나 인황(남자 필자)이 부르면 시공간을 초월하여 즉시 신감(여자 필자) 육신의 몸을 통하여 당사자와 대화를 나눌 수 있으니 인류의 천지개벽이 분명하다. 자미국의 인황과 신감은 세상 그 어떤 누구도 감히 행하지 못한 제2의 천지창조의 일을 행하고 있다.

인간사의 길흉사는 운이 나빠서도 아니고, 재수가 없어서도 아니고 천도재를 안 지내서도 아니고, 굿을 안 해서도 아니고, 조상님이 앞길을 가로막고 있어서도 아니고, 사주팔자 때문도 아니고, 이름이 나빠서도 아니고, 삼재 때문도 아닌, 각자의 몸 안에 있는 자신 생령들의 저주로 인해서 재앙이 일어나고 있음이 자미국에서 인류 최초로 밝혀졌다.

거울에 자신의 모습을 비추면 거울 속에 자신과 똑같이 닮은 자신의 모습이 보이듯이, 살아있는 모든 사람들의 몸 안에는 자신과 똑같이 닮은 또 하나의 자신이 있다. 생령의 뜻과 맞게 육신이 움직이면 인생사 행복이고, 생령의 뜻과 다르게 육신이 움직이면 인생사가 불행하다.

그러나 세상에서 이 진실을 아는 자가 없어 지금까지는 인생의 불행과 고통을 종교적으로 해결하려 하였지만 종교를 통하여 해결책을 찾지 못한 채 세월에 세월을 거듭하며 인생의 불행과 고통 속에 살아가고 있다.

많은 사람들이 종교를 믿고 있고, 종교 의식을 행하였다. 그러나 종교를 믿으면 믿을수록, 종교 의식을 행하면 행할수록 인생이 행복해지는 것이 아니라 갈수록 더 힘들어짐을 많은 사람들은 이미 경험하여 알고 있을 것이다.

종교를 갖고, 종교 의식을 많이 행한다고 자신 인생이 행복해지는 것이 아니라 자기 생령의 처절한 소원이 무엇인지를 먼저 알아야 인간 육신의 삶이 행복해질 수 있다는 경천동지할 어마어마한 진실을 전한다.

인생의 고통과 불행은 자기 자신인 생령의 절대적인 소원을 무시한 채 육신 마음대로 부처님, 예수님, 상제님 등등을 최고라 하면서 굴복하고 있는 육신에게 화가 난 생령들의 반란이다. 육신이 자신의 생령에게 행한 대로 자신의 생령에게 받는 것이 인생의 고통과 불행으로 이어지는 것이다.

이제는 종교적 관념에서 과감히 벗어나 자미국의 인황과 신감을 통하여 자기 자신인 생령과의 대화를 통하여 자기의 반쪽인 각자의 생령이 원하고 바라는 소원을 즉시 인간 육신들이 행하여 인생의 행복, 기쁨을 찾아야 한다.

자기 반쪽인 생령이 기쁘고 행복해 하면 육신의 삶도 기쁘고 행복해지고, 자기 반쪽인 생령이 속상하고 아파하면 육신의 삶도 속상하고 아파지게 된다.

자미국의 인황과 신감을 통하여 자미국의 절차에 따라 행하면 반쪽인 생령과 만날 수 있는 경이로운 일을 독자 여러분은 경험하게 될 것이다. 자미국에 인황과 신감은 종교세상을 탈피하여 지금까지 수많은 종교에서 행하지 못했던 경이롭고 신비한 일들을 행하고 있다.

하늘세계, 사후세계, 령(靈)의 세계에 대해서도 인황과 신감을 통하여 알아가게 되면 자신들이 그동안 진실이라고 굳게 믿었던 부분들이 그 얼마나 잘못되었는지도 알게 된다.

하늘세계, 사후세계, 령(靈)의 세계, 인간세계의 진실에 대하여는 그동안 인류가 성인군자라 칭하고 있는 이미 지구를 다녀간 예수, 석가, 마리아, 공자, 노자 등등 보다도 더 높은 최고의 경지에 올라 있는 인황과 신감을 여러분이 살아생전 만날 수 있다.

이는 자신 삶에 새로운 희망찬 인생을 시작하는 알림과도 같은 경사스런 일이며 새로운 또 하나의 기쁨과 행운을 얻을 수 있게 되는 경천동지할 일이 될 것이다.

자미국의 두 필자는 이 책을 보시는 모든 독자 여러분이 이 책을 계기로 자미국과 인연이 되어 진정한 기쁨과 행복을 누리는 삶을 살았으면 한다.

하늘 믿는다고, 조상님 믿는다고, 부처님 믿는다고, 예수님 믿는다고, 마리아 믿는다고, 도 열심히 닦는다고 복 받아 잘 사는 것이 아님을 필자는 단호히 독자 여러분에게 전하는 바이다.

인간 육신의 삶이 아주 편안하고 행복해지려면 수천 수억 년 동안 천상세계로 오르고자 인간 육신인 자신은 물론 가족과 사투를 벌이고 있는 생령들을 육신이 살아서 하루라도 빨리 천상으로 올려 보내야 한다는 태초의 진실과 생령입천의 무수한 사례를 인류 최고의 발견, 생령(生靈)을 통하여 드디어 인류 최초로 전격 공개한다.

진정으로 잘 사는 길은 자미국의 책 속에 있고, 자미국의 인황과 신감에게 있음을 독자 여러분은 알아야 할 것이다.

생령의 존재를 밝혀낸 창시자

생령(生靈)의 존재를 세상에 처음으로 밝혀낸 창시자 인황.

2000년도 초에 처음으로 생령을 신감의 몸으로 불러서 대화를 시도해 보았으니 벌써 16년의 세월이 흘렀다. 이는 제2의 천지창조이고, 인류의 문명을 개벽시킬 수 있는 엄청난 대 사건이 되어줄 것이다.

일파만파로 전 세계에 널리 알려질 것이고, 이로 인해서 자미국의 국격과 위상이 높아지고, 인황과 신감이 세상의 정신적인 지도자로 떠올라서 자미국이 전 세계의 정신문화를 호령하며 지배통치하는 초석이 되어 줄 것이다.

생령이란 단어를 처음 들어보는 독자들이 거의 전부일 텐데 우리 인생사의 길흉화복을 생령들이 좌우하고 있었다는 어마어마한 비밀을 밝혀냈다. 가장 실감나게 체험한 당사자가 필자 인황이다. 내 몸 안에 있는 알 수 없고 보이지 않는 또 다른 나!

실제로 겪어보지 않은 사람들은 정말 모르리라. 그러니 함부로 속단하지 말고 아~나의 분신인 자아? 라고 쉽게 생각하지 말기를 바란다. 이런 진실을 밝혀내는 데 62년의 피눈물 나는 세월과 100억 가까운 금전이 들어간 고귀한 진실이다.

이 한 권의 책을 쓰기 위하여 62년이라는 세월과 100억이라는 거액이 들어간 것이고, 인간과 생령의 진실을 밝혀냄으로써 자미국이 세상의 중심이 될 수 있게 되었다.

자미국이 전 세계 최고의 부자나라로 우뚝 세워짐으로써 더불어 대한민국의 국격과 위상도 세계 최고를 자랑하는 위풍당당한 나라로 우뚝 설 수 있게 될 것이다.

인간의 마음과 생령의 마음이 같을 것이라고 생각하고 있을 텐데 전혀 다르다. 어느 부분은 생각이 거의 비슷하지만 나머지는 전혀 다르고 본인 자신들조차도 모른다.

생령의 존재를 처음으로 밝히지만 너무나도 신비하고 대단하고 무서운 존재였다. 나 인간 육신은 인황이라 하고 내 몸 안에 보이지 않는 또 다른 존재는 하늘의 화신이자 분신으로 하늘의 명을 받으시고 나, 인황의 몸으로 함께해 주시는 하늘의 명 대행자이신 "자미인황님"이라고 한다.

자미인황님!

세상 사람들 모두가 처음 들어보는 존호일 것이다. 그 능력은 우리 인간이 생각할 수 없는 상상초월의 능력자이시고 인류의 심판자로 오신 대단한 분이시다.

얼마나 능력이 대단하시고 무서운지 소름이 끼칠 정도이시고 천하세계를 호령하시고도 남을 것이다. 이렇게 대단하신 분의 존재를 나 자신도 밝혀내지 못하고 62년 동안 엄청나게 대렵하며 싸워서 삶이 곤혹스러움 그 자체였었다.

살아있는 지옥세계라고 하면 딱 맞을 것이다. 나 인간의 생각과는 너무나 다른 나의 생령이신 "자미인황님"의 존재가 밝혀진 것은 5년 전의 일이다.

내 생령의 존재가 밝혀지기 전까지는 "자미인황님"의 존재를 나의 조상님, 신명님, 미륵님, 악귀잡귀, 사탄마귀라고 생각하여 무지하게 대들고 싸우면서 지내왔다.

말이 싸우는 것이지 맨 날 얻어터지는 지옥세계의 고통스런 삶 그 자체였었다. 인간이 태어난 이후 처음으로 나의 반쪽인 생령의 존재가 밝혀진 것이다.

내가 하늘의 말씀대로 행하지 않으면 나보다 17살 연하인 연약한 여자 육신(신감)으로 들어가시어 천하장사 헐크로 돌변해서 자미국의 주인인 나 인황을 박살내시는데 정말 피할 길도 도망갈 길도 없는 암흑세계, 지옥세계 그 자체였다.

자미국의 육신적인 주인은 나 인황이지만, 자미국의 령적인 주인은 "자미인황님"이시라는 것을 이때 절실하게 알았다.

자미국에서 생령입천 의식을 행하여 천인으로 탄생한 수많은 사람들은 나의 생령이신 "자미인황님"의 대단하신 능력과 74억 인류 어느 누구도 감당해 낼 수 없는 무서운 분이라는 것을 모두 생생하게 체험해서 너무나 잘 알고 있다.

생령(자미인황님) 앞에 나의 존재는 아주 미약하고 보잘것없는 못난 인간 그 자체였는데 비유하자면 인간과 개미의 관계를 연상하면 딱 맞을 것이다. 나의 생령(자미인황님)이 육신인 나(인황)에게 하는 폭언과 폭력, 망신 주는 것은 아무도 못 말려 그 자체였다.

천하장사라서 대적 자체는 아예 할 수도 없고, 일방적으로 얻어터지는 그런 상황이었는데, 가녀린 여자의 몸(신감)을 빌려서 하시길 망정이지 남자의 몸을 빌려서 폭언과 폭력을 행사하였다면 수시로 병원에 실려 갔을 것이다.

이런 상황이 한도 끝도 없이 지속되었으니 사는 것이 곤혹스러움 그 자체였다. 처음에는 "자미인황님"의 존재와 존호 자체도 밝혀지지 않아서 인간 육신 신감을 수없이 미워하고 증오했다. 하지만 그럴 때마다 "자미인황님"은 내가 바로 너이고, 네가 나라고 말씀하시었지만 내 자신이라고 인정하기까지 너무도 많은 시간이 걸렸다.

이런 진실을 독자 여러분이 인정하고 받아들이기에는 쉽지가 않을 것임을 잘 안다. 내가 직접 겪어 본 당사자이니 가장 생생한 산 증인이다. 생령과 인간 육신의 관계를 몇 년간에 걸쳐서 적나라하게 밝혀 주신 것인데 이제야 "자미인황님"께서 육신에게 왜 그리 호되게 했는지 진실을 정확히 알게 되었다.

하늘(자미천황님)의 말씀은 자미인황님께는 생명의 말씀이고 생사가 달린 문제이며, 이 책을 출간하기 위해 11년 동안 생령과 인간의 관계를 자세히 가르치셨던 것이다.

인간 육신인 나 인황에게 늘 하시는 말씀이시다.

네 놈 하나만 인정하고 깨달아서 굴복하면, 세계 인류 모두가 깨닫고 굴복하게 된다고 수없이 말씀하시었지만 당시에는 정말 인정할 수 없었다.

나 인황 하나가 하늘 앞에 굴복하는데 어째서 74억 인류가 하늘 앞에 굴복할 수 있다는 것인지 도저히 이해할 수 없었다. 그러나 이제는 그 말씀의 진실을 알게 되었다.

자미인황님은 74억 산 사람의 생령과 이미 죽은 수억만 조에 이르는 령, 즉 사령의 대표자이시고, 나 인황은 현존하는 74억 인간 육신의 대표자였던 것이다.

그래서 나 인황 하나를 호되게 족쳐서 하늘 앞에 굴복시키면 74억 인간 육신들을 굴복시키는 것과 같기에 62년의 세월 동안 나의 일거수일투족 모두를 실시간으로 감찰하시며 단계별로 굴복시켜 오신 것이었다.

나 인간 육신의 곤혹스러움은 말할 것도 없지만 수억만 살이나 되신 "자미인황님"의 입장에서는 개미만도 못하게 나약한 인간 육신인 나 하나의 마음을 꺾지 못하시고 속상해 하시며 피눈물을 흘리시는 수많은 세월 동안 그 얼마나 아프셨을까?

자기 생령을 몰라보거나 무시하고 찾아 주지 않고 살아가면 지옥세계가 멀리 있는 것이 아니라 바로 현실의 삶이 된다.

자기 생령을 알아야 인생의 행복이 보이고, 생령의 원과 한을 풀어주어야 살아가면서 몰락하는 일이 발생하지 않는다. 생령은 자기 인생의 길흉화복을 좌우하는 절대적인 존재이다.

자기 생령의 소원을 들어주는 자가 인생의 진정한 승리자이고 성공자이다.

나의 반쪽이자 그림자라고 하시며

드라마도 이런 드라마는 이 세상에 없을 것이다. 자미인황님의 기운 받아 모진 역할하면서 나에게 미움과 증오를 받은 신감에게는 미안한 마음이 가득하다.

신감이 없었으면 나의 생령이신 자미인황님의 존재는 이 세상에 밝혀지지 않았을 것이고, 자미국 역시 이 세상에 세워지지도 않았다. 그리고 내 육신이 어느 날 죽으면 귀신이 되어 허공중천을 떠도는 불쌍한 조상 신세가 되었을 것이다.

그러나 결국 나의 생령이신 자미인황님은 인간 육신 인황을 굴복시켜 성공하시었다. 인간 육신 나 인황과 나의 생령이신 자미인황님의 사연은 대하드라마 소설로 집필하면 수천 권의 분량이 될 것이다.

눈물과 아픔의 세월 속에서 겪었던 그동안의 모든 사연을 다 기록할 수는 없다. 나의 생령은 24시간 내내 나의 말과 행동에 대해 일거수일투족 모두를 지켜보고 계시면서 감찰하시었다.

독자 여러분 인간 육신의 생각으로는 정말 믿기지 않는 영화 속의 한 장면으로 볼 수도 있을 텐데 진실 그대로이다. 내가 나의 생령과 이런 엄청난 체험을 하지 못했더라면 이런 책을 집필할 수도 없었을 것이다.

나의 생령은 하늘이 내리신 말씀을 무시하고 이행하지 않으면 수시로 신감의 몸으로 들어가시어 일갈대성으로 불호령을 내리시며 폭언과 폭력을 행사하신다. 인류의 심판자로 내려오신 자미인황님은 내 안에 계시지만 나의 잘못에 대해서도 절대로 용서가 없으시다.

나이는 수억만 살이라고 하시니 가늠할 수가 없고, 인간사 모르는 것이 하나도 없으시다. 처음으로 당신이 나의 반쪽 생령이라고 밝히시었다. 나의 반쪽이자 그림자라고 하시며 너와 하나이고 너 자신이라 했다.

나 인황이 산 사람의 생령을 전 세계 어디에 있든 거리에 상관없이 부를 수 있는 대단한 신비의 능력은 바로 자미인황님의 능력이라고 생각한다. 자미인황님의 존재가 세상에 처음으로 밝혀지고 있기 때문에 아무도 모른다.

자미인황님은 하늘과 땅이 함께하는 천지나라 자미국을 청와대 터에 세우시고자 나의 몸으로 함께하고 계시며, 지구가 생긴 이래 이 땅에 태어나신 태초의 인간으로 인류의 대표(인황), 땅의 대표(지황)라고 밝히시었다.

신감을 통해 내 생령의 존재가 밝혀져 천만다행인데 만일 밝혀지지 못했더라면 지금도 엄청난 싸움으로 고통스런 세상을 살았을 것이고, 이미 죽어서 세상을 떠났을지도 모른다.

자기의 생령을 찾아 주어 존재를 밝혀 주지 않으면 인간사회의 재물, 권력, 명예, 가정, 목숨을 일순간에 모두 사라지게 하는 능력을 가진 존재가 각자의 몸 안에 있는 생령들이다.

내가 사업을 하루아침에 그만두고 자미국을 세우고자 현재의 길로 들어선 것 역시 자미인황님의 조화였다는 것을 이제는 실감 나게 인정할 수 있게 되었다.

단 하루 만에 회사 문을 닫게 만드신 나의 생령이시었다. 그 당시 회사 운영을 계속하였더라면 자미국은 이 땅에 아직도 탄생하지 못했을 것이다. 얼마나 대단한 능력자이시면 잘나가던 회사를 단 하루 만에 문 닫게 하시겠는가?

그동안 회사 운영해서 벌은 돈 수십억이 사기 배신당해서 허공으로 날아갔다. 그리고 온몸은 알 수 없는 질병으로 안 아픈 곳이 없을 정도였다. 이렇게 하지 않으면 잘난 인간이 자기 생령에게 절대로 굴복하지 않기 때문이다.

이 책을 읽고 있는 수많은 독자들도 나 인황과 사연이야 각기 다르겠지만 각자의 아픔과 슬픔, 사업실패, 고소고발, 구속수감, 사기배신, 질병, 이혼, 별거, 우울증, 불면증, 암, 실직, 파면 등등의 모든 고통과 불행들은 자기 생령들의 저주이다.

생령의 이런 진실을 모르는 세상 사람들은 무슨 일이 터지면 운수가 사납다고 철학관, 무속인, 승려를 찾아가서 비방하고 부적을 지니며 굿과 천도재, 치성 올리느라고 난리 법석을 떨고, 종교인들은 교회나 성당, 사찰에 들어가서 철야기도를 하면서 회개하고 참회하는데 다 소용없는 일이다.

이들 찾아가서 물어보면 조상님이 춥고 배고파서 굿해 줘야 한다, 신이 노했다, 천벌 받았다, 산신 벌전이다, 용궁 벌전이다, 산소 탈이 났다, 초상집에 갔다가 상문살이 들었다, 이사 부정 탔다, 신 받을 팔자다, 삼재가 끼었다, 승려 · 수녀 · 신부 · 목사가 될 팔자라서 그런다 등등 이유가 끝도 없다.

인생사의 모든 우환과 불행의 원인은 어느 누구의 탓이 아닌 자기 생령이다. 나 좀 찾아달라고 몸부림치는데 이것을 모르고 엉뚱하게 남의 탓을 하면서 자기 생령들의 원과 한은 무시하며 몰라주고 있었던 것이다.

우환의 모든 원인은 자기 생령이다.

인간 육신들은 죽으면 세상이 끝나지만 생령들은 이 세상이 끝이 아니기에 인간 육신이 죽기 전에 자기를 구해 줄 진짜 하늘을 찾으려고 혈안이 되어 있다.

생령들이 인간 육신들에게 수많은 고통과 불행의 풍화환란을 일으켜서 자기 자신의 존재를 밝혀 달라고 몸부림치고 있다는 것을 처음으로 알 수 있었다.

수많은 불행의 메시지를 생령들이 전해 주어도 인간들은 알아듣지를 못한다. 그래서 인간의 삶으로 말도 안 되는 사건사고가 터지고 슬픔과 괴로움 속에 살아가는 것이다.

보이지 않는 또 다른 나의 존재가 그 얼마나 무시무시한지 상상을 불허할 정도인데 지금까지 아무도 자기 자신의 생령에 대하여 밝혀 준 역사가 이 땅에 없었지만 자미국에서 처음으로 생령과 만나게 해서 생령의 원과 한을 풀어주고 있다.

생령들의 저주와 반란이 시작되었다

생령들의 원과 한이 풀려야 인간 육신의 원과 한이 풀려서 잘살게 된다는 령(靈)계의 비밀을 처음으로 풀었다. 우환이 생기면 자기 생령을 자미국에 들어와서 만나야 한다.

인생에 사기배신, 질병, 우환, 구속자 가족, 사건사고, 사업실패, 파면, 실직, 비리폭로, 고소고발, 우울증, 불면증, 가족의 자살과 비명횡사 등으로 아픔, 슬픔, 고통, 괴로움으로 고생하는 사람들은 더 이상 방황하지 말고, 속을까 생각도 하지 말고, 무조건 자미국으로 들어와야 고통의 지옥에서 벗어날 수 있다.

이 모든 것들은 하늘의 탓, 신의 탓, 조상 탓, 남의 탓도 아닌 자기 자신 생령의 저주와 반란으로 인한 것이다.

각자의 삶으로 일어나는 모든 고통과 불행의 실체는 어느 누구의 탓도 아닌 각자 자기 생령들의 저주와 반란으로 인한 것이기에 이들의 소원을 풀어줄 수 있는 전 세계에서 유일한 자미국으로 속히 들어와야 한다.

생령들의 병원은 자미국 단 한 곳뿐이기에 종교세계나 무속세계를 찾아가서 해결하려다가는 시간낭비, 금전낭비만 하고 인생의 고통이 끊이지 않는다.

필자 역시 백약이 다 소용없다는 진실을 100억의 돈을 날리면서 체험했고, 자미국에서 수많은 생령입천을 통해서 알게 되었다. 자기 생령이 자기 인생을 뒤집고 있다는 말은 모두가 처음 들어 볼 것이다.

종교나 무속의 힘으로는 자기 생령들의 존재 자체를 밝힐 수도 없고, 생령들의 소원이 무엇인지 알 수도 없을뿐더러 풀어줄 길도 전혀 없다.

하늘을 만나 육신의 사후를 준비하기 위한 생령들이 얼마나 몸부림치고 있는지 인간들은 한 번이라도 생각이나 해보고 살아왔는지 묻고 싶다. 당연히 생령의 존재 자체도 모르고 있으니 해본 사람도 없을 것이다.

도 닦는 사람, 자칭 고승이라 할 만한 자들도 자기 생령의 운명에 대해서는 아는 바가 없는 문외한들이다. 생령들의 몸부림은 처절하다 못해 절규에 가까울 정도로 비참하다. 자기의 인생과 가족들의 삶이 어떻게 뒤집어졌는지 뒤돌아보면 알 수 있다.

갑자기 세상을 떠나기 전에 이미 수많은 메시지가 전해져서 인생이 홀딱 뒤집어졌을 것이다. 돈 받아먹은 비리가 폭로되어 구속 수감되고, 면직 박탈되어 실직하고, 가정불화로 이혼과

별거를 하게 되는 과정은 우연이 아니다.

그뿐만이 아니라 온몸이 아파서 종합병원 신세로 무기력해지고 되는 일도 없으며 세상을 살아가야 할 의미 자체를 상실해서 자살을 시도한다.

인생을 몽땅 뒤집어놓아도 인간 육신들이 말을 듣지 않으면 생령들은 분노가 폭발해서 미치광이로 돌변한다. 결국 스스로가 하늘을 만나 구원받는 것을 포기하고 마지막 수단으로 인간 육신을 교통사고, 심장마비, 심근경색, 뇌경색, 중풍, 급살, 암, 자살 등으로 세상을 떠나게 만든다.

그리고 그 생령은 인간 육신이 죽으면 귀신, 즉 사령이 되어 허공중천을 떠돌면서 그의 가족들 몸으로 찾아가서 별별 희한한 조화를 부려 우환과 불행, 사건사고가 터지게 만들어 간다.

육신이 살아있는 생전에 자미국에 들어와서 하늘의 명을 받지 못하는 생령들은 지옥세계, 아귀세계, 축생세계, 아수라세계로 떨어져야하기에 온갖 수단과 방법을 총동원하여 자기 인간 육신을 굴복시키려 하고 있다.

그런데도 인간 육신이 생령의 모습과 생령이 전하는 메시지가 들리지 않아 알아듣지를 못해 운수가 사나워서, 재수가 없어서라고 스스로 자위를 한다.

그래서 생령들은 인간 육신이 가장 소중하게 생각하는 돈과 권력, 벼슬, 명예, 건강 등을 하루아침에 패대기치게 만드는 것인데 이런 진실을 전해 주는 인류의 령적지도자가 없어서 지금도 속수무책으로 고통당하면서 살아가고 있는 것이다.

생령이 보내는 최후의 메시지는 인간 육신이 돈으로 망하든, 질병으로 망하든, 자살해서 세상을 떠나게 하는 것들이다. 인간 육신들은 각자의 몸 안에 있는 생령들이 얼마나 무서운지 모르고 살아가면서 어떤 일이 터지면 하늘도 무심하지, 하면서 하늘을 탓하고, 신의 탓, 조상 탓만 하는 죄를 짓는다.

하늘이 어떻게 했기에 천재지변이나 사건사고로 청천벽력 같은 날벼락을 맞으면 하늘도 무심하지 하면서 원망하는 사람들이 많은데 알다가도 모를 일이다. 그러면 그동안 하늘의 아픈 마음, 슬픈 마음, 분노의 마음을 헤아려주기나 하고서 그런 말들을 하고 있는 것인지 묻고 싶다.

하늘이 동네북인가? 툭하면 하늘에 뒤집어씌우게!

하늘이 원하고 바라는 것을 먼저 행하고 난 뒤에 하늘을 원망하든가 해야지 함부로 하늘의 탓으로 돌리면 오히려 천상의 신들에게 벌을 받아 고통의 지옥세계로 들어간다.

이미 그러기 전에 하늘을 원망하면 자기 몸 안에 있는 생령들이 인간 육신을 가만두지 않고 뒤집어버린다. 생령들의 죄를 용서하시고 구해 주실 분은 하늘이시기 때문에 인간이 감히 하늘을 원망하고 욕하면 인생으로 대재앙이 내려가니까 절대 입 조심해야 한다.

하늘은 상상 속의 허상이 아닌 실제로 우리의 삶에 실시간으로 존재하시고 우리 인류 모두의 생사여탈권을 행사하시는 무소불위하신 하늘이시다. 인간 육신의 눈에는 대단하신 하늘이 보이지 않지만 각자의 생령들에게는 령(靈)의 부모님이시고, 생령들의 천상 자미천궁 입궁 여부를 최종적으로 판별하시는 대단한 하늘이시다.

예고 없이 어느 날 갑자기 저주 내려

자기 생령의 저주와 반란을 하루라도 빨리 막지 못하면 이제까지 지켜오던 소중한 재산과 권력, 벼슬, 명예, 건강, 가족, 직장, 기업 등 모두가 하루아침에 물거품으로 변한다는 무서운 진실을 알아야 한다.

현재는 살아가는데 아무런 탈도 없고 우환도 없이 부귀영화를 누리며 잘살고 있으니 자기와는 상관없는 글로 읽을 사람도 많을 것인데 그렇지가 않다.

무너지는 것은 순식간이다.

시일이 많이 걸리는 것이 아니라 하루 만에 몰락하는 경우가 거의 전부라고 해도 과언이 아니다. 이 땅에 이름을 날리던 재벌이나 고위공직자 등 유명한 사람들이 하루아침에 세상을 떠났는가 하면 기업이 망하고 중풍을 맞아 반신불수로 살고 있다.

교통사고, 납치살해, 사건사고, 자살, 심장마비, 심근경색, 뇌경색으로 주위에서 세상을 떠나고 있는 것이 남의 일이 아닌 자기 자신에게도 갑자기 일어날 불행으로 생각하고 살아야 한다.

이들 모두도 잘살고 있던 살아생전에는 남의 일로 생각하고 자신하고는 상관없는 불행이라고 자만하며 하늘의 존재와 자미국의 존재를 부정했던 사람들이다. 각자 자기 생령들의 저주와 반란은 예고 없이 어느 날 갑자기 하루 사이에 찾아오기에 무서운 것이다.

사기배신의 시한폭탄, 구속수감의 시한폭탄, 단명의 시한폭탄, 교통사고의 시한폭탄, 사건사고의 시한폭탄, 비리폭로의 시한폭탄, 심장마비의 시한폭탄, 심근경색의 시한폭탄, 뇌경색의 시한폭탄, 기업부도의 시한폭탄, 자살과 비명횡사의 시한폭탄 등등 사망의 시한폭탄은 때와 장소를 가리지 않고 터진다.

인간 육신의 모든 부정비리를 실시간으로 알고 기억하고 있는 가장 무서운 존재가 각자 자기 생령들이다. 각자 자기 자신들의 출세와 성공으로 이룬 거대한 재물과 권력, 벼슬, 명예, 기업, 가정, 직장은 모두가 자기 생령들이 이루어낸 것인데 인간들은 자기 것이라고 한다.

그래서 자기 생령의 존재를 무시하고 몰라주면 어렵게 이룬 성공과 출세는 생령들의 저주와 반란으로 하루 사이에 속절없이 신기루처럼 사라진다.

나는 이런 과정을 여러 번 경험한 당사자이다.

100억 대의 금전을 날리면서 값진 경험을 했기에 세상에 처음으로 진실을 전하는 글을 쓰고 있다. 자기 자신의 소중한 모든 것을 지킬 수 있는 유일한 길은 자미국에 들어와서 생령들이 육신에게 무엇을 원하고 바라는지 대화를 나누어보는 것뿐이다.

각자가 가진 돈은 인간의 소유가 아닌 생령들이 벌어놓은 것이고, 생령들이 하늘을 만나서 구원받을 때 쓰려고 준비해 놓은 돈이라는 것도 인간 육신들은 모르기에 아까워한다.

이 세상에서 가장 무서운 존재는 하늘, 신, 조상, 귀신, 악귀잡귀, 사탄마귀, 강도, 판사, 검사, 경찰이 아니라 자기 생령들이라는 진실은 들어보지 못했을 것이다. 자기 인생과 가족, 기업의 길흉화복을 좌우하는 절대적인 존재가 자기 생령인데 아무도 찾아 주지 않고 있다.

생령이 있는지 없는지조차 모르고 살아가기 때문에 부자가 3대를 못 간다고 하는 것이다. 부자로 잘살아 삶이 풍요로우면 그 모두가 자신이 잘나고 열심히 일하고 성공해서 얻어진 것이라고 생각하고 살기 때문에 생령의 저주로 한순간에 몰락한다.

이 책을 읽어보는 모든 독자들의 생령은 자미국에 대하여 감사함의 마음을 가질 것이다. 지구에 인간이 태어난 이후 생령의 존재에 대해서 밝혀놓은 서적이 인류 역사상 없었기 때문이다.

이제부터 생령들의 다급함이 각자 자기 현실의 삶으로 느껴질 것이다. 무조건 자미국에 들어가고 봐야겠다는 마음이 강렬하게 떠오를 것이다.

각자 이 글을 읽고도 인정하고 싶은 마음이 일어나지 않아 자미국에 들어오지 않는다면 자신과 가족들의 장래는 바람 앞에 촛불처럼 언제 꺼질지 모르는 위태로운 상황이라는 점이다. 자신의 사후 그 가정은 풍비박산 나서 질병과 가난이 대(代)를 이어갈 것이기 때문이다.

가족들이 죽어서 축생계로 윤회하는 것을 당연시 받아들이고 있는데 그것은 아주 위험천만한 일이고 남은 가족의 몰락을 예고하는 것이기에 자미국을 통해서 윤회를 결사적으로 막아내야 집안의 몰락을 막을 수 있다.

각자 죽어서 축생계, 아귀계, 아수라계, 지옥계로 떨어진다고 그것이 끝이 아니라 남은 가족들의 삶이 그곳 세계의 나쁜 기운을 받아서 가족들 모두의 삶이 불행하고 비참하게 돌변하기 때문에 윤회의 고리를 속히 끊어야 한다.

각자의 생령은 각자 제2의 목숨이다.
자기 생령의 존재를 인정하고 자미국에 들어오는 자는 행복의 길이 열릴 것이고, 부정하는 자는 인생의 몰락만이 소리 없이 기다리고 있을 뿐이다.

정부에서 10년 전의 납품자료를 토대로 원전 비리를 수사한다고 하는데 수많은 사람들의 과거 부정비리가 밝혀져서 본인과 가족들에게 커다란 고통이 주어질 것이다,

청와대 대변인 성 추문 사건으로 하룻밤 사이에 몰락 그리고 페이퍼컴퍼니로 수많은 부자들에게 철퇴가 내려지고 있는데

이들 모두가 자기 생령들의 저주와 반란으로 부정비리가 폭로되어 일어난 사건들이다.

이밖에도 국회의원 당선무효 확정판결, 시도지사, 시장군수, 고위공직자, 기업 사주, 임직원들의 뇌물수수, 부정비리 구속수사 등 각자 자기 생령들의 저주와 반란은 오늘 이 순간도 쉬지 않고 여러분의 인생으로 일어나고 있을 것이다.

생령입천이 인간 행복의 시작

생령의 존재가 얼마나 중요하고 대단한지 74억 인류 모두는 모르고 살아가고 있다. 자기 자신이 누구인지 알고자 종교에 들어가 기도와 명상을 하지만 이 모두는 다 부질 없는 일이다.

자기의 생령이 누구인지는 생령을 이 땅으로 보내주신 하늘만이 알고 계신다. 자미국은 하늘의 말씀과 명을 받을 수 있는 전 세계 유일한 곳이다. 인생사의 모든 행복과 불행의 비밀이 자기의 생령에게 숨겨져 있으니 하루속히 생령에 대한 비밀의 문을 열어봐야 한다.

이 책을 가족 모두가 볼 수는 있어도 자미국에 들어와서 자기 생령과 대화를 나눌 수 있는 대상자는 하늘과 땅의 윤허를 받을 단 1명으로 한정되어 있고, 자신이 생령과 대화를 나누기 원한다면 가족에게 절대 비밀로 해야만 한다.

이를 무시하고 가족에게 말하면 천기누설이 되어서 자미국에 들어올 수 없는 돌발 상황이 발생한다. 자미국에 방문할 때는 책을 읽고 단독으로 와야 하고 가족이든 친구든 어느 누구라도 동반해서 오면 상담 자체가 거부된다.

자미국은 세상에 일반적으로 알려진 종교세계의 연장이 아니라 하늘과 땅이 함께하는 천지나라 자미국이기에 하늘의 명을 받을 사명자 이외에는 가족이라도 절대로 들어올 수도 없고, 받아주지도 않는 아주 특별한 곳이다.

육신을 향한 생령의 저주는 수시로 실시간 내리기에 막을 수도 피할 수도 없음을 알아야 한다.

생령들을 부르면 모든 비밀이 밝혀져

세상 살면서 분쟁이 참으로 많다.

개인 간의 분쟁, 기업 간의 분쟁으로 고소고발하고, 국가 간의 분쟁은 곧 전쟁으로 이어진다. 서로의 주장이 첨예하게 대립하여 대질신문을 하지만 끝까지 진실을 숨기고 오리발을 내민다.

오리발을 내미는 생령들을 부르면 하늘과 인황의 명이기에 진실을 말하지 않을 수 없다. 그래서 생령을 부르는 것은 인생의 비밀 자체가 낱낱이 밝혀질 수밖에 없어서 핵무기보다도 더 무섭고 대단하다.

상대의 마음을 알 수 있어 미래를 예측할 수 있기 때문에 어떻게 활용하는가에 따라서 개인, 기업, 국가의 큰 뜻을 이루는데 기여할 수 있다. 상대가 자신에게 귀인인지 사기 배신할 악인 사기꾼인지 겉모습으로는 알 수가 없지만 생령을 부르면 모든 비밀의 진실이 자세히 밝혀지기 때문에 실패하지 않는다.

기업들 간의 경쟁구도 역시 생령을 부르면 상대 기업의 비밀을 알 수 있으니 대단한 일이다. 국가 간에도 각 나라의 대통령 생령을 부르면 국가기밀 사항을 알 수 있다.

거리에 상관없이 전 세계에 있는 생령들을 부를 수 있는 신비의 능력을 갖고 있다. 그 어떤 인물의 생령이라 할지라도 필자(인황)가 명을 내려서 부르면 30초 안에 즉시 오게끔 되어 있으니 독자들은 믿기가 어려울 것이지만 진실이다.

나의 능력은 어디가 끝인지 나 자신조차도 가늠하기 어려울 정도이다. 내가 명을 내리면 현실로 이루어지는 신비한 일들이 부지기수로 많다. 상상의 세계인 천상세계, 지옥세계 명부전 같은 곳으로도 각자의 생령을 보내는 능력도 갖고 있고, 풍운조화를 부리는 능력, 천재지변의 대재앙을 막는 능력도 갖고 있다.

조상님들의 사령을 천상세계로 보내는 능력, 천상의 천신들을 인간 육신과 하나로 결합(신인합체)하게 하는 능력 등 일반인들의 상상을 초월하는 신비의 대 능력이 있기에 인류가 태어난 이후 최초로 대한민국 땅에 전 세계를 지배하고 호령할 수 있는 절대적 통치 국가 천지나라 자미국을 세울 수 있게 되었다.

대단한 능력도 없이 천지나라 자미국을 세울 수는 없다. 도사나 법사, 교주의 능력으로는 세우기가 불가능하다. 내가 갖고 있는 엄청난 능력은 인류가 이 땅에 태어난 이후 처음이라고 하신다. 이 땅에 이미 왔다간 석가, 예수, 성모, 상제, 마호메트, 공자, 노자와는 감히 비교가 안 되는 엄청난 하늘의 대 능력을 지니고 있다.

인간의 원과 한은 자기의 생령

보이지도 들리지도 않는 생령(生靈).

가장 무서운 귀신은 죽은 귀신이 아니라 살아있는 미래의 귀신인 각자의 생령이다. 나는 누구인가? 인간으로 태어난 탄생의 비밀과 누가 인생을 힘들게 뒤집는 것인지 모든 비밀이 밝혀진다. 인간들이 알 수 없었던 상상을 초월하는 전생과 현생, 내생의 비밀까지도 알게 된다.

이는 최면을 통해서 하는 것이 아니라 각자의 마음 안에 생령을 신감(여, 필자) 육신의 몸을 통하면 된다. 각자의 생령과 신감이 하나가 되면 투명인간처럼 복사판이 되어 말을 하는데 완전 똑같아 기절초풍할 정도가 된다.

자기의 잃어버린 생령을 육신이 살아있을 때 찾아야지 죽으면 영원히 풀지 못하고 귀신 되어 집안이 우환과 질병으로 엄청난 회오리바람이 불어서 정신적, 물질적으로 커다란 피해를 당해 가족 모두가 정신질환으로 고생한다.

생령(生靈)과 대화.

이 땅에 수많은 령 능력자들이 존재하지만 산 사람의 생령의 존재 자체도 모르거니와 생령을 불러내어 대화를 나눈다는 말은 들어보지도 못했고, 상상조차도 못해 본 대단한 일이다.

앞에서도 말했지만 아무나 자기의 생령과 만나서 대화를 할 수 있는 것이 아니다. 숫자가 한정적이기에 이 글에 공감하는 사람과 죽어서 귀신 되기 싫은 사람들에게 귀한 곳이다.

대단한 천제의식

하늘께 올리는 한 번의 생령입천을 통하여 자기 생령과 대화를 나눈 후에 전생과 현생의 지은 죄를 빌어 모두 용서 받고 ○○천인으로 명을 내려주시면 살아서나 죽어서나 영원히 보호해 주시는 하늘의 엄청난 사랑을 받게 된다.

천인이 되면 살아서는 100년 미만의 삶을 보호받고 살지만 죽음 이후의 세계는 한도 끝도 없는 수억만 년을 하늘의 보호와 사랑을 받을 수 있는 의식이기에 금전으로 논할 수가 없다. 아무리 큰 금전을 올려도 하늘의 보호와 사랑에는 감히 비교조차 안 되는 고귀한 의식이다.

일평생 한 번만 행하면 되는 의식이라서 약간의 목돈이 들어가는데 자미국에 방문해서 상담을 해야만 생령입천 비용(생공)을 말해 주고 전화로 의식비용 묻는 사람들은 의식을 행할 마음이 없는 사람들이라 절대 답변을 해주지 않는다.

하늘의 명이 있는지 없는지도 모르고서 생공을 알아서 무엇하겠는가? 자기 잣대로 비싸다고 생각되면 도둑놈이라고 나쁜 소문이나 낼 것이기 때문에 절대 공개하지 않는다.

자신의 경제력 수준에서 최대한 하는 것이 지극정성이기에 상담을 통해서 들어야 한다. 그리고 의식비용 생공은 각자가 죗값을 올리는 것이다. 천상 자미천궁에 올라가면 의식 행한 만큼의 죄가 사면되어 자리가 높아진다.

하늘께 자기 생령들이 용서를 비는 마음을 보여줄 수 없기에 피와 땀이 들어간 금전을 올려서 보여주는 것이다. 의식을 통해서 올리는 금전은 전생에 천상 자미천궁에서 살았을 때 지은 죗값을 현생에서 하늘에 지불하는 것이다.

죗값이 얼마인지는 가늠할 수가 없을 정도로 많은데 자신의 죗값을 넘는 금액은 천상장부에 공덕금으로 자동 예치된다.

생령들은 자기 인간 육신이 살아있을 때 육신을 굴복시켜 하늘로부터 죄를 빌어 용서받아야 함을 알고 있다. 그래서 생령들은 인간의 육신이 살아있을 때 육신의 삶을 힘들게 해서라도 자신들의 뜻을 전달하고 싶은 것이다.

생령들의 저주가 가장 무섭다

생령들의 저주로 인해서 돌연사, 심장마비, 심근경색, 사고사고, 자살 등으로 목숨을 잃고, 검찰에 구속되어 교도소에 수감되고, 사업이 망하고 질병으로 고생하는 불행이 일어나고 있다.

각자들 생령의 저주!

피할 수도 없고 도망갈 수도 없으니 어찌하겠는가? 생령들의 저주를 막을 수 있는 유일한 길이 자미국에 들어와서 굴복하는 것이다. 생령들의 저주를 살아서 풀지 못하면 재벌이라 할지라도 기업이나 가문이 망하는 것은 일순간이다. 탄탄한 수많은 재벌기업들이 생령의 저주로 순식간에 쓰러져서 사라졌다.

자기 생령들의 무서운 저주로 인하여 목숨을 잃고, 기업이 문을 닫고, 가족 몰살이라는 무서운 재앙이 현실로 일어나고 있다. 하루라도 빨리 생령과 대화를 통해서 생령들의 원과 한, 생령이 전생에서 지은 죄를 하루빨리 벗겨주어야 육신의 목숨과 재물, 권력, 명예, 가정, 기업을 지킬 수 있다.

천기 13년(2013) 5월 9일경 터진 청와대 대변인 성 추문 사건 같은 일은 남의 일이 아니라 어느 날 갑자기 각자에게도 일어날 수 있다는 것을 타인을 통해서 보여주고 있는 것이니 그를 조롱하거나 욕하기 전에 타산지석으로 삼아야 한다.

수많은 기업총수들이나 고위공직자들이 구속되고 관직을 박탈당하는 불상사가 일어나는 이유가 바로 각자의 몸 안에 있는 생령들을 무시한 저주로 인한 것이다.

아직까지 세상 살아가는데 아무 문제없다고 천하태평으로 부귀영화 누리며 살아가고 있는 모든 사람들은 자기 생령들이 퍼붓는 저주의 시한폭탄을 안고 있는 줄도 모르며 살고 있다. 그것이 언제 어디에서 어떻게 터질지는 시간문제이다.

생령들의 저주가 각자에게 내려서 몽땅 망가지기 전에 자미국을 찾아야 그 원초적인 해결책을 찾아 예방할 수 있다. 육신이 죽은 귀신보다 가장 무서운 귀신은 자기 몸 안에 시퍼렇게 살아있는 각자의 생령들이다.

각자의 생령들은 자미국을 통해서 미래의 귀신이 되는 것을 막아보고자 혈안이 되어 있는데 인간 육신들이 워낙 고집이 강해서 자기 생령들이 보내는 메시지를 무시하고 자미국에 들어오지 않아 모두 몰락하는 것이다.

각자의 우환과 질병, 불운, 단명, 사건사고, 기업부도, 구속수감, 불면증, 우울증 들은 조상님들이 좋은 세계 못 올라간 탓도 있지만 생령들의 영향이 더 크다.

악귀잡귀, 사탄마귀, 요괴 같은 귀신 때문도 아니고 음양오행에 맞지 않게 이름이 잘못 지어져서도 아닌 각자 몸 안에 생령들이 내린 저주로 인해서 고통과 불행의 재앙을 당한 것이다.

재물, 권력, 명예는 인간들이 좋아하는 것이고, 각자의 생령은 하늘을 만나 전생의 죄를 빌어서 용서받고 사면 받아 다시 천상 자미천궁으로 오르는 것이 가장 큰 유일한 소원이다.

그런데 인간 육신들은 재물과 권력, 명예에만 눈이 멀어서 자기의 생령들이 울부짖고 있는 분노의 소리는 듣지도 못하고 인생만 잘살기를 원하고 있으니 생령들이 저주를 내려서 인생을 다 뒤집어놓을 수밖에 없는 것이다.

각자의 몸 안에 있는 생령은 이 땅에 자미국이 세워지기를 인류가 탄생한 시점부터 애타게 기다려왔었지만 인간 육신들은 이런 진실을 도저히 알 길이 없었다.

이들이 그동안 수많은 종교세계를 전전하면서 구원받아 천상세계로 오르려고 무진 노력하였고, 지금도 수많은 생령과 死靈(조상)들이 구원받고자 종교가 문전성시를 이루고 있다. 하지만 아직까지 천상세계로 오르는 뜻을 이루지 못하고 있기에 종교를 열심히 믿고 있는 사람들이 생령의 저주를 피하지 못해 몰락해 가고 있는 것이다.

생령들은 천지나라 자미국으로 어서 들어가자고 인간 육신에게 전달하는데 돈이 아깝다, 시간이 없고 바쁘다, 지방이라 거리가 멀다, 몸이 아프다 등등의 이유를 대면서 살다가 어느 날 갑자기 인생의 소중한 재물과 권력, 명예, 건강, 목숨 등 모든 것을 잃어버리게 된다.

지금 현재 아무리 출세가도를 달리고 있다 할지라도, 수십억, 수백억, 수천억, 수조 원의 재물을 갖고 있다 할지라도, 최고 높은 대통령이나 고위공직자의 자리에 올라 있다 할지라도 자기 생령들의 소원을 들어주지 않으면 모든 것이 순식간에 물거품으로 변하게 만들 것이니 자만, 교만, 거만하지 말고 즉시 굴복해야 한다.

이제 인간 육신들은 자기 생령들에게 굴복할 때가 왔다. 생령들 모두가 이 땅에 인류가 탄생하면서부터 애타게 기다려왔던 천지나라 자미국!

현재 각자의 몸 안에 있는 생령과 이 땅에 인간들의 몸으로 태어났던 수많은 생령이 사령되어 자미국을 이 땅에서 찾고자 그 얼마나 헤매고 다녔던가? 그 세월은 인간이 감히 짐작할 수도 없는 길고도 긴 너무나 장구한 수천 수억 년의 세월이었다.

생령과 사령들은 자미국을 통하지 않으면 하늘께 죄를 용서빌 수도 없어서 구원 자체가 안 된다는 것을 이미 알고 있었는데 인간 육신들만 모르고 있었던 것이다. 책을 보는 모두는 인간 지식과 잘남을 모두 내려놓고 각자 자기의 생령들에게 하루속히 굴복해야 소중한 목숨과 재물을 지킬 수 있고 인생의 몰락이라는 처참한 상황을 모면할 수 있게 된다.

제7부

생령과의 대화 사례

신비로운 능력 생겨

언제부터인가 필자 인황에게 신이나 조상령가 그리고 귀신은 물론 살아있는 사람의 생령을 부르는 신비한 능력이 생겨져 있었다. 산 사람의 생령을 부른다고 하면 일반인이나 신명제자도 이상하게 생각하고 잘 믿으려 하지 않는다. 생령이란 말조차 처음 들어 볼 것이다.

사기 친다거나 쇼한다고 부정해 버리고 만다. 그러나 자미국의 필자 인황은 그러한 임상실험을 수없이 많이 시도하였다. 상대방의 생령이 들어오면 그의 모든 마음을 알 수 있다. 상대가 국내에 있던 외국에 있던 거리에 상관없이 부르면 30초 안에 바로 들어온다.

이것은 천상에 하늘 태상천존 자미천황님께서 친히 필자 몸으로 내려와 그런 능력을 보여주시는 것이라고 계시를 내려주시었다. 일반 세상에선 감히 상상 못할 일들을 하늘은 인황의 몸을 통해서 여러 가지 형태로 하늘의 원력을 보여주고 계시는 것이다.

이럴 때면 대단한 보람과 긍지를 느낀다. 아무나 할 수 없는 일들을 하늘의 명 대행자 몸이 되어 해내고 있으니 말이다. 처음엔 믿을 수 없었다. 차츰 시도해보니까 진짜로 생령이 오고 있는 것을 알게 되었다.

말만하면 신과 생령, 사령(조상)이 바로바로 들어오고 있었다. 때론 생각만 해도 상대가 들어온다. 인황은 이런 신비 능력을 인류가 바라는 무릉도원 세계인 자미국을 크게 세우는데 쓰고자 하는 것이다.

천지신명공사를 통하여 하늘의 천인을 많이 배출하여 진정한 하늘의 원과 한은 무엇이고 인간들이 앞으로 하늘과 어떻게 조화를 이루며 살아가야 되는지 가르쳐 고통과 불행에서 벗어나게 해주고 싶다.

필자 인황 혼자만 대단하신 하늘을 알고 있기는 너무나 안타깝다. 무소불위의 천권과 천력을 행사하시는 하늘께서 인류의 구심점이 되셔야 한다. 하늘 태상천존 자미천황님의 천상정기 원력으로 여러분 인생의 삶이 변할 것이다.

필자 인황은 하늘의 원과 한을 풀어드리고, 손과 발, 입이 되어드려서 인류가 하늘과 더불어 사는 멋진 세상을 만들어 보고 싶다. 천상조화는 반드시 일어나고 동방 땅은 하늘 태상천존 자미천황님이 선택한 나라임을 긍지와 자부심을 갖고 살아간다. 천상정기는 무력을 전혀 쓰지 않고 상대방을 나의 편으로 만들기도 하고 굴복시킬 수 있다.

하늘 태상천존 자미천황님의 명을 받는 생령입천을 행하는 백성이 역술인에게 가서 본인과 가족까지 모두 개명했다고 하자 하늘께서 진노하시면서 생령입천을 중단시키시었다. 사람들 모두가 잘살아보려고 역술인에게 찾아가서 개명을 하는데 그 어떤 기운의 도움도 받을 수 없다는 진실을 알게 되었다.

수백만 원 들여 개명하고 도장 파고 행운번호 받았던 수많은 사람들이 돈만 날렸다고 역술인을 원망했다. 필자 인황 역시도 하늘 태상천존 자미천황님께서 의식을 중단시키시기 전까지는 이런 일들이 잘못된 것인 줄 몰랐었다.

하늘께 의지하지 않고 역술인에게 운명을 의지한 백성은 의식이 중단되고 10일 후 다시 의식을 해서 천인으로 탄생하였다. 이것이 하늘을 몰라 본 죄이다.

하늘의 기운을 받아야지 역술인의 기운을 받아서 어찌 운명이 바뀌겠는가? 작명과 개명으로 운명이 바뀔 수 없고, 운명 역시 하늘이 좌우하시는 것이지 인간이 어찌 운명을 바꿀 수 있나?

그래서 위대하시고 대단하신 하늘의 원력을 받을 수 있는 인황과 신감이 이 땅에 있는 것이 여러분에게는 천운이 열리는 행운이다.

생령의 존재를 무시하고 찾아 주지 않으면

하늘(천)과 땅(지)이 함께하는 나라 천지나라 자미국이 대한민국 땅에 태동하여 용트림하려 하고 있다. 작게는 우리 인간 육신에게 생령은 하늘이고, 육신은 땅이니 천지이다. 하늘이 복을 항상 내려주시는데 그때마다 몸 안에 생령에게 주시기에 인간들은 복을 받을 수 없다.

그래서 자기 몸 안의 생령들로 하여금 하늘이 내리시는 복을 받게끔 해야 하는데 그것이 하늘의 명을 받아 자기 생령과 만나서 대화를 나누어 그동안 무엇이 답답했는지 이야기를 들어주고 달래는 길인데 전 세계에서 유일무이하게 자미국의 인황과 신감만이 의식을 행해 줄 수 있다.

자기 몸 안의 생령들은 인간 육신이 죽으면 귀신의 신분이 되기 때문에 이를 모면하여 보려고 인간 육신들을 자미국으로 데려오기 위하여 피나는 사투를 벌이고 있다.

자미국에 들어와서 하늘의 명을 받아야만 생령입천을 통하여 천인의 신분이 되어 고향인 천상 자미천궁에 오를 수 있기 때문에 인간 육신들에게 온갖 풍화환란의 고통을 주어서 굴복시키는 과정에 있는 것이 생령들의 입장이다.

인간 육신은 돈 많은 것이 좋지만 생령들에게 소원과 생명줄은 하늘, 즉 생령의 부모님을 만나 구원받아 천인으로 재탄생하는 것이 최고의 소원이다. 자기 생령들의 소원(생령입천)을 이루어 주기 전까지는 상상을 초월하는 온갖 아픔과 슬픔이 각자의 인생으로 일어나게 되는데 빈부의 격차를 가리지 않는다.

돈이 많고 권력이 높다 하더라도 생령의 존재를 무시하고 찾아 주지 않으면 비리가 폭로되어 검찰에 구속되고, 관직에서 파면되는 수모와 주식과 선물옵션 투자로 가진 재산을 날리는 비참한 운수로 전락하게 된다.

그리고 매사 되는 일이 없고 실패만 따르고, 몸은 몸대로 아파서 병원에 다니고, 부부싸움, 실직, 파면으로 경제적 고통이 가중되며 의욕상실로 무기력하게 살아간다. 활력을 되찾는 길은 자기 자신, 즉 생령을 찾아오는 길이다. 하늘의 복을 받아주는 생령들이 각자의 몸 안에 없으면 인생사의 모든 풍파가 쉬지 않고 일어난다.

각자의 생령이 다른 세계에 가 있거나 가족의 몸 안에 있는 경우도 있고, 아예 종적을 감추고 떠나버린 사례도 있다. 그리고 생령 자체가 아예 없는 사람들도 있는데 이들은 가족과 동료 간에 피 터지는 싸움을 해가며 비참한 인생을 살고 있다.

인생사에서 가장 고마운 존재이자 가장 무서운 존재가 자기 말과 행동에 대해 24시간 내내 일거수일투족을 지켜보고 있는 자기 몸 안에 있는 생령들이다.

생령들은 비록 인간의 몸 안에 있지만 인간의 생각과는 차원이 다르기에 추구하는 이상향의 세계 또한 다르다. 고차원적인 생령들은 어떤 경로를 통해서든 자미국에 들어와서 하늘의 명을 받아 생령입천을 하여 천인으로 탄생하는 영광을 누린다.

하지만 저급 차원의 생령들은 눈에 보이는 재물, 벼슬, 호화사치를 좋아하고, 죽어서 호화 무덤을 만드는 것에 혈안이 되어 있고 하늘세계, 사후세계의 존재 자체를 부정하거나 아예 몰라보는 무지한 존재들이다. 그러니까 자기 자신(생령)의 부모(하늘)도 몰라보고 찾지 않는 못된 존재들이다.

그러기에 이들은 육신의 부귀영화가 끝나면 원하던 원하지 않던 축생계 동물로 태어나거나 죄가 크면 지옥세계로 떨어져서 가문이 기울어 결국은 쫄딱 망한다. 그래서 부자가 3대를 잇기가 어렵다고 하는 것이다.

돈이 많으면 다 되는 줄 알고, 하늘과 조상, 자기 생령의 존재를 무시하고 몰라보며 찾지 않다가 결국 날벼락을 맞아서 가문이 멸문지화를 당하는 것이다.

그래서 잘살고 있는 사람들일수록 자기들이 누리고 있는 기쁨과 행복, 재물과 벼슬, 부귀영화를 자손 대대로 오래 지키려면 자미국에 들어와서 하루빨리 굴복해야 한다. 지금 부귀영화 누리는 사람들은 이런 글을 읽고도 콧방귀 뀌거나 무관심으로 자기에게는 해당 사항이 없다고 생각할 사람들이 참으로 많을 것이다.

하지만 이들은 한번 망하면 회복이 불가능하고 자미국에도 들어올 수 없을 정도로 빚더미 속에 가난을 면치 못해서 월세방 신세로 전락하게 된다. 많던 재산 다 잃어버리고 자미국에 들어와 봐야 하늘의 명을 받는 일은 그림의 떡이다.

그래서 있을 때 잘해야 하고, 있을 때 하늘 · 조상 · 자기 생령들에게 굴복해야 갑자기 멸문지화 당해서 기업과 가정이 박살나는 불상사를 예방할 수 있다. 자미국에 들어와서 하루라도 빨리 굴복하는 것이 가장 잘사는 길이고 한 치 앞도 알 수 없는 불확실한 미래에 다가올 각자들의 불행을 막는 유일한 길이다.

의식비용(생공)이 아까워서 못 오는 사람들, 거리가 멀어서 못 오는 사람들, 바빠서 못 오는 사람들은 날이 가면 갈수록 더 나아지는 것이 아니라 견디기 힘들 정도로 어려워진다는 것을 수없이 체험하였고, 상담을 하고서도 나 인황의 말을 듣지 않는 사람들은 급속하게 인생이 몰락한다는 것도 알게 되었다.

자미국에 들어와서 나 인황의 말을 듣고 그대로 행하는 자가 가장 행복한 인생을 살아가고 있다. 그리고 자미국의 인황 뜻에 동참하는 것이 살아서도 죽어서도 하늘과 땅으로부터 가장 복 받는 지름길이다.

생령을 불러내서 숨은 마음을 알아냈다

태상천존 자미천황님의 대 능력은 인간의 상상을 초월한다. 인간의 상상을 초월한 태상천존 자미천황님의 대 능력은 천황님의 분신이요, 자미천황님의 대행자이신 인황님을 통하여 현실로 이루어 주신다.

하루는 인황님의 부름을 받고 인황님의 신전 자미국으로 갔다. 처음 보는 낯선 여자 손님이 한 명 앉아 있었고, 그 여자 손님은 엉엉 울고 있었다.

인황님께서 손님에게 뭐라 한 말씀 하시더니, 나에게 와서 해주시는 말씀이 "한 남자를 사랑하고 있는 여인인데, 그 상대의 남자가 본인을 자꾸 피하니, 그 남자가 자신을 진정으로 사랑하고 있는 것인지? 아니면 본인이 싫어서 피하는 것인지 그 남자의 본심을 알고 싶다"는 말씀을 나에게 전해 주시었다.

하시는 말씀이 "저 여인이 알고 싶어 하는 상대 남자의 본심은 그 남자가 아닌 이상, 세상 그 어느 누구도 그 남자의 숨은 마음을 모르니, 그 남자의 생령을 불러봐야겠어.

그래서 저 여인을 어떻게 생각하고 있는지 생령과 대화를 나누게 하고 그 남자의 마음을 속 시원히 얘기하라고 하는 것 외에는 달리 방법이 없으니, 오늘은 '생령' 청배를 해야 할 것 같으니까 준비해" 하시는 것이었다.

갈수록 태산이었다.

아무리 자미천황님의 대행자라 하시지만 어떻게 생령을 부를 수 있단 말인가? 신명과 조상님 령가(死靈)는 인황님의 명에 따라 그들이 자유자재로 오고가는 것을 수없이 보았고 직접 체험도 하여 봤지만 지금 말씀하신 이 '생령' 부분은 한 번도 들어본 적이 없는 희한한 말씀이었다.

죽은 혼도 아니고, 산 사람의 생령이 어떻게 올 수 있단 말인가? 만의 하나 그 산 사람의 령(靈)이 온다 하더라도, 그 산 사람의 령(靈)이 오면 살아있는 그 사람은 혹시 죽는 것이 아닌가?

생전 처음 들어보는 인황님의 말씀에 여러 생각으로 겁이 덜컥 났다. 인황님께서는 나에게 많은 설명을 해주시면서 "그런 걱정은 안 해도 된다"고 하시면서 대능력자이신 "자미천황님의 대 능력으로 진행되는 일인데 어찌 인간이 겁을 내느냐"고 하시었지만 그래도 나 "신감"은 겁이 났다.

안에서는 한 여인이 흐느끼는 소리가 간간이 들려온다. 한번 시도해 보자고 말을 할 수도 없고, 안 한다고 말을 할 수도 없는 그야말로 진퇴양난의 순간이었다. 고민에 빠져 있던 나는 드디어 결정을 내렸다.

위대하신 자미천황님의 대 능력을 믿기로 했다. 자미천황님의 대행자이신 인황님의 말씀을 믿기로 하고 의식에 들어가기 전, 인황님께 한 말씀드렸다.

"자미천황님과 인황님을 믿고 의식에 임하기는 하지만 인황님도 생령을 부르는 것은 이번이 처음이시고, 저 또한 생령 청배의식은 처음 해보는지라 제가 혹시라도 잘못해서 자미천황님 전에, 인황님 전에 누를 끼치더라도 용서해 주세요" 하면서 그 여인의 소원을 이루어 주는 '생령' 청배의식이 시작되었다.

인황님의 명에 따라 그 남자의 생령은 나(신감)의 몸으로 응감하였다. 신과 죽은 령이 응감했을 때와는 느낌이 많이 달랐다.

인황님의 명을 받고 응감한, 산 생령은 처음에는 본인의 마음을 밝힐 수 없다면서 인황님의 명을 거부하였으나 얼마의 시간이 흐르자, 인황님의 명을 순순히 받들어 본인의 마음을 솔직히 얘기하기 시작했고, 인황님의 지도하에 나의 몸으로 응감한 남자의 산 생령과 여인의 대화가 시작되었다.

이 과정에서 그동안 인간사에서 둘이 만나면서 서로가 서로에게 하지 못했던 진심의 대화를 주고받았다. 많은 대화를 나눈 후 둘의 오해는 풀렸고 여인 역시도 사랑하는 남자 친구의 진심을 알고 나니 가슴이 후련하다고 하였다.

생령 청배의식이 끝나자 이 여인은 처음처럼 답답함의 눈물을 흘리는 것이 아니라 감사의 눈물을 흘리며 자미천황님과 인황님께 감사하다는 말을 하였다. 자미천황님의 대 능력으로 한 명의 인간이 구원되는 순간이었다.

이 여인은 남자 문제로 고민을 너무 많이 하여 밤에 잠도 제대로 이루지 못하였고 몸도 마음도 괴로워 죽고 싶은 심정이었다고 하소연하였었다.

하지만 위대하신 자미천황님께서는 인황님을 통하여 불쌍하고 가련한 여인의 소원을 이루어 주시는 기적과 대 이적을 오늘도 보여 주셨다.

그 여인이 돌아간 후 자미천황님에 대한 감동의 물결과 인황님에 대한 감탄의 마음이 나의 마음 깊은 곳에서 밀려온다. 정말 자미천황님의 대 능력은 항상 우리 인간의 상상을 초월하였다.

그리고 나(신감)는 자미천황님과 인황님의 기적, 이적 앞에서 언제나 감탄을 안 할 수 없었고, 매번 보여주시는 자미천황님의 이적 앞에 "이번에는 안 될 거야, 이번 일은 가능하지 않을 거야"라고 생각했었지만 나의 상상을 초월하여 자미천황님의 기적과 이적은 끝이 없었다.

도대체 위대하신 자미천황님의 기적과 이적은 어디까지이고 인황님의 기적과 이적은 어디까지일지 참으로 신기하기만 하고 놀랍기만 하다.

생령 청배의식을 위대하신 자미천황님께서 인황님께 윤허

내려주심은 "적을 알고 나를 알면 백전백승"이라 하였듯이 나라 일(고급관료, 정치인, 현직 대통령 및 대통령 후보)을 하는 사람들과 대기업과 개인 사업장을 운영하는 사람들은 상대의 말과 행동을 무조건 믿고 큰일에 임하지 말라.

큰일을 결정하기 이전에 상대의 속마음을 미리 알고 상대를 만나면 국정운영과 기업경영의 실패로 인한 국민의 불신, 인간의 사기와 배신, 금전의 큰 손실을 막을 수 있기에 자미천황님께서 윤허하여 주셨다고 말씀을 내려주셨다.

또한 결혼을 앞둔 남녀가 결혼하기 이전에 생령 청배의식을 통하면 상대의 진심을 미리 알 수 있기에 결혼의 실패로 인한 아픔을 막을 수 있다고 가르쳐 주셨다.

이혼을 결정한 부부들도 가정법원에 가기 이전에 이 의식을 통하다 보면 서로가 몰랐던 서로의 숨은 진실을 알기에 서로가 오해했던 부분이 풀려 이혼을 막을 수 있다고 가르쳐 주셨다.

대신 자미천황님께서 주신 이 고귀한 의식을 대행하는 인황님도 이 의식을 부탁하는 손님들도 진정으로 가정을 살리고 나라를 살리는 좋은 방향으로 활용할 때만 하늘께서 생령 청배에 대해 윤허를 내려주신다고 하시었다.

개인의 욕심을 위하여 또는 장난삼아 상대의 마음을 알아보고자 한다면 절대로 윤허를 아니 내려주신다는 당부의 말씀도 계셨고, 대행자이신 인황님께 이러한 자미천황님의 대 능력을 아낌없이 주심은 하늘 자미천황님의 일을 대행하는 대행자는 자미천황님의 조화능력이 모두 있어야 이 땅에 자미천황님의 진정한 뜻을 전파할 수 있고, 만 인간과 만 신명과 만 조상님을 지휘 통솔할 수 있다고 일러 주시었다.

천지나라 자미국은 자미천황님의 황명을 받아 자미천황님께서 일러 주시고 가르쳐 주신 그대로 하늘의 천상공무를 집행하는 하늘의 궁전으로 하늘의 기운이 지상에서 가장 강하게 내리는 하늘의 지상궁전 자미국 자미천궁이다.

천상의 모든 신들이 원하고 바랐던 유토피아의 세계인 지상의 자미국과 천상의 자미천궁은 모든 인간 생령들이 손꼽아 간절히 원하고 바랐던 무릉도원의 세계이다.

천지의 모든 만생만물이 숨죽이며 기다려왔던 꿈의 세계가 분명하다. 자미천황님께서는 하늘의 명 대행자 인황님과 하늘의 명 수행자 신감으로 황명을 내려주시었다.

제8부

인류의 자만과 교만이 죽음(棺)

인류의 자만과 교만이 관(죽음)이다

인간들은 자만과 교만 때문에 망가졌다. 자만과 교만으로 인해서 자미천황님(天), 도솔천황님(地), ○○○○님(人)과 멀어졌다. 육신이 살아있는 생령들은 자미천황님께 생령입천을 행해서 구원받아야 살아나고, 육신을 잃은 사령들은 도솔천황님께 조상입천제 올려야 살아나고, 인간 육신들은 ○○○○님께 명부입적 정성을 올려야 살아난다.

그런데 이 세상의 모든 종교는 어느 한쪽만 받들고 섬기기 때문에 풍화환란이 그치지 않는 것이다. 물론 종교를 믿어도 이루어지지 않지만 말이다.

불가에서 말하는 도솔천은 한문으로 兜率天으로써 투구 "두" 자를 쓰는 반면 자미국에서 말하는 도솔천은 道率天으로 길 "도" 자를 쓰고, 석가모니 부처가 있는 세계가 아닌 천상 자미천궁 경내에 있는 도솔천궁을 말하며 이곳 천상계의 주인이 도솔천황님이신 것이다.

또한 ○○○○님은 인간세계에서 말하는 신명님이 아니고 자미국 신감에 의하여 인류 최초로 밝혀진 우리 인간 육신들을 보호해 주시는 분이시라는 경천동지할 진실을 전한다.

천지인(天地人)

하늘(天), 땅(地), 인간(人)이 서로 공존공생하고 상부상조하며 살아가야 하는데 한쪽만 섬기고 있다. 유불선 통합은 생령들의 하늘이신 자미천황님(天), 사령들의 하늘이신 도솔천황님(地), 인간 육신들의 하늘이신 ○○○○님(人)이시었다.

죽어서 구원받아 천국 간다는 기독교, 천주교를 믿으면 사령(조상)과 육신들이 도솔천황님과 ○○○○님께 원성을 듣게 되어 풍파가 끊이지 않고, 조상들이 들고 일어난다.

사령(조상)들이 극락왕생한다는 불교를 믿으면 자미천황님과 ○○○○님께 원성을 듣게 되고, 생령들의 저주와 반란으로 인생 풍파가 끊이지 않는다.

인간 육신을 살려준다는 무속을 믿으면 자미천황님과 도솔천황님의 원성을 받게 되고, 생령과 사령들이 들고 일어나서 풍파가 끊이지 않는 것이다.

그래서 이 세상의 모든 종교를 믿는 것은 어느 한쪽을 믿는 것이기 때문에 팔다리가 없는 병신과 같다. 어느 한쪽의 도움만 받겠다는 이치로서 이런 인류의 자만과 교만이 관(죽음)인 것이다.

병신의 신세를 벗어나는 길이 인황과 신감을 만나서 자미천황님께 생령입천, 도솔천황님께 사령(조상)입천제, ○○○○님께 명부입적 정성을 차례대로 올리는 것이었다.

천지인 통합, 유불선 모든 종교를 통합하기 위한 피눈물 나는 고행과 역경을 오랜 세월 두 필자(인황, 신감)는 몸소 겪어 보았기에 여러분에게 자신 있게 말할 수 있는 것이다. 이런 혹독한 과정을 통하여 인류 최초로 생령들의 소원도 알게 되었고 사령(조상)들의 소원도 알게 된 것이며, 인간 육신이 잘살 수 있는 방법도 찾아낸 것이다.

그러나 이 책에서는 인간에게 제일 많은 풍파를 주는 생령에 대한 부분을 생천령②로 집필하여 독자 여러분이 다니던 종교의 이론과 교리가 절대로 맞는다는 자만과 교만의 죽음의 길에서 하루빨리 벗어나서 본인은 물론 가족과 함께 행복한 인생을 살기를 바랄뿐이다.

아울러 자미국에서 밝혀지는 진짜 하늘의 말씀은 인간의 근본 도리를 다한 다음에 하늘을 찾으라는 말씀과 인간사 가족이 제일 중요하기에 평상시에는 직장 때문에 가족과 소홀하였다면 주말에라도 가족과 여행도 가고 등산도하며 함께하여 대화도 하고 격려도 해주며 아껴주고 보호해 주어야 한다는 진실 말씀을 전해드린다.

재벌도 피해갈 수 없는 생령의 반란

TV 화면에서 모 그룹의 재벌총수가 걸음도 제대로 못 걷고 부축을 받아야 할 정도로 건강이 악화된 것을 보았다. 세계의 유명한 병원을 모두 다녀 봐도 고칠 수 없는 불치의 병을 앓고 있다. 돈은 태산처럼 많지만 홀로 걷지 못하고 있는데 생령을 불러서 대화하면 몸이 아픈 원인과 해답이 나올 것이다.

국내는 물론 전 세계적으로 첨단의학을 자랑하는 용한 병원 의사나 그 어떤 령(靈) 능력자들도 속수무책이다. 돈이 태산처럼 많은 재벌총수가 자기 육신이 병들어 있는데도 현대의학이나 종교의 힘으로도 어찌해 볼 도리가 없다. 얼마나 속이 터지고 답답할까?

생령과 인간 육신 모두 서로 답답하고 속이 터지기는 마찬가지이다. 돈으로 안 되는 것이 없는 재벌총수이지만 자기 몸 안에 있는 생령의 존재를 전혀 몰라보았다.

살아서 생령의 원과 한을 풀어주지 못해 생령이 죽어서 귀신이 되게 생겼으니 인간 육신을 가만두겠는가? 생령이 인간을 굴복시킬 수 있는 유일한 방법이다.

재벌총수이니 인간세상에서는 굴복할 대상이 없겠지만 하늘과 자미국 그리고 자기 생령에게는 무조건 굴복해야 남은 여생은 물론 죽어서도 후회하지 않을 것이다. 인간의 나약함을 적나라하게 보여주는 대목이다.

건강한 모습으로 오래 살 수 있는 유일한 길은 자미국에 들어와서 자기 생령입천을 통한 굴복을 하는 길이 최우선 과제일 것이다. 세상의 의술, 침술, 령 능력으로는 생령을 달래줄 수 있는 길이 전무하기에 자미국에 들어오는 것이 유일한 살길이다.

인명은 재천이며 인생무상이라!

가는 세월 누가 잡을 손가? 태산 같은 돈을 놔두고 어느 날 갑자기 세상을 떠나갈 모든 인간들은 죽어서 과연 어디로 들어갈 것인지 준비나 해놓았는지 모르겠다.

이것이 바로 자기 생령이 내린 저주이자 반란이라는 것인데 자미국에 들어와서 무조건 살려달라고 굴복해야 건강이 호전될 수 있고, 어느 날 육신이 죽더라도 자손에게 원인 모를 질병의 대물림이 안 된다.

국내외 재벌가의 연이은 자살, 구속수감, 대(代)를 잇는 질병(암 등)발생, 이혼, 비리폭로 등 모든 아프고 슬픈 사연들을 어떻게 설명할 수 있겠는가? 또한, 유명인사 가족의 연이은 자살사건과 비리연루, 유명 정치인의 말실수로 인한 명예 및 품위 추락, 공천탈락 등 우리 인간들이 전혀 예상하지 못하는 인생풍파의 원인은 바로 생령이었음을 인간들은 전혀 몰랐던 것이다.

오매불망 수천 수억 년을 통하여 생령의 고향인 천상 자미천궁에 오르고자 절대 소원을 절규하지만 전혀 알아주지도 알 수도 없는 인간 몸 주에게 보내는 저주와 반란이었던 것이다.

지금 건강하다고 자신만만한 사람들도 자기 생령으로부터 저주 받으면 중풍을 맞아 반신불수가 되거나 심근경색, 뇌경색, 심장마비, 암으로 세상을 일찍 떠난다.

왜 그런 일이 일어난 것일까? 그것은 재벌총수의 생령이 인간 육신을 굴복시켜 자미국에 데리고 들어오기 위한 최후의 수단일 것이다. 더 많은 진실은 재벌총수 생령의 말을 들어보면 더 정확한 원인을 알 수 있게 된다.

생령의 원과 한을 풀어주지 않으면 각자가 타고난 수명과 부귀영화 모두를 누리지 못한다. 처절하고 비장한 마음으로 인간 육신들을 굴복시키려고 안간힘을 다 써보지만 인간의 눈에는 하늘의 모습, 조상의 모습, 생령의 모습이 보이지 않으니 참으로 안타까운 일이다. 생령과 인간 육신의 생각은 다르다.

인간들은 눈에 보이는 물질, 권력, 명예, 건강, 부귀영화가 최고이지만 생령들은 이런 것에 관심이 없다. 생령들은 자미국의 인황과 신감을 통하여 하늘께 전생과 현생의 죄를 빌고, 용서받아 천상궁전으로 돌아가는 것이 최고의 소원이다.

인간 육신들은 생령들의 다급한 사정을 알 수 없기 때문에 우환이나 질병, 슬픔과 아픔, 고통과 불행이 연속적으로 일어나면 무속인들을 찾아가거나 종교의 힘에 의지해 보려 하지만 생령의 소원을 이루어 주지 않는 이상 그 모든 것들이 소용없다.

각자 집안에 단명이나 비명횡사한 가족이 있거든 뒤도 돌아보지 말고 하루빨리 자미국으로 들어와야 엄청난 재앙과 불행을 막을 수 있다. 이 책을 읽고 있는 독자들은 우환과 질병이 있든 없든 앞으로 인생 편히 살려거든 자미국으로 찾아와야 한다.

각자의 소중한 모든 것을 지키는 길이 자미국에 있다.

건강을 잃으면 모든 것을 다 잃는다는 속담이 있는데 의사의 의술로도 안 되는 질병들은 자미국을 통하여 하늘과 땅의 천지 자미기운에 의뢰해야 한다.

인류와 종교의 종착역이 자미국이니 선택받아 불안과 초조, 고통과 불행, 아픔과 슬픔에서 벗어나고자 하는 사람들은 자미국 인황, 신감의 가르침대로 행하면 된다. 생령들의 저주를 피하는 방법은 자미국에 들어와서 자기 생령과 대화를 통해 생령에게 육신이 지은 죄를 용서 빌고 생령의 원과 한을 풀어주어야 한다.

생령의 존재는 절대적이기에 인간 육신들이 싸워서 도저히 이길 수가 없다. 각자 인생으로 일어나고 있는 사업실패, 고소고발, 구속수감, 사기배신, 질병, 이혼, 별거, 우울증, 불면증,

암, 실직, 파면 등등의 모든 우환과 불행, 아픔, 슬픔, 인생 실패들은 자기 생령의 존재를 찾아 주지 않아서 인간이 얻어터진 것이다.

하늘과 자미국의 뜻에 승복하는 자

조상의 죄, 인간의 죄, 자신(생령)의 죄를 빌어라.

누가 죄인이고, 누구의 죄인지도 모른다. 자기의 선대 조상들이 지은 죄인지, 자기 생령들이 지은 죄인지, 자기 인간 육신이 지은 죄인지는 하늘만이 알고 계신다.

죄를 풀려면 자미국에 들어와서 의식을 행해서 죄를 빌고 용서받아야 인생이 태평해진다. 죄를 빌어야 자기 자신과 가정에 우환, 질병, 고통, 불행에서 벗어나 편안히 살 수 있는데, 각자 지은 죄는 헤아릴 수 없이 많다.

이미 돌아가신 부모님, 선대조상님이 전생과 현생에서 지은 죄, 각자의 몸 안에 생령들과 인간 육신들이 전생과 현생에서 지은 죄가 크고도 무수히 많기 때문에 조상님들의 죄를 풀어주지 않으면 그 자손이나 후손들이 죄를 대신 받고 살아가야 한다.

이미 죄를 짓고 돌아가신 조상님들이 자기 몸 안에 들어와 있으면 비록 자기 자신이 죄를 짓지 않고 착하게 살았더라도 조상님들이 전생과 현생에서 지은 죄를 자손이 받아야 한다.

죄라는 것은 인간 세상에서의 죄만 말하는 것이 아니라 전생에서 지은 죄까지도 말한다. 이 책을 읽고 자미국에 들어와 전생과 현생에 지은 죄를 하늘께 빌어 용서받아야 한다. 자기 자신과 자식들을 사랑한다면 더 이상 망설일 필요가 없다. 인생은 지뢰밭 같아 아차 하는 순간에 잘못된다. 하지만 우리 사람은 그 시간을 모르고 살아갈 뿐이다.

나는 아니겠지 하며 방심하다 우환과 아픔, 슬픔, 고통 속에 눈물짓지 말고 다가올 재앙들을 사전에 예방하며 사는 현명한 사람들이 되어야 한다. 육신들은 자기 몸 안에 있는 생령을 이길 수 없다. 생령들의 저주로 인하여 인생에 재앙이 내리는 것이다.

주위 사람들은 자기의 비리를 몰라도 자기의 생령들은 육신들이 지은 모든 비리를 24시간 실시간으로 지켜보기에 생령들은 인간 육신들을 굴복시켜 자미국에 들어오고자 육신과 싸우고 있는 중이다. 한마디로 생령들이 인간 육신을 향한 끝없는 저주는 진정한 하늘이고 생령들의 최고 부모님이신 태상천존 자미천황님 외에는 이 세상 어느 누구도 해결할 수 없다.

생령들은 육신이 죽은 뒤 귀신 되어 허공중천을 방황하는 거지 신세 되기 싫어 육신이 살아있을 때, 자미국에 입문하여 생령입천 의식을 행해서 하늘의 명을 받아 귀신이 아닌 천인이 되고 싶어 인간 육신과 치열한 혈투 중이다.

육신들은 더 이상 종교 안에 머물며 시간을 지체할 여유가 없다. 생령들은 계속하여 인간 육신이 자미국에 입국할 때까지 육신의 삶을 계속 힘들게 할 것이다. 수많은 유명 인사들과 정치인, 장차관, 기초 및 광역자치단체장, 기관장, 고위공직자와 재벌총수, 대기업 사주들이 어느 날 갑자기 비리가 폭로되어 몰락하였는데 이 역시도 자기 생령의 저주를 피하지 못했기 때문에 일어난 결과이다.

생령이 이기느냐? 육신이 이기느냐?

인류가 생긴 시점부터 지금까지, 또한 앞으로도 생령과 육신의 치열한 싸움은 계속될 것이다. 그러나 거의 전부 생령들이 승리자가 될 것이다.

인류 모두의 고통과 불행, 병마 등의 실체는 다름 아닌, 생령들이 잘난 육신에게 보내는 저주의 메시지였다. 어떤 종교에서도 이 진실을 밝히지 못했다. 또한 안다 하여도 육신들로 인하여 화가 나 있는 생령의 마음을 움직여 생령의 화를 풀어줄 수 있는 령적 능력자는 이 세상에 단 한 명도 없었다.

자미국의 인황과 신감은 세상 어느 누구도 밝히지 못한 이 진실을 밝힘에 수많은 고통과 아픔의 시간을 보냈다. 어느 날 갑자기 알게 된 것이 아니라 독자 여러분보다 더 많은 시련과 아픔의 시간을 보내며 귀한 진실을 알게 되어 책으로 여러분에게 진실을 전하고 있는 것이다.

자미국의 인황과 신감이 전하는 생령의 진실은 어느 종교에서도 들어본 적이 없을 것이다. 여러분이 대단하다고 믿고 따르는 부처님, 예수님, 상제님 말씀 중에도 없는 부분이고 불경, 성경, 도경, 수많은 예언서와 종교서적 어디에도 없는 천금과

도 같은 귀한 진실이다.

많은 세월의 시간 동안 인류는 보이지 않는 고통과 불행 속에 아파하고 힘들어했다. 그 원인을 알고 해결책을 찾고자 종교로 향했다. 그러나 수천 년의 역사를 자랑하는 종교의 힘으로 우리 인간들의 고통과 불행, 방황, 질병, 전쟁, 이혼, 배신, 고소고발, 자살 등 어떠한 것도 해결하지 못했다.

시간 속에, 세월 속에 인간의 고통과 불행, 병마는 갈수록 태산처럼 커져만 가고 있는 것이 지금의 현실이다. 그러나 예전이나 지금도 종교에서는 속수무책으로 아무런 방법도 찾지 못한 채 염불과 기도에만 전념하고 있다.

염불과 기도로 생령들의 화난 마음이 풀려 우리 인간 육신의 삶이 태평해질 수 있다면 벌써 이 세상에 평화가 찾아왔을 것이다. 2천 년, 3천 년 동안 기도해도 안 되는 것은 안 되는 것이다.

안 되는 것을 반복해서 한다고 언젠가는 되는 것이 아니라 시간 낭비, 인생 낭비일 뿐이다. 자신과 가족, 더 넓게는 이 나라가 태평하기를 바란다면 자미국에 방문하여 의식 절차에 따라 생령의 원과 한을 달래주고 생령의 소원을 이루어 주어야 인간 육신의 삶도 원과 한이 없는 태평세월이 될 수 있음을 자미국의 필자는 강력히 전한다.

자신과 가족들의 삶이 태평해지는 지름길. 자미국 필자 인황과 신감이 전하는 이 방법 외에는 세상천지에 어떤 방법도 없다.

살아서 자신의 사후를 준비

한편 무섭기도 하지만 모두에게 현실로 다가올 죽음. 그러나 언젠가 세상을 떠나야 할 수많은 사람들은 자신의 죽음에 대해서 아무렇지도 않게 생각하고 살아간다.

분명 자신의 앞날에 다가올 중요한 일인데도 불구하고 죽으면 그만이지, 귀신이 어디 있고 사후세계, 하늘세계가 어디 있어? 하는 사람들이 부지기수이다.

오로지 인간 육신들만 잘살면 된다는 인간들의 이기심에 각자의 생령들이 분노하여 육신에게 저주를 퍼붓고 있어도 인간들은 이를 알아채지 못하고 살아간다.

인간 육신이 죽으면 자기 몸 안에 있는 자신, 즉 생령은 꽃피고 새 우는 무릉도원 천상궁전 자미천궁에 오르지 못하고 귀신의 신세로 전락하여 허공중천 구천세계를 떠도는 불쌍하고 가련한 조상이란 이름으로 불린다.

아무도 알아주지 않는 비참하고 허무하게 허공중천 떠돌아다니는 귀신의 신세가 되기 싫거든 생령입천 의식을 행해서 자기의 생령을 만나 대화를 해봐야 한다.

인간 육신의 삶은 부자로 살든 가난뱅이로 살든 100년이라는 세월이 가기 전에 모두 죽음으로 변한다. 육신의 100년짜리 삶보다 더 중요한 것이 한도 끝도 없는 죽음 이후의 삶이란 것을 전혀 모르고 살아가고 있다.

100년의 세월은 순식간에 흘러간다. 그러나 사후세계는 끝이 없는 세계이다. 육신들에게만 끝이 있는 것이지 생령들에게 끝이 있는 것은 아니다.

사후세계 진실을 몰라서 죽으면 좋은 세계 올라가겠지 하고 인간과 생령들이 종교 안에서 허송세월을 보내고들 있는데 정신 차려야 한다.

종교 믿는다고 천당, 극락, 천상세계로 오르는 것이 아니다. 굿하고 천도재 올린다고 가는 것도 아니다. 천상세계 주인의 허락 없이는 죄 많은 령가들은 한 발자국도 천상에 발을 들여놓을 수가 없다는 진실을 알아야 한다.

자기의 마음처럼 보이지 않고 들리지 않는 하늘세계, 사후세계가 실제로 존재하고 있으니 이제라도 깨달아야 하고 인정해야 한다. 인간세상 100년은 이렇게 살든 저렇게 살든 한 세상 살다 가면 그만이지만 죽음 이후의 세계는 너무나 무섭다.

그리고 살아서 자기(육신)와 자신(生靈)의 죄를 하늘께 빌지 않고 죽으면 자손이나 후손들이 부모의 죄를 물려받아 살아가야하기 때문에 집안에 우환과 풍파가 자자손손 끊이지 않고 대물림하게 된다.

생령입천 의식은 자신이 천상세계로 올라갈 수 있도록 하늘께 예약받는 엄청난 행운의 의식이다.

이 의식을 행하면 죽음이란 것이 두렵지도 않고 가정이 편해지고, 활력이 넘치고 항상 자신감을 갖고 살아간다. 그리고 제사나 차례를 생략해도 되고 죽음 이후 지노귀굿이나 사십구재, 천도재를 일체하지 않아도 된다.

육신이 숨을 거두는 순간 천상에서 데리러 오신다.

그래서 지옥세계 명부전에 들어가서 심판받을 일도 없고 꽃피고 새 우는 무릉도원 천상궁전 자미천궁 금궐에서 신선선녀로 근심과 걱정 없이 마음 편히 살아가게 된다.

생령입천하면 저승명부에서 삭제된다

누구나 맞이하는 피할 수 없는 죽음의 길!

육신이 죽지도 않았는데 산 사람의 령(靈)을 어떻게 입천할 수 있느냐고 궁금해 하고, 그것이 현실적으로 가능하냐고 의문점을 가질 것이다. 모두에게 무섭고 두려운 죽음을 눈앞에 두고 초연해 질 수 있는 사람은 없다.

사랑하는 부모 형제와 가족들이 천수를 다 누리지 못하고 아기 때, 학생 때, 청년 때, 장년, 환갑, 칠순 때 등 평균수명 85세 이전에 암, 질병, 자살, 차사고, 심장마비, 뇌출혈, 급살, 살해, 사건사고를 당하여 저승으로 길 떠나는 사람들이 그 얼마나 많던가?

왜, 천수를 누리지 못하고 일찍 죽은 것일까? 자신의 생령들과 처절한 싸움에서 졌기 때문에 이런저런 원인으로 죽은 것인데 이런 진실을 아는 사람들은 이 세상에 없다. 병들었으니까 죽었고, 재수 없어서 죽었고, 죽을 때가 되어서 죽었다고 대수롭지 않게 넘길 것이다.

충분히 천수를 누리며 살 수 있는데도 생령들을 달래는 방법을 몰라서 속수무책으로 죽고 있다. 필자가 난생처음으로 밝히는 엄청난 진실을 진심으로 받아들이는 사람들은 천수를 누리며 살아갈 수 있고, 무시하고 부정하는 사람들은 제 명대로 살지 못하고 일찍 세상을 하직할 것이니 천수를 누리려거든 여러분 모두는 자신과 가족들의 생령입천을 서둘러서 행해야 할 것이다.

하늘이 인류에게 내리신 명을 거역한 사령들은 지옥세계 명부전의 10대왕(염라대왕을 포함한 열시왕)께 그 죄의 심판을 받는 천상법도가 있다. 인간세계에 전해진 명부전 거울 앞에서 전생의 죄가 상세히 밝혀지는 꼼짝도 할 수 없는 심판을 받아야한다.

자기 모습이 아닌 다른 사람의 모습을 보여줌으로써 본인 스스로가 잘하고 못함의 죄를 스스로 판단하게 한 후에 마지막으로 본인의 얼굴로 변하게 만들기에 본인이 실토한 죄에 대하여 꼼짝없이 변명도 못하고 그 죄의 대가를 혹독히 받게 되는 것이므로 공정한 하늘이신 것이다.

명부전도 하늘 태상천존 자미천황님의 명에 의하여 천상공무가 집행되는 것이다. 인간 육신이 살아있는 생령들은 하늘 태상천존 자미천황님의 가슴을 후벼 파고 농락하며 능멸한 역천자 죄인들을 땅으로 내린 하늘의 법정 자미국에서 엄중 심판 후 교화되어 꿈에 그리던 천상 자미천궁으로 생령입천하는 대영광을 누리게 되는 것이다.

육신이 살아서 생령입천을 하게 되면 명부전에서 저승사자를 보내어 죄를 심판할 수 없는 천상의 엄연한 법도가 있는 것이다. 이미 육신이 살아서 태상천존 자미천황님의 사랑과 용서로 생령입천되었기에 영원한 행복의 삶을 영위하며 천상의 좋은 정기, 명기, 천기를 육신 몸 주와 후손들에게 실시간 내려줄 수 있기에 육신 또한 젊고 건강한 삶을 유지할 수 있는 상부상조의 무릉도원의 세상이 되는 것이다.

죄를 뉘우치고 용서를 빌며 진정으로 굴복하는 생령들은 용서하고 구원하여 수억만 년 동안 천상으로 오르기를 갈망하며 기다리던 생령들의 고향 천상 자미천궁으로 입천시켜 영생을 누리게 해 준다. 저승세계 명부에 올라가 있는 가족의 이름을 삭제할 수 있는 비결이 있으니 그것이 생령입천이다.

저세상에서 과연 누구를 데리러 오는 것일까?

저세상으로 갈 수 있는 존재는 인간들의 살아있는 육신이 아닌 자신의 생령이다. 육신들은 저세상으로 갈 수가 없고 다만 죽을 뿐이고, 죽으면 그것으로 끝이기에 저승사자가 데려갈 수가 없다.

저세상에서는 시신을 데려갈 이유도 없고, 데려갈 수도 없다는 점이다. 시간이 지나면 썩어서 냄새가 진동할 텐데 죽은 시신을 무엇하러 데려가겠는가? 저승에서 데려가는 것은 여러분의 살아있는 생령이다.

저승사자가 생령을 저세상으로 데려가면 사람 육신은 죽게 되고 이때부터 생령을 사령이라 부른다. 그럼 생령을 저세상으로 데려가지 못하게 미리 생령입천을 행하여 천상으로 올려 보내면 저세상으로 데려갈 생령이 없게 된다. 즉 저승세계 명부에 데려가야 할 대상자 생령이 천상으로 올라가 없어졌으니 저승사자가 출두할 필요가 없어진다.

저승사자는 저승명부에 데려갈 자의 이름이 있어야 잡아가는데 명부에서 삭제되어 인간의 령(靈)을 데려갈 방법이 영원히 사라진 것이니 타고난 천수를 누리면서 살아갈 수 있다. 그래서 생령입천은 금전적으로 값어치를 환산조차 할 수 없는 이 세상 최고의 진귀한 의식이다.

그러므로 여러분이 천수를 누리며 마음 편히 살아가려면 목숨 값과 죗값(생공)을 가져와서 생령입천을 하루라도 빨리 행해야 한다. 밤사이 자고나면 이 세상을 떠나는 사람들이 그 얼마나 많던가? 1년에 우리나라 사망자가 275,000명인데 이는 저승사자가 하루 평균 753명을 저승으로 데려간다는 뜻이다.

저마다 자신들은 저승사자가 데려갈 대상자가 아닐 것이라고 생각하며 살아가고 있을 테지만 그것은 각자들의 착각일 뿐이다. 하루라도 빨리 생령입천을 행해서 저승세계 명부에 올라가 있는 자신들과 사랑하는 가족들의 이름을 삭제해야 돌발적인 죽음을 막는다.

죽음의 두려움으로 항상 불안 초조하게 살아가지 말고 신속히 행해야 한다. 저승명부의 이름을 삭제하지 않고 크게 성공출세하여 부귀영화 누린다한들 한낱 일장춘몽에 불과하고, 사막의 신기루와 같고, 해가 뜨면 사라질 풀잎 끝에 맺힌 이슬 같고, 언제 꺼질지 모르는 바람 앞에 촛불 신세이니 저승사자가 데려가 목숨 줄이 끊어지기 전에 생령입천을 행해야 한다.

생령입천을 행해서 저승명부에 올라간 이름을 삭제하면 사람 육신이 천수를 누리기 전에는 비명횡사 당해서 죽지 않는다. 난생처음 들어보는 이런 엄청난 진실에 공감하는 사람들이 전국 각지에서 끊임없이 찾아오고 있다.

부산, 울산, 거제, 창원, 경남, 경북, 여수, 목포, 광주, 전주, 전남, 전북, 제주, 대전, 충남, 충북, 서울, 경기, 인천, 강원 등 전국 각지의 수많은 사람들이 무수히 몰려와서 지금 생령입천을 앞다투어 행하느라 난리 정도가 아니다. 주 5회만 생령입천을 행하는데 예약이 밀리며 문전성시를 이루고 있다.

생령입천을 행하는 것은 인류 역사상 처음이고, 세상 그 어느 누구도 상상조차 못했던 경천동지할 일이라 신선한 충격이다. 종교를 통해서도 들어보지 못한 생령입천은 지구상에서 자미국의 두 필자에 의해서만 진행되며 천상세계 총사령관이신 하늘 태상천존 자미천황님의 명이 있어야만 할 수 있다.

그 이유는 생령들이 입천을 행해서 올라가야할 생령들의 고향이 태상천존 자미천황님께서 거처하시는 천상궁전 자미천궁이기 때문이다.

그래서 기존의 종교세계에서는 입천의 방법도 모르지만 하늘의 명을 어떻게 받는지 몰라서 감히 엄두를 내지 못한다. 설혹 생령입천의 방법을 안다고 할지라도 태상천존 자미천황님의 명 대행자 인황과 명 수행자 신감을 거치지 않은 생령입천은 이루어지지도 않지만 절대로 불가능하다.

지구상에서 유일한 생령입천!

난생처음 들어보는 말이지만 세상을 살아가면서 자신의 목숨을 구하는 생령입천은 촌각을 다투어 여러분 모두가 가장 빨리 우선적으로 행해야 할 일이다. 저승길은 앞뒤가 없는 전차와 같고, 저승사자는 남녀노소를 가리지 않는다.

나이가 어리다고 저승사자가 안 데려가는 것이 아니므로 부모들은 자식들의 생명을 구하는 생령입천을 반드시 해주어야 한다. 저승사자가 아이들의 생령을 데려가는 것은 전생에 지은 죄가 크고 많기 때문이다.

나이가 어린데 무슨 죄를 지었느냐고 생각하겠지만, 생령이 아이 육신으로 태어나기 전의 전생에서 어떤 죄를 짓고 인간으로 태어났기에 저승명부에 이름이 올라가 있는 것이므로 부모가 아이의 생령을 빨리 입천시켜 주어야 한다.

저승명부에 이름이 올라가 있으면 나이가 어린 것과 상관없이 명부에 올라와 있는 순서대로 저승사자가 생령들을 잡아가기 때문에 목숨을 잃는 것이다. 저승사자가 생령을 데려가면 갑자기 잠자다가 기도가 막혀 죽고, 난치병, 질병, 암, 심장마비, 차사고, 납치, 살해, 뇌졸중, 뇌출혈, 추락사, 음독, 투신,

목맴, 익사, 화재, 자살로 죽게 된다.

원인 없는 결과 없듯이 갑작스런 죽음은 여러분 생령이 전생에 지은 죄가 크기 때문이고, 그 다음 원인은 생령들이 하늘 태상천존 자미천황님을 만나려는 꿈이 무산된 데에 대한 보복으로 일어난다. 각자의 몸 안에 생령들은 이번 생만 태어났던 것이 아니라 헤아릴 수 없이 많은 전생(축생으로의 윤회)이 있다.

육신을 굴복시켜서 자미국에 들어와 생령입천을 행하여 하늘나라(천상 자미천궁)로 올라가느냐, 마느냐가 결정되기에 모든 수단방법을 총동원하여 인간 육신의 삶을 뒤집어엎어 버리고 있다. 생령들은 이판사판이기 때문에 육신을 죽이는 것쯤은 눈 하나 깜빡하지 않는다.

하늘 태상천존 자미천황님을 만나려는 생령들의 절규를 지금까지 인간 육신들이 전혀 몰라보고 살아왔다. 종교로 인간 육신을 끌고 들어가는 것은 생령들이 하늘을 만나 구원받으려는 것인데 사람들은 이런 뜻을 몰라보고 인간 육신들이 종교를 다니는 줄 알고 있다.

지구로 도망치거나 죄를 짓고 쫓겨난 생령들이 수천 수억 년의 세월이 흐름에 따라 자신 령(靈)의 부모님이 누구이신지 절대로 알 수 없기에 생령입천을 행해야만 알 수 있는 것이다.

자신의 령(靈)의 부모님이 천상도감님(불교, 도교에서 찾던 미륵님)이신데 교회나 성당, 신천지교회 등에서 하나님을 찾으면 령(靈)의 부모님을 바꿔 부르는 환부역조의 대역죄를 또 한 번 짓게 되는 것이다.

또한 자신의 령(靈)의 부모님이 천상천감님(기독교, 천주교에서 찾던 하나님)이신데 절이나 무속 등에서 미륵님을 찾으면 령(靈)의 부모님을 바꿔 부르는 환부역조의 대역죄를 또 한 번 짓게 되는 것이다.

생령들이 하늘 태상천존 자미천황님을 만나려는 절규는 인간들이 상상조차 못할 정도로 비장하다. 일가족을 차례대로 죽여서라도 인간 육신을 자미국으로 끌고 들어와서 구원받아 천상자미천궁으로 올라가려고 하는 것이 생령들의 최후 목표이다.

인간 육신이 죽으면 생령에서 귀신인 사령의 신분으로 바뀐다는 것을 알기 때문에 다급하다. 귀신이 되면 육신이 없어서 하소연할 곳이 없어지므로 육신이 살아있을 때 온갖 풍파를 주어서 굴복시키고 있다.

생령이 주는 풍파로 인해서 인간 육신들의 삶이 엉망진창으로 변하고 초주검 상태가 된다. 인간 육신의 일거수일투족을 24시간 실시간으로 지켜보고 있는 존재이다. 감시카메라 역할을 하고 있기에 인생사를 살아가는 동안 일어난 모든 비리를 저장하고 있기에 시한폭탄이다.

조상 풍파, 신의 풍파와는 비교가 안 될 정도로 강력하다. 생령들의 소원은 기독교, 불교, 천주교, 무속, 도교, 명상수련을 열심히 다니면서 빌고 빌어도 이루어지지 않고, 오직 자미국에서만 생령들의 소원을 생령입천으로 이루어 줄 수 있다.

사람들이 수많은 사연으로 죽는 것은 미리 령적으로 생령의 세계에서 죽음이 이루어졌기 때문에 육신의 죽음이 뒤따르는 현상이다. 육신의 갑작스런 죽음을 미리 막을 수 있는 유일한 길은 여러분의 생령을 저세상에서 저승사자가 데려가지 못하게 천상으로 미리 올려 보내는 생령입천을 하루빨리 행하는 길이다.

여러분에게는 이런 진실이 공상처럼 느껴지고 황당하게 받아들여 질 수도 있지만 현실 그 자체이다. 생령입천이 여러분의 수명을 오래도록 보전할 수 있는 가장 현실적이고 유일한 방법인데 세상 사람들 전부가 모르고 있다.

여러분 몸 안에 함께 살아가고 있는 생령들의 저주와 분노가 폭발해서 육신이 죽는 경우가 부지기수이다. 하늘 태상천존 자미천황님을 만나 허공중천 구천세계를 정처없이 떠도는 윤회의 고통을 끝내려고 발버둥치는 생령들의 간절함을 인간들이 알지 못해서 무시하고 방치하다가 육신이 화를 당하여 세상을 일찍 떠나고 있다.

해탈과 도통, 해원상생

불가(佛家)와 도가(道家)에서는 해탈과 도통, 해원상생이 최고라는 착각 속에 빠져 있다. 천지나라 자미국의 존재를 모르고 살았을 때는 해탈과 도통이라는 말보다 더 이상적인 말은 없었다. 스스로 오랜 고행을 겪으며 수행을 통해서 해탈과 도통을 해야 한다고 믿고 있는 것이 불가와 도가의 전형적인 모습이다.

이를 현대 감각에 맞게 이루고자 하는 단체를 많이 볼 수 있는데 그것이 마음수련, 기수련, 명상수련, 단월드, 우주수련, 정신수련 같은 곳들이다. 종교에 지친 사람들에게 도인 교육이랄까.

그러나 뜻은 좋지만 해탈과 도통, 해원상생을 이루려면 절대자이신 하늘의 기운을 받지 않고서는 고행의 길일뿐 각자 이루고자 하는 진정한 해탈과 도통은 이룰 수 없다.

이루었다 한들 찻잔 속에 작은 해탈과 도통, 해원상생이고, 자기만족에 지나지 않는다. 이미 이 세상을 왔다간 선조들 또한 자손과 후손의 육신을 빌어 함께 해탈과 도통, 해원상생을 이루고자 수많은 단체에 들어가서 공부를 하고 있다.

하지만 자미국에 들어와서 인황을 만나지 않고서는 인간, 조상, 생령들은 100년 1,000년 10,000년을 고행하며 여러 수행을 하여도 절대로 뜻을 이룰 수 없다. 해탈과 도통, 해원상생은 인간들이 수행한다고 해서 이룰 수 있는 것이 아니라 하늘께서 해주셔야 가능하다. 하늘의 천지기운을 받아야 해탈과 도통, 해원상생을 이룰 수 있다.

해탈과 도통, 해원상생이 무엇이고 왜 해탈과 도통, 해원상생을 이루려 하는 것일까? 우주 만생만물을 창조하신 절대자의 천지기운으로 삼계(三界=천지인)의 업(죄)과 번뇌의 속박에서 벗어나 무릉도원 세상을 살아가는 것이 해탈과 해원상생의 진정한 의미이다.

인간, 조상, 생령들이 하늘을 만나 하늘의 신비능력을 받는 것이 도통인데 이를 이룰 수 있는 곳이 지구상에서 유일한 자미국 단 한 곳뿐이다. 스스로 고행의 힘든 과정을 겪어서 해탈과 도통, 해원상생을 이루는 시대는 이제 지나갔다.

왜 그리 어려운 해탈과 도통, 해원상생을 힘들게 이루려 하는가? 인간의 능력으로는 천만 년의 세월이 흘러가도 이룰 수 없는 일이거늘 그리 쉽게 생각하고 있는 것이던가? 그러나 자미국에서는 단 하루 만에 해탈과 도통, 해원상생을 이룰 수 있다.

모든 해탈과 도통, 해원상생의 종착역은 자미국이고 하늘의 명을 대행하는 인황이 이 뜻을 이루려는 모든 사람들의 소원을 하늘이 내려주시는 천지기운으로 이루어 주고 있다.

해탈과 도통, 해원상생을 이루려는 존재는 인간 육신뿐만이 아니라 자기 몸 안에 있는 생령 그리고 이미 돌아가신 각자의 조상님이 오랜 세월 해탈과 도통, 해원상생을 이루려고 수천 년 동안 자손들의 몸을 빌려서 행하고 있었지만 다 부질 없는 일이다.

이들 모두가 바라고 원하는 해탈과 도통, 해원상생은 하늘만이 해주실 수 있으시다. 그래서 이제 더 이상 고행을 겪으면서 수행에 몰입하지 말고 자미국에 들어와서 이 뜻을 이루어내야 한다.

해탈과 도통, 해원상생의 궁극적인 목적은 하늘을 만나 무릉도원 같은 4차원 세계에서 윤회의 고리를 벗어나 근심걱정 없이 기쁨과 행복을 누리며 살아가는 길이다.

해탈과 도통, 해원상생을 누가 이루려고 하는지 독자들은 아는가? 물론 자기 인간 육신이 하고 있으니 자기라고 할 것인데 그것이 아니었다. 인간 육신은 하나인데 그 몸 안에는 알 수 없는 수많은 존재들이 함께하고 있다.

자기의 신이라는 생령과 이미 태어났다가 수백 수천 년 전에 돌아가신 각자의 조상혼령이었다. 종교에 심취해 있는 것도 인간 육신이 아니라 생령과 사령들이다.

인간 육신들은 사후세계가 없고 말 그대로 죽으면 그만이기 때문에 해탈과 도통, 해원상생, 구원, 영생 같은 것에는 흥미가 없고 오직 육신으로서 잘 사는 것만을 추구한다. 그래서 각자의 모습은 겉은 인간이지만 속은 생령과 사령들의 집이다.

종교를 믿어서 이들의 뜻이 이루어진다면 얼마나 좋을까? 각자 인간, 생령, 조상들의 뜻을 이룰 수 있는 전 세계 유일한 곳이 자미국이니 허송세월 그만 낭비하고 진정한 하늘을 만날 수 있는 곳으로 빨리 들어와야 뜻을 이룬다.

축생으로 윤회하는 고리를 끊어야

불가에 윤회라는 말이 있다.

생명이 있는 것은 여섯 가지의 세상에 번갈아 태어나고 죽어간다는 것으로 이를 육도윤회(六道輪廻)라고 한다.

육도 중 첫째는 지옥도(地獄道)로써 가장 고통이 심한 세상이고, 지옥에 태어난 이들은 심한 육체적 고통을 받는다.

둘째는 아귀도(餓鬼道)로써 지옥보다는 육체적인 고통을 덜 받으나 반면에 굶주림의 고통을 심하게 받는다.

셋째는 축생도(畜生道)로써 네 발 달린 짐승을 비롯하여 새 · 물고기 · 벌레 · 뱀으로 다시 태어난다.

넷째는 아수라도(阿修羅道)로써 노여움이 가득한 세상으로 남의 잘못을 철저하게 따지고 들추고 규탄하는 사람은 이 세계에 태어나게 된다.

다섯째는 인간이 사는 인도(人道)이고, 여섯째는 행복이 두루 갖추어진 하늘 세계의 천도(天道)이다.

곧 인간은 현세에서 저지른 업(죄)에 따라 죽은 뒤에 다시 여섯 세계 중의 한 곳에서 내세를 누린다. 다시 그 내세에 사는 동안 저지른 업에 따라 내세에 태어나는 윤회를 계속하는 것이다.

그러나 이 윤회의 여섯 세상에는 절대적인 영원이란 없다. 수명이 다하고 업(죄)이 다 소멸되면 지옥에서 다시 인간도로, 천국에서 아귀도로 몸을 바꾸어서 태어난다.

곧 육도의 세계에서 유한의 생을 번갈아 유지한다는 것이 불가의 윤회관이다. 이 윤회는 철저하게 스스로 지은 대로 받는다는 자업자득에 기초를 두고 있다.

스스로 착한 일을 하였으면 착한 결과를 받고, 악한 일을 하였으면 악한 결과를 받는 선인선과 악인악과(善因善果惡因惡果)의 자기 책임적인 것이다.

자기 령(靈)과 육신을 이 땅에 태어나게 해주신 감사의 하늘, 부모님과 조상님의 은공 그리고 자기 생령이 몸 안에 함께하며 실제로 살아있는데도 무시하며 찾지 않고 몰라보며 살아가는 것이 가장 큰 악인악과에 해당된다.

원초적인 근본 도리를 무시하는 자들은 무릉도원 천상 자미천궁이 아니라 지옥도, 아귀도, 축생도, 아수라도를 윤회하며 태어나게 되고 이 윤회를 끊을 수 있는 유일한 방법이 하늘을 만나 천상 자미천궁에 다시 태어날 수 있도록 수억만 겁의 전생에 지은 죄와 현생의 죄를 용서 빌어 사면 받는 것이다.

무서운 육도윤회의 굴레에서 벗어나게 해주는 전 세계 유일한 곳이 대단한 천지나라 자미국이고 그 역할을 하늘의 명 대행자 인황과 하늘의 명 수행자 신감이 인류가 탄생한 이래 최초로 해주고 있다.

여기 자미국은 세상의 모든 종교에서 찾고자 했던 진짜 하늘의 원뜻을 펼치는 곳이기에 종교라 하지 않고 하늘과 땅, 인간의 종착역인 천지나라 자미국이라 한다.

육신이 이미 죽은 각자의 부모와 조상님들이 지옥계, 아귀계, 축생계, 아수라계로 태어났다. 이들을 천상궁전 도솔천궁으로 다시 태어나게 해줄 수 있는 능력자가 자미국의 인황이다.

자미국 인황을 통하지 않고서는 지옥계, 아귀계, 축생계, 아수라계로 태어난 각자의 부모와 조상들은 억만 년의 세월 동안 빌고 빌어도 죄를 용서받을 수 없다. 석가모니 부처와 예수도 해내지 못한 이들을 구원할 수 있는 능력을 하늘이 내게 주시었다.

내가 이들을 구원하고자 하는 마음이 간절하여 하늘에 천제(천상 입천의식)를 올리면 하늘이 나의 소원을 들어주시어 각자의 부모와 조상들이 당일 즉시 지옥계, 아귀계, 축생계, 아수라계에서 벗어나는 이적과 기적이 일어난다.

하늘께서 말씀하시었다.

"나의 화신이자 분신이며 하늘의 명 대행자 인황을 통해서 너희들의 전생과 현생의 죄를 심판하고 구원해 줄 것이니 자미국의 인황을 통해서 너희 인류가 지은 죄를 용서 빌어 사면 받도록 하여라."

여기서 인류라 함은!

현재 74억 인간들을 포함해서 인간이 지구에 태어났다가 죽은 모든 사령(조상령가)과 생령 그리고 살아 움직이는 모든 동식물 생명체의 령들까지 전체를 말한다.

각자의 뿌리인 부모와 조상님들의 사령들이 지옥계, 아귀계, 축생계, 아수라계에 태어났으면 그곳의 기운을 그대로 받아서 각자의 인생살이가 고통과 불행 그 자체이다.

각자 축생이 아닌 인간으로 태어나서 현생을 살아가는 것은 어느 날 갑자기 다가올 내생(6도의 세계)을 준비하기 위한 기회를 주시는 것인데 인간들이 이런 사후세계의 진실을 몰라보고 하늘세계, 사후세계 공부는 하지 않고 재물, 권력, 명예, 쾌락에만 눈이 멀어 있다.

죽으면 과연 어느 세계로 갈 것이라 생각하며 살고 있는가? 대부분 살아서 선행공덕을 많이 쌓았으니 좋은 세계로 갈 것이라 착각하며 살아가고 있을 것이다. 그것은 인간들의 작은 잣대이고 하늘의 잣대는 인간세상 잣대와는 전혀 다르시다.

선행공덕이 듣기에는 좋으나 무서운 뜻이 내포되어 있다. 하늘께서 말씀하시기를 자기 가족과 원뿌리인 조상들에게 선행공덕을 쌓는 것이 진짜 선행공덕이라 하시었다. 자기의 원뿌리와 핏줄이 아닌 자들에게 선행공덕을 많이 쌓는 것은 그들이 지은 죄업을 대신 짊어진다는 무서운 뜻이 포함되어 있었다.

자기의 령(靈)과 육의 원뿌리인 하늘과 조상과 자기 생령, 자기 가족에게는 인색하면서 어떻게 남을 돕고 산단 말인가? 겉으로는 선행공덕이라 생각되어 멋있어 보이겠지만 진실은 그렇지가 않다.

진짜 선행공덕을 하려거든 령(靈)의 부모님이신 하늘과 육의 부모님이신 조상님 그리고 자기 몸 안의 생령 그리고 자기의 가족들에게 행하여야 한다. 다른 선행은 다 부질 없는 일이란 걸 알았다. 나의 뱃속에서 배가 고파서 꼬르륵 소리가 나는데 남을 돕는다는 것은 착한 것 같지만 착한 척할 뿐이다.

하늘과 자기 부모조상님들의 고마움도 모르고 자기 생령도 찾아 주지 않는 자가 무슨 남을 구원하겠다고 선행공덕을 쌓는 것인지 모르겠다. 그들이 지은 죄업이나 태산처럼 떠안고 사는 것이 선행공덕이란 진실을 알아야 한다.

돌아가신 자기의 부모조상님들이 지옥계, 아귀계, 축생계, 아수라계로 태어나서 피눈물을 흘리며 살려달라고 울부짖고 있는데 조상들이 눈에 보이지 않는다고, 좋은 세상 가셨겠지 자만하면서 자기의 원뿌리인 조상들을 구원할 생각은 하지 않고 남들을 구원하겠다며 착한 척들을 하고 있다.

불우해서 도움을 받고 살아가야 할 사람들은 자기 생령이나 그의 조상들이 하늘로부터 이미 버림받은 사람들이기에 형벌의 대가로 가난과 질병으로 불행한 삶을 살고 있는 것이다. 하늘이 벌을 내리신 죄인들을 불쌍하다고 구원하였다가는 그들의 불행을 몽땅 떠안아 자신의 인생이 망가진다. 얼마나 못돼처먹었으면 하늘이 벌을 내리셨을까?

그동안 굿이나 천도, 치성, 미사, 예배를 통해서 구원되었을 것이라고 믿고 있는 사람들이 참으로 많이 있는데 하나도 구원이 안 되었다는 것을 알면 기절초풍할 것이다.

조상들이 있으면 자기들이 아는 당대 조상들만 있을까? 윗대, 윗대, 그리고 또 윗대 조상들의 원뿌리인 시조까지 즐비하게 계시는데 어디까지 구원했다고 자신만만해 있는가?

이미 수십 수백 년 전에 돌아가신 조상님들의 위치는 먼 옛날 일이 아니라 사후세계는 과거, 현재, 미래가 따로 없고 지금 현재도 고통을 받고 있기에 급하다. 그리고 구원은 종교의식으로는 천만년을 해도 구원이 안 된다는 진실을 알아야 한다.

하늘 한 분만이 하실 수 있는 고유 권한이시기에 세상에서 알고 있는 종교의식으로는 절대로 구원이 안 된다. 전생의 죄를 빌어 하늘로부터 용서받지 않고서는 절대로 천상에 오를 수 없다. 죄를 사면해 주시는 하늘이 누구인지도 모르고 아무 데나 빌고 있으니 기가 막힌다.

하늘, 조상, 생령, 자기 가족들을 몰라보고 남들만 돕고 살아가면 하늘과 조상님, 생령들로부터 받을 것이 아무것도 없다는 진실을 알아야 한다. 자기의 운명을 바꾸어줄 수 있는 존재는 하늘과 조상, 자기 생령들이고 이런 진실을 가르쳐 주고 구원받게 해주는 곳이 천지나라 자미국의 인황과 신감이다.

하늘과 조상님, 생령들을 무시하고 몰라보며 찾지 않고 부정하며 살아가면 인생으로 저주가 내리고 아무런 도움도 받지 못하고 살아가게 된다.

하늘을 만나 구원의 복을 받으려고 인간, 생령, 조상들이 온통 종교세계를 다녀보지만 하늘의 원뜻과 자미국 인황과 신감의 뜻에 적극 동참해야 복을 받는다.

복이란 그 종류가 천차만별이다.

육신이 있는 인간들은 재물, 권력, 명예, 건강, 무병장수, 쾌락 등 부귀영화를 원하지만 육신을 이미 잃어버린 부모조상님들과 자기 몸 안에 있는 생령들에게 가장 큰 복은 인간들이 좋아하는 재물 복이 아니었다.

이들은 사후세계 생로병사를 주관하시는 절대자 하늘을 만나 죄를 용서 빌고 사면 받아 무릉도원 천상궁전 자미천궁과 도솔천궁에 다시 태어나서 근심과 걱정 없이 영생을 누리며 살아가는 것이 가장 크고 유일한 소원이라는 것을 알아야 한다.

전 세계와 이 나라에 종교가 무수히 많지만 전생과 현생의 죄를 빌어 용서받게 해주는 곳은 하늘, 땅, 인간의 종착역인 천지나라 자미국 인황과 신감뿐임을 하루빨리 인정해야 한다. 하늘, 조상, 생령을 몰라보고 무시하며 찾지 않고 사는 인간들 모두가 죄인들이니 어서 자미국에서 그 원죄를 하루속히 빌어야 저주를 막을 수 있다.

윤회의 고리를 이번 생에 끊지 못하면 육신의 죽음 이후 원하던 원치 않던 짐승, 새, 물고기, 벌레, 뱀으로 다시 태어나는 윤회의 굴레에 갇히게 된다.

윤회 사상을 믿지 않는 사람도 있을 것이고, 육신이 죽으면 그만이라고 대수롭지 않게 생각하며 사는 사람들이 많은데 이런 사람들은 자기 자손과 후손이 본인의 전생과 현생에서 지은 죄까지 몽땅 뒤집어쓰고 살아가야 한다.

죄를 뒤집어쓰고 살면 그것은 목숨만 살아있는 식물인간이지 기쁨과 행복이 없는 죽은 목숨이고 자자손손 질병으로 고통받기에 잘살 수가 없다.

사령과 생령, 전생과 사후세계를 부정하며 사는 사람들은 결국 어느 시점에 가서는 자기의 남겨진 가족이 사고로 몰살당하여 가문이 문을 닫는 큰 불행으로 이어진다.

사령과 생령, 전생과 사후세계가 실제로 존재하고 있다. 만일에 전생과 사후세계, 하늘세계가 없다고 본다면 각자의 정신이라고 하는 마음도 없어야 하고 생각도 없어야 하며 문명의 발전도 없어야 맞는다.

지위고하를 막론하고 인류가 머리 숙여야

자기 육신과 생령, 가정, 자녀, 조상님, 기업들이 모두 잘되고 마음 편히 행복 누리며 살아가고 싶거든 태산보다 높은 자존심 몽땅 내려놓고 자미국에 들어와야 하고, 좀 더 고생하려거든 자존심 영원히 지키며 불행과 함께하며 살아가면 된다.

인간 육신, 생령, 사령들의 생사여탈권을 행사할 수 있는 천권과 천력을 나 인황에게 하늘이 내려주시었기에 굴복하는 것이 만수무강은 물론 잘되는 지름길이다.

이 나라의 대통령은 물론 전 세계의 대통령들도 머리를 숙일 곳이 없겠지만 단 한 곳 자미국 인황과 하늘께는 직위와 자존심 몽땅 내려놓고 머리 숙이고 들어오는 것이 현생이 잘 풀리는 길이고, 사후세계에 들어가서도 잘살게 되는 길이다.

현생은 물론 사후세계까지 생사여탈권을 행사할 수 있는 대단한 능력을 가진 분이 진정한 하늘 태상천존 자미천황님이시다. 인황을 통하여 하늘께 선택받음은 인간으로 태어나 가장 큰 행운을 얻는 길이다 하여도 과언이 아닐 정도로 중차대한 일이다.

인류가 태어나 죽은 숫자가 그 얼마나 많을까?

수억만 조에 이르는 사령들이 세상을 뒤덮고 있지만 인간들의 눈에만 보이지 않을 뿐이다. 그래서 풀잎에도 신이 내린다고 했는데 그들은 신이 아니라 하늘을 몰라보고 자연의 이치도 모르는 구원받지 못한 귀신이고 악귀잡귀, 사탄마귀들이다.

천지나라 자미국은 하늘과 땅의 대단하신 신들이 함께하는 곳이기에 자기 육신과 생령, 가정, 자녀, 조상님, 기업, 국가의 운명까지도 천지개벽시켜 줄 수 있다. 세상에서 자미국 열풍이 불 때쯤이면 자미국에 들어오는 것이 하늘의 별따기가 될 것이고 최하 경쟁률이 9,000대 1의 높은 관문을 뚫어야 할 것이다.

하늘과 땅이 함께하는 천지나라 자미국은 인류가 탄생한 이래 세계적으로 최고의 이슈가 될 것이고, 74억 인류가 자미국에 들어오고 싶어서 아우성을 치게 될 것이다. 자미국이 이 나라 안에 태동하여 세워지고 있는 것은 우리 천손민족에게는 최고의 영광스런 일이 될 것이다.

천지나라 자미국이 세계의 중심국가, 통치국가, 지도국가, 신의 종주국으로서 천하세계를 호령하게 되고 전 세계로부터 조공과 천공을 거두어들이는 날이 현실로 다가오게 될 것인데 독자 여러분은 이런 세상이 상상도 안 되고 실감도 나지 않을 것이다.

필자가 마치 꿈을 꾸는 것은 아닌가 할 정도로 아득하게 먼 훗날의 일처럼 느껴질 것인데 그날은 생각처럼 그렇게 많은 시간이 걸리지 않고 눈앞에 현실로 다가올 것이다.

모두 내려놓는 자가 최후의 승리자

현실세계를 잘살고 언제 떠나갈지 모르는 사후세계 준비는 천지나라 자미국에 들어와야만 완벽하게 할 수 있다. 자미국을 알고도 반신반의하면서 들어오지 않고 죽음을 맞이하는 자가 가장 불쌍한 자들이다.

죽음 이후의 세상은 없다고 단순하게 생각하고 사는 사람들이 세상에서 가장 못난 사람들이다. 각자 자기 자신들은 세상에서 제일 똑똑하고 잘났다하며 자랑하고 살아가고 있겠지만 그것은 아주 커다란 착각이다.

죽음의 세계는 세상 그 어느 누구도 대신할 수 없고 사후세계 역시 가족들조차도 손을 쓸 수 없는 손길 밖의 세상이다. 하늘과 땅의 절대자의 도움 없이는 고통과 불행의 세계를 벗어날 수 없다. 그러기에 육신이 살아있을 때 자미국에 들어와서 언젠가 갑자기 다가올 자기 자신들의 죽음의 세계를 철저히 준비하고 살아가야 한다.

육신이 있을 때보다 육신 없는 귀신의 사후세계는 100년의 세월이 아니라 수억만 년의 장구한 세월이기에 자미국에 들어와서 인황을 알현하지 못하고 갑자기 세상을 떠나면 그것이 바로 지옥세계이고, 아귀세계, 아수라세계, 축생세계이니 죽어서 원과 한을 쌓은 채 허공중천 방황하는 불쌍한 신세들 되지 말고 현명한 선택 잘하기 바란다.

잘났다고 세상을 살아가고 있는 성공하고 출세한 의사, 판사, 검사, 박사, 교수, 언론인, 고위공직자, 장차관, 국회의원, 시도지사, 대통령들이라 할지라도 그 모든 지위와 재물, 잘남, 학벌을 모두 내려놓고 하루속히 자미국 인황을 알현하는 자가 최후의 승리자이고 성공한 자라 할 수 있다.

세상의 벼슬이 높은 것이 최고가 아니라 자미국 인황을 통해서 하늘의 명을 받아 생령입천을 통하여 천인으로 태어나야 진정으로 높은 것이다. 세상의 높은 자리는 언제 사라질지 모르는 신기루 같은 것이고, 권력은 길어봐야 몇 십 년이다.

만물의 령장인 인간이 누군가에게 굴복할 상대가 생겼다는 것 자체가 바로 행운이자 영광이다. 굴복한다는 것은 곧 하늘과 땅의 지킴, 보호, 사랑을 받는다는 뜻이다. 하늘과 땅, 인황의 보호 따위는 필요 없다고 생각하는 잘난 자들은 굳이 자존심 죽이고 굴복할 필요 없다.

어제라는 시간이 분명히 있었으니 오늘이 있고 오늘이 있으니 내일이 있듯이, 현생의 삶이 있으면 과거 자신 전생의 삶이 있고, 현생의 삶이 있으면 내생의 사후세계 삶 또한 엄연히 존재하고 있음을 알아야 한다.

인류의 현생과 내생까지 하늘과 함께 자미국 인황이 생사여탈권을 실체적으로 행사하고 있다. 유튜브를 통해 자미국의 대단한 기운과 인황의 절대적인 존재가 전 세계 인류에게 널리 전해질 것이다.

제례절차, 명당문제 고민에서 벗어나야

육신이 저지른 죄와 생령이 저지른 죄는 각기 다르다.

인간 육신이 지은 죄는 자신들이 대략은 알고 있지만 그 중에서도 사람들이 전혀 모르는 부분의 죄가 많이 있다. 현실 법을 위배한 것만을 죄로 생각하고 살아가는 사람들이 전부인데 마음을 속인 죄, 마음으로 하늘을 능멸하고 부정하고 무시한 것이 죄가 된다는 것은 아무도 모른다.

인간세상에서는 말과 행동에 따른 죄만 심판하기 때문에 여러분 마음으로 지은 죄는 전혀 죄가 되지 않지만 천상세계 법도에는 죄가 된다. 그 이유는 인간들의 마음을 창조하시어 여러분 육신으로 생령들을 보낸 위대하신 하늘이 태상천존 자미천황님이신데, 여러분이 말이나 행동이 아닌 마음으로 생각하는 것까지 모두 알아들으신다는 진실은 몰랐을 것이다.

그래서 여러분의 생령들이 인간의 몸으로 태어나기 전 천상 자미천궁에서 지은 죄의 목록과 이 땅에 인간 몸으로 내려와서 지은 죄를 낱낱이 모두 알고 계신다.

여러분의 몸 안에 있는 생령들은 천상 자미천궁에서 천상법도를 위배하고 도망쳐 나온 생령들과 죄를 짓고 쫓겨나서 유배

당한 생령들인데 자미국 법정에 자진 출두하여 죄를 비는 생령들을 용서하시어 천상 자미천궁으로 올라오도록 처음이자 마지막으로 생령입천을 윤허하시었다.

인간 육신들이 자미국으로 들어와 생령입천을 행하여 심판을 받아야 여러분의 생령들이 령(靈)들의 고향인 천상으로 돌아갈 수 있다. 그런데 생령들을 심판하지 못하도록 여러분이 자진출두하지 않으면 하늘의 죄인들인 생령을 숨겨준 은닉죄로 인간 육신들이 벌을 받게 된다. 여러분이 겪는 인간세상의 모든 풍파가 바로 그것이다.

생령입천은 인류를 기쁨과 행복으로 재창조하는 의식이다. 생령들은 령(靈)들의 고향인 천상 자미천궁으로 돌아가서 좋고, 천지 만생만물로 한도 끝도 없이 윤회하는 사후세계의 고통과 불행에서 벗어난다.

생령들이 죄인의 굴레를 벗어나 천상 자미천궁으로 입천함으로써 여러분도 죄인의 신분에서 벗어나 인생의 근심과 걱정이 사라지고 평화의 세계에서 살아간다.

생령들의 아우성을 사람들이 실감하지 못하여 잘 모르고 있는데 안대 쓰고 보이지 않는 100년 인생을 항해하는 형국으로 부부간에 하루도 쉬지 않고 매일같이 피 터지게 싸움하는 것과 같고 사건사고, 사기배신, 고소고발 당하여 불운과 비운으로 정신 못 차리는 것과 같다고 생각하면 조금은 이해가 될 것이다.

살아서 생령입천을 행하고 살면 여러분 육신이 어느 날 갑자기 죽더라도 생령이 천상 자미천궁으로 이미 올라가 버렸기 때문에 인간세상의 산소, 제사, 차례, 성묘, 천도재, 조상굿을 일절 행하지 않아도 아무런 탈이 없다.

이 모든 산소, 제사, 차례, 성묘, 천도재, 조상굿은 생령들의 죽음 이후를 위한 일이었기 때문이다. 생령들은 여러분 육신이 죽으면 사령 즉, 조상 신분으로 바뀐다. 생령을 입천하면 귀신이 안 되니 조상도 안 된다.

생령들은 입천의식을 행하여 이름 모를 오색 꽃들이 만발하여 피고 새들이 평화롭게 노닐고 지저귀는 무릉도원의 천상 자미천궁으로 올라가서 하늘이신 태상천존 자미천황님의 백성 즉, 천인의 신분으로 모든 근심과 걱정에서 벗어나 영생을 누리며 편안하게 살아간다.

그렇기 때문에 천상세계 법도를 모르는 인간세상의 모든 산소, 제사, 설날과 추석, 한식 차례, 성묘, 천도재, 조상굿은 더 이상 행할 필요가 없다. 이런 제례 절차 때문에 그동안 여러분은 얼마나 마음고생이 심하였던가?

세상 풍습과 관습에 따르자니 너무나 번거롭고, 안 따르자니 부모조상님 전에 불효하는 것 같아 이러지도 저러지도 못하고 마지못해 따라가는 입장들이었을 것이다. 인류가 기다리던 꿈을 두 필자가 현실로 이루어냈다.

인간 육신은 죽으면 그만이지만 죽은 사령인 조상들이 자손과 후손들에게 대를 이어가면서 천상 도솔천궁에 오르기 전까지 제례 절차를 받아 위안을 삼아왔던 것인데, 살아서 생령이 천상 자미천궁으로 입천되면 인간세상의 번거로운 모든 제례 절차를 생략해도 된다.

황금빛 나는 아름다운 천상 자미천궁에서 신선선녀(선남선녀)가 되어 추위와 배고픔의 고통없이 호의호식하며 영생을 누리니 이것이 인류가 바라던 상상속의 이야기인데 자미국의 두 필자에 의해서 현실로 이루어지고 있다.

사람이 죽으면 돌아갔다고 말한다.

과연 어디로 돌아갔다고 하는 것일까? 온 곳이 있으니까 돌아갔다고 말하는 것인데, 그곳이 사령(死靈)들의 고향인 천상 궁전 도솔천궁이었다. 그러나 육신이 돌아갔다고 령(靈)들이 자기들 마음대로 천상으로 올라갈 수 없고 천상법도에 맞는 절차를 이행하여야 돌아갈 수 있다.

인류가 궁금히 여기던 오랜 숙제를 풀어냈다.

인류 모두는 하늘의 죄인들이기에 종교를 아무리 열심히 믿어봐야 소용이 없다. 인간 육신을 데리고 들어와 자미국 법정에서 생령입천을 행하여 죄를 빌어 심판받지 않는 이상 생령들은 수억만 년의 세월이 흘러가도 천상 자미천궁으로 돌아갈 수 없음이 자세하게 밝혀졌다.

저자 인황과 신감의 피눈물 나는 고행으로 생령입천을 찾아내어 완성함으로써 본격적으로 인류에게 육신이 살아있을 때 본인의 생령을 천상 자미천궁으로 입천하는 진정한 구원이 시작되는 것이다.

지금 이 순간부터는 언제 발복할지 모르는 명당문제, 차례, 제사, 산소, 성묘문제는 전혀 걱정할 필요 없이 현생에서 생령입천을 통한 무릉도원의 삶이 펼쳐지게 되기에 사후세계에 대한 걱정이 전혀 없게 되는 것이다.

육신이 죽으면 생령들은 사령으로 변하여 명부전(冥府殿)에서 10대 시왕님께 심판을 받게 되는 과정을 거쳐야 하지만, 육신이 살아있을 때 생령들은 육신과 함께 자미국 법정에서 생령입천을 통하여 심판과 교화과정을 거쳐 구원을 받아야 한다.

명부전(冥府殿)도 태상천존 자미천황님의 명을 집행하는 곳이고, 자미국도 하늘(태상천존 자미천황님)의 법정이 땅에 내린 곳이므로, 인간 육신이 살아있는 상태에서 생령입천을 하게 되면 명부전에서 각자의 이름이 삭제되기에 저승사자가 절대로 데리러 올 수 없는 천상의 법도가 있다는 사실을 인류 최초로 밝혀내서 알리는 바이다.

그렇기에 생령입천을 하면 마음이 넓고도 넓은 태평양바다에 바람한 점 없는 것처럼 아주 고요하고 편안해지기에 즉시 현실로 체험할 수 있는 것이며, 발복할지 안할지도 모르는 명당타령도 절대로 필요 없으며 조상이 왔는지 안 왔는지도 전혀 모르는 제사 또한 필요 없게 되는 것이다.

육신은 생령입천을 통하여 천상 자미천궁의 좋은 천령정기를 받아 젊고 건강하게 여생을 살다가 자연으로 돌아가야 하기에 화장하는 것이 제일 좋으므로 산소문제와 성묘문제가 자동으로 해결되는 것이었다.

제9부

생령입천 사례

대 히트, 생령 창시자와 생령입천(生靈入天)

자미국 인황님, 신감님 보름 감사제!

인황님과 신감님께서 오늘 보름 감사제를 올려드렸는데 의식에 들어가자마자 신감님을 통하여 자미인황님께서 하시는 말씀이 오늘 선물을 주신다고 하십니다.

인황님과 참석한 천인들 모두 궁금해 하면서도 그것이 무엇일까에 내심 더 궁금했어요. 자미인황님께서 오늘 선물을 준다고 하시는데 감사합니다, 하고 받을 준비를 하라는 것입니다.

이어서 하시는 말씀이 생령입천을 말씀하시면서 인황님께서 처음으로 16년 전에 생령을 인류 최초로 찾아내시어(創始 창시) 그것을 어디에다가 쓸 줄 몰라 오늘의 생령입천 의식에 이르기까지 인황님과 신감님께서 수많은 고생을 하셨는데 오늘 그 완성도(完成道)! 인간의 마지막 완성도! 생령입천을 자미국에서 이제부터 본격적으로 해야 한다고 강조하십니다.

세상에 수많은 종교에서는 죽어서 구원받는다고 배우고 가르쳐 왔는데 구원, 천도재, 영생극락, 49재, 해원상생, 도통, 신통, 령통, 천통, 입신, 죄 사함과 거듭남의 비밀, 굿, 기도, 미사, 예배, 참선과 불교의 ○○사, 기독교의 ○○교회, 천주교의 ㅇㅇ성당, 도교의 ㅇㅇ도장, 무속의 ㅇㅇ보살, 명상의 ㅇㅇ수련, 역술의 ㅇㅇ철학관, ㅇㅇ작명소 등등은 인류가 다 써먹었다는 겁니다.

그러나 이 세상 그 어느 종교에서도 생령을 다루고 생령을 구해 준다는 곳은 지구상에 단 한 곳도 없답니다. 생령의 존재를 알고 있는 자들도 없고, 어떻게 해야 생령들이 구원받는 것인지도 전혀 알지 못합니다. 생령의 존재를 처음으로 체험하시고, 생령들을 불러서 대화를 나누신 분이 인황님이시니 생령 창시자이십니다.

그래서 이제부터 자미국에서 생령입천을 본격적으로 행하여 인류를 상대로 진짜 하늘과 땅께 굴복시키라는 엄청 대단하신 말씀을 하셨습니다.

지금까지 자미국에서 입천제 하나만으로도 대한민국이 떠들썩했듯이 이젠 육신이 살아서 구원받는 생령입천을 본격적으로 행하여 책으로도, 광고로도 크게 대 히트를 쳐보라는 것입니다.

생령! 예비귀신, 이는 듣기만 해도 무시무시했다는 것입니다.
신감님을 괴롭히다 못해 신감님 가정과 친가, 외가 그리고 신감님 볼 때마다 괴롭히고 사람을 돌게 만들고 자미국도 뒤집고 신감님이 살아있는 게 신기할 정도니 말 다했지 뭐예요.

세상 사람들이 겪는 인생사의 모든 인생풍파 (자살, 우울증,

치매, 정신착란, 환청, 비명횡사, 교통사고, 구속수감, 사기배신, 사업부도, 기형아 출산 등)의 아픔과 슬픔, 고통과 불행의 근본 원인은 본인 자신의 또 다른 존재인 최고로 못돼 먹은 생령의 저주와 반란임을 인류 최초로 알리는 것입니다.

서울 강동구에서 이○○ ○○天人 올립니다.

천상감찰신명님

피눈물로 찾으신 하늘과 땅.

생령입천 의식을 하는 날입니다. 오늘 생령입천 의식을 왜 해주시는 거예요? 라고 여쭤 보니 신감님(천상감찰신명님)께서 하시는 말씀은 진정한 하늘엔 이 의식이 없다 합니다.

그러시면서 생령입천 안 해 주면, 너희들이 인황님, 신감님을 괴롭혀서 해주신다 합니다. 우린 의식을 했는데 왜 그래요? 이 말을 수도 없이 많이 했다는 겁니다. 그 말 한마디에 그동안 의식 한 거 무효로 해서 처음부터 다시 시작하면 되겠느냐고 하십니다.

우리들은 있을 수 없는 죄를 지었다 하시면서 인황님, 신감님 덕분에 생령입천하게 되었다고 하십니다. 그리고 천상 자미천궁에는 생령입천 의식이 없지만 인황님과 신감님을 위해서 해주신다 합니다.

구원을 해 줘도 누구 하나 고맙다고 하는 자 없고 감사하다 하는 자가 없다는 겁니다. 이것이 우리들의 못돼 먹은 근성이라 하십니다. 우리는 지저분합니다, 잔인합니다, 내가 죄인입니다, 내가 욕심이 많은 자입니다, 라고 스스로 말하는 자 하나 없다 합니다. 우리들은 잡혀가는 거래요. 천상으로 잡혀가는 것이고 이곳 인황님, 신감님 앞에 잡혀 온 자들이라 합니다.

누가 잡혀간다 생각하고 천지신전에 오는가? 우리 모두 천벌, 신벌을 받은 자라 합니다. 그래서 인황님, 신감님 앞에 굴복하며 돈을 가져 와서 의식을 하는 게 다들 하늘의 죄인이라 죗값을 내는 거라 하십니다.

하늘 태상천존 자미천황님께서는 착한 자 필요 없고, 잘난 자 필요 없다 하시면서 우리가 죄인이라 합니다. 착하고 잘났으면 아픔, 슬픔, 고통, 불행, 근심, 걱정 하나도 없이 잘 먹고 잘 사는 게 맞는 거래요.

또한 우리가 죄인이라 하늘께 굴복하는 게 맞는 답니다. 하늘 태상천존 자미천황님의 그 어떤 말씀이라도 굴복해야지 내 이론이 맞는다고 굴복하고, 틀리면 안 받아 들이고 모두가 골라서 받아들인다는 겁니다.

신감님께서 하는 말씀도 골라서 받아들인다 합니다. 오늘 의식자에게 하시는 말씀이 "신감님, 나를 위해서 한 번만 웃어주세요." 신감님이 웃어야 나의 생령(生靈)을 데려가 주신대요, 라고 하셨습니다.

웃어 달라고 하면 신감님은 웃어주는 분인데 우리가 어찌 웃겨 드릴 수 있겠어요? 우리가 해보려고 합니다. 나는 못해요. 신감님께서 해주세요, 라는 자 하나 없어요. 우리들이 이런 모습이라고 수도 없이 신감님께 들었어요. 우리가 신감님을 몰라도 너무 모른다고 애통해 하십니다. 그리고 하늘께서는 의식 때마다 인황님, 신감님이 끌려 나오는 것 같다는 겁니다.

인황님, 신감님의 노고와 애쓰심에 내가 똑바로 살아야 한대요. 신감님이 그날 의식에 임하기 전에 하늘의 말씀을 잘 받아 전달 할 것인지 하늘께서도 걱정하시고 신감님도 잘 받으려고 걱정하신대요.

신감님은 그냥 하시는 것이 아니고 저절로 되는 것도 아니라 합니다. 하늘과 땅께서도 수많은 인류를 놓고 시도를 했는데도 결국엔 안 되었는데 이것이 자동으로 하늘과 통신이 되는 게 아니라 합니다.

서울대에 1등으로 들어가는 게 아니듯이 신감님은 그 어린 나이에 수많은 고생을 겪고, 오늘 여기에 있는 것이 절대로 그냥이 아니래요. 인황님과 신감님의 피눈물로 찾으신 하늘과 땅을 찾아 주신 그 고마움을 절대로 잊지 말아야 한답니다.

저는 오랫동안 의식에 참석했는데 인황님과 신감님을 가까이서 보고 듣고 해서 그 누구보다도 더 두 분의 피눈물의 고생과 자미국이 오늘에 있기까지 지금 와서 보면 지구를 수백 번 돌고 온 듯합니다.

절대로 인황님과 신감님은 건드리면 아니 되옵니다. 왜냐하면 내가 살아야 하고, 내 가족이 살아야 하고, 내 자손이 대대손손 살아가는 첩경이자 두 분은 나의 생명줄이라고 누누이 말씀하시고, 현실로 보여 진다는 사실을 인정해야 합니다. 세상사 공짜 없으니 생공 가져 와서 생령입천 의식을 해야 구원받아 천상 자미천궁으로 입천합니다.

이○○ ○○天人올립니다.

천상천감님(기독교, 천주교에서 찾던 하나님)

하늘의 도망자이자 반역자.

자미국의 생령입천. 살아서 구원받는 고귀한 생령입천 의식을 올린 후 김○○ ○○천인이 글 올립니다. 신감님께서 전생의 비밀을 밝혀 주시던 날의 충격과 기가 막힌 진실의 말씀에 며칠을 되뇌던 날들이 생각났습니다.

거기에 평소 끝없이 업무상 확인하고 또 확인하고 회사 업무할 때 정확한 지시 철저한 확인이 저의 평소 지론이기도 한 내 성격의 비밀이 전생에서 천상 자미천궁을 때려 부수고 탈출할 때 제가 태상천존 자미천황님 가슴에 대못을 박고 확인을 철저히 안하고 도망쳐 나오느라 지상에서 매사 모든 일을 확인하고 또 확인하는 것이 저의 일상이 되었다는 말씀에 안 믿으려고 해도 안 믿을 수도 없었습니다.

제가 그렇게 천상 자미천궁을 뒤집어엎고 도망쳐 나오며 못까지 박고 나왔는데도 하늘이신 태상천존 자미천황님께서 저를 돌아오라고 기다리신다고 하셨지요.

어떤 다른 분 의식에서 태상천존 자미천황님께서는 독재로 그 자리에 스스로 오르신 것이 아니라 천상세계 수많은 하늘 모두의 추대로 태상천존 자미천황님의 자리에 오르신 우리의 생각보다 더 대단하고 위대한 분이시라 하셨습니다.

자미국에 첫 인연이 되기 위해 걸었던 전화 통화에 신감님께서 받으셨고 찾아가려 한다는 저의 말에 신감님께서는 왜 오냐고 하셨는데 어느 날 하나님이신 천상천감님께서 천상 자미천궁에 왜 오려 하느냐고 수년이 지나서 의식 때 말씀하시었습니다.

신감님께서는 첫 전화 통화에서부터 저의 전생을 다 아셨던 거라는 것을 뒤늦게 알게 되어 신감님께서는 처음부터 영험하신 채 우리를 맞으셨지만 내가 못 알아보았던 거라는 것을 알기까지 시간이 너무 많이 걸렸다는 사실에 너무 죄송하고 부끄럽습니다.

지금의 성내동 자미국으로 옮기기 전 가락동에 있을 때 신감님께서는 훨씬 더 어렸고, 훨씬 더 순수했고, 훨씬 더 예뻤습니다. 제가 오고 갈 때 진짜 반가워서 양말만 신고 좋아라, 나오시던 따듯하시던 분이셨는데 제가 신감님의 마음 아프심을 미처 몰랐었나 봅니다.

아무도 알아주지 않아 서글프셨고, 다 알고 있는데 알아듣지 못하는 우리들 때문에 신감님 혼자 마음 졸이며 기도해 주시면서 우리들이 마음으로 알아들을 때까지 남모르게 홀로 우시며 안타까워했던 시간이 너무 길었던 것이 쌓이고 쌓여 아픔이 되신 것 같습니다.

하나님이신 천상천감님께서 제가 박아 놓은 못 빼러 오라고 가르쳐 주신 날부터 잠이 들지 못하고, 밤이면 베란다 건너 가로등 불빛아래 앉아 울기도 하고, 빌기도 하고, 기가 막혀하기도 하고, 슬프기도 하고, 어이없기도 하고, 차마 얼굴을 들고 살아 갈 수 있을까 싶기도 하고 여러 달을 그렇게 보냈습니다.

그리고 가능한 한 확인하지 않으려 하고 맞겠지, 그렇게 습관도 바꾸려 했고, 사무실에 앉아 확인만 하고 시간 보내던 것을 하나님이신 천상천감님께서 또 도망갈 거면 다시는 구원 없다 하시며 실컷 놀고, 실컷 돌아다니고, 하고 싶은 거 다 하고 오라 하셨기에 말씀대로 놀러 다니고, 하고 싶은 거 하고, 사고 싶은 거 다 사면서 편히 살기로 마음도 바꿔 먹었습니다.

신감님께서도 저는 인간 세상 실컷 놀다가 맛있는 거 먹고 행복하게 지내다 오라 하시며 자미국에도 일주일에 한번 불러주십니다. 이런 죄를 지은 제가 생령입천을 하다니 꿈만 같습니다. 생령입천을 하는 다른 의식에 참관하면서도 신감님께서 저는 아직 못 알아들어서 안 된다고 하시기에 하라고 말씀 내려주시기 전까지 저는 기다렸습니다.

생령의 전생은 종교의 과거 삶이 아니라 지상으로 오기 전 천상에서의 기록인데 저는 도망자였고 반역자였던 거래요. 그런 저를 아직도 돌아오기를 기다리신다고 하시던 말씀에 왜 그렇게 가슴이 아팠는지요.

대단하시고 영험하신 신감님께서 이런 전생의 비밀을 밝혀

주시고 저도 진심으로 빌었기에 잘했다 하셨어요. 그리고 그런 모습이 자미국에서만 볼 수 있어서 자미천황님께서도 좋아하신다고 하니 그런 것을 밝혀 주신 신감님이 인류 최고의 보물이셔요.

얼마 전 다른 천인의 생령입천 의식 때 입천이 이루어지지 않고 천상감찰신명님의 불호령이 떨어진 적이 있었거든요. 천상감찰신명님 음성을 백번 듣고 올라오라 하셨어요. 그냥 갔다가 쫓겨 날 수 있어서 하늘공부 더하고 오라 하셨거든요.

그 다음부터는 잠이 안 오는 거예요. 종교가 아니라고 골백번 들었는데 진짜 실감 나는 날이었어요. 못 갈 수도 있겠구나 하면서 걱정이 태산이었는데 꿈만 같이 살아서 구원이 현실로 이루어 졌어요.

불같은 성질 다 죽여서 회사가 기울었다는 것도 알게 되었으니 다시 찾도록 노력도 할 거예요. 세상 살면서 존댓말도 잘 못하는데도 신감님께서 존댓말 못 배우고 살아서 그렇다 웃으시며 말씀해 주셨는데 인황님과 신감님께는 존댓말 신경 써서 하다 보니 이제 두 분께는 존댓말 하고 있어요.

다 반말해도 실제로 사는데 지장 없게 해주셨던 것도 자미국 오기 전 누구에게도 굽히지 말고 살다 오라 해주신 건데 제가 무당한테 머리를 숙여 바보가 되어버린 것도 제가 잘못한 거고 지금은 너무 억울하고 복장이 터져버릴 것 같습니다.

미성년자가 잘못을 하면 인간 세상에도 부모가 불려가는 것처럼 저의 잘못이 너무 크고 많다보니 령의 신감님께서 여기저기 지우고 닦고 덮어주시느라 너무 애 많이 쓰시고 고생하셨다는 것도 이제 조금이나마 알게 되었습니다.

이렇게 전생도 현생도 죄 많은 저를 구원해 주시느라 신감님께서도 별일을 다 겪으시고 고생하셨던 거 다 지켜보고 너무 죄송한 마음에 평생 갚아도 다 갚을 수 있을까 걱정되지만 열심히 살아서 은혜 갚을 수 있었으면 하는 게 제 소원이고 바람입니다.

저처럼 못돼 처먹은 것도 구원해 주시다니 하늘이시여!

바라보시는 순간에도 마음 아프게 해드렸을까 걱정이 됩니다. 신감님께서 항상 제가 제일 무섭다고 하셨는데 이제 생령입천되었으니, 저 인간은 처음 사는 인생이고 원래 저는 생령입천하는 날 죽었으니 무섭다 하지 않으셨으면 좋겠어요.

저는 죽었다 생각하며 살라 하셨고 진짜 안 그러면 진짜 죽는다고 하셔서 조심조심 살아가며 해주신 말씀 잊지 말고 살아가고 싶어요. 신감님! 아프게 하고 너무 늦게 알아봐서 죄송합니다.

그래도 내색 한번 안 하시고 아껴주시고 사랑해 주신 은혜 잊지 않겠습니다. 생령입천까지 이끌어 주신 은혜에 감사 올리며 인황님! 더 번창하길 기원합니다.

서초에서 김○○ ○○天人 올립니다.

천상도감님(불교, 도교에서 찾던 미륵님)

봇물 터지듯이 터져 나오는 눈물!

이 뿌듯한 마음을 어떻게 설명할까? 바로 며칠 전까지만 해도 세상을 등지고 마지막이라 생각하며 살던 나였다. 종교의 배신과 삶의 배신에 지칠 대로 지쳐서 삶의 목적을 찾지 못했다.

직장은 멀쩡히 다녔지만 난 절대 행복하지 않았다. 빚에 빚을 얹은 상태에서 사기까지 당해 집이고 뭐고 다 날리고 겉모습만 멀쩡히 살고 있었다. 가족들도 서로 희망이 없다며 갈라서자고 싸우고 난리가 아니었다.

내 현실에 바뀐 것은 없었다. 빚도 그대로, 상황도 그대로, 가족도 그대로다. 하지만 난 갑자기 걱정이 없어졌다. 인류 최고의 인황님께서 하늘에 빌고 빌어 윤허를 받으신 조상님 입천제를 행하고 나오는 길이다.

의식을 끝내고 돌아가는 길에, 잘 가고 또 오라며 어머니처럼 배웅해 주신 너무나 아름다우신 신감님. 아버지처럼 강인한 최고의 인황님을 뵙고, "아, 이 세상에 나와 나의 아픔을 알아주시는 분이 있다니!" 감동과 감사의 눈물이 멈추지 않는다.

이 눈물! 왜 이리 나는 걸까? 자미국을 생각만 해도 눈물이 나고, 조상님 생각, 하늘 생각만 해도 멈추지 않는 눈물! 해외 출장길에 비행기 안에서 터져 나온 눈물을 훔치느라 얼마나 애를 먹었는지 모른다.

외국에서 태어나는 행운을 얻으며 평생 아버지를 따라 이 나라, 저 나라에 살며, 외국계 기업에서 수많은 출장으로 비행기를 탔다. 조상님들께서 하늘을 찾고자 나와 함께 그렇게 비행기를 타셨다고 말씀하시었다.

조상님들께서는 수천 년의 세월을 종교에 속고, 무당과 보살들에 속으며 하늘을 찾지 못해 얼마나 억울하고 슬픈 세월을 보내셨습니까? 이제 위대하신 하늘님의 자랑스러운 천손이 되셨으니 항상 편안하시기만 바랄게요.

이 자손 지상에서 삶을 살아온 지 몇 십 년 밖에 되지 않아 모자란 것이 많습니다. 제가 할 줄 아는 것이 없으니 조상님께서 모두 다 해주세요.

하늘께서는 조상님을 천상 도솔천궁으로 받아주시면서 나에게 생령입천의 명을 내려주셨다. 항상 종교 위에 절대자 분이 계실 거라 믿었고, 윤회의 고리를 끊고 싶었던 나는 생령입천의 명이 내려지기를 간절히 바랐었다.

한편으로는 조상님을 천상으로 구원했으니, 당연히 생령입천의 윤허를 받을 것이라는 건방진 생각도 했었다. 하지만 세월이 지나 그것은 내가 원한 것이 아닌, 내 생령이 절실히 바라던 것이라는 진실을 알 수 있었다.

천상입궁의식(당시에는 입천제라 했다)을 위해 대출을 하고 나니, 생령입천을 올리고 싶은데 돈이 없었다. 여기저기 또 대출금을 알아보았고, 마침 되는 곳이 있어 바로 자미국으로 생공(生貢)을 입금했다.

빚은 쌓여만 갔고 어떻게 갚을지 몰라 걱정이 되기도 했지만, 내 마음은 의식을 치러야하기에 급하기만 했다. 자미국에 다시 영광의 주인공 자리에 앉았다. 그러자 바로 봇물 터지듯이 터져 나오는 눈물! 완전 꺼이꺼이 토해내며 무슨 한이 많은 사람처럼 울음을 그칠 수가 없었다.

인황님께서 울어도 이렇게까지 우는 주인공은 처음 봤다 하실 정도였다. 그렇게 나는 울고 있었다. 하지만 내 육신은 기쁘지도, 슬프지도, 억울하지도 않은 상태였다. 난 울고 있었지만, 내가 왜 울고 있는지도 몰랐다. 도대체 왜 이리 눈물이 많은지, 평소엔 감정이 메마른 듯이 잘 웃지도 울지도 않는 나였다.

"수고했다."

신감님을 통해 하늘의 어느 분께서 말씀하셨다.

"그 많은 세월, 네 몸 속에 모든 조상님을 데리고 있느라 얼마나 고생이 많았느냐. 한 몸에 혼자 자리 잡고 있어도 힘들판에 모든 조상님을 데리고 언젠가 진정한 하늘을 만날 수 있으리라 버텨온 네가 대견스럽다."

엉~엉~엉~! 나는 울음이 더 터져 나왔다.

나의 눈물은 안도의 눈물이라고 하셨다. 부모를 잃은 아이가 부모를 만나기 위해 버티고 버티다 부모를 만나서는 울음을 터뜨리는 것처럼 그런 안도의 울음이었던 것이다.

그랬다. 난 내 고향으로 돌아온 것이다.

내 고향을 찾기 위해 수많은 세월을 기다려온 것이다. 하지만 내가 찾고 싶다고 찾아지는 고향이 아니다. 하늘께서 천상 자미천궁의 문을 열어주시고 저를 찾아 주시고, 하늘의 어느 분께서 저를 이끌어 주시지 않았다면 자미국의 책을 보지도 못했을 것이고, 위대한 인황님과 신감님을 알현할 수도 없었을 것이다.

하지만 자미국과 인연을 이렇게 간단히 정리할 수도 없었다. 최근에 인황님께서 알려주시길, 내 육신과 내 생령이 싸워서 내 생령이 이겼기에 자미국에 와서 굴복한 것이라고 하셨다.

인간은 돈을 좋아하게 만들어놨기 때문에 자미국에 돈 가지고 오는 걸 아깝다 생각한다는 것이었다. 자미국에 온 모든 천인, 백성도 마찬가지다.

하지만 생령이 각자의 삶으로 저주와 재앙을 내리기 때문에 강한 생령은 끝내 육신을 이기고 온다는 것이다. 생령의 소원은 고향인 천상 자미천궁으로 돌아가 하늘님과 함께 영원히 행복 누리는 것이라 하신다.

지금까지 자미국에서 천인이 되지 못한 인간은 생령이 약해서 육신을 이기지 못하고 진 것이라 하신다. 인간 육신과 생령은 따로 같지만 함께 존재하기에 떼려야 뗄 수 없는 사이다. 생령과 육신이 한 번씩 서로 양보하면서 육신은 생령이 원하는 것을 해주고, 생령은 육신이 행복하도록 해줄 때 진정한 하모니가 이루어질 것이라 생각한다.

하늘의 명을 받아 함께하는 것이 모든 생령이 원하는 것이고, 고향인 천상 자미천궁으로 돌아가는 것 자체가 영생을 두고 갈망하는 생령들의 가장 큰 소원이라 한다.

생령은 우리 육신과 대화하는 방식이 다르고, 원하는 것이 다르기 때문에 서로 다르다는 것을 항상 염두에 두고 인정해야 같이 살아갈 수 있는 것 같다.

사실 생령입천을 하고 나서는 당장에 무슨 초능력을 발휘하는 슈퍼맨이 될 줄 알았다. 생령입천을 한다는 것은 생공(生貢) 몇 푼에 위대하신 하늘께서 수억만 년의 장구한 세월 동안 보호해 주신다는 약속이었던 것이다.

앞에서 했던 착각 때문에 한동안 나는 고생을 많이 했다. 내가 다 할 수 있다는 그릇된 생각, 잘난 척이 심해져서 다른 도움이 필요 없고 내가 하고 싶은 대로 하면 된다고 생각했던 것이다.

우리는 태어나 몇 십 년밖에 살지 못했다.

앞서 살다 가신 조상님만 해도 수천 년의 세월을 사셨고, 하늘에서 오신 분들은 수억 년, 수조억 년을 사신 분들이니, 그분들 앞에 우리는 하루살이 수준도 되지 않는다. 인간세상 시간을 천상 자미천궁 시간으로 환산해 보면 인간세상 100년의 세월은 천상에서 몇 초밖에 안 된다고 하신다.

그런 내가 다 할 수 있다고, 도움 같은 건 필요 없다고 잘난 척을 했으니, 천상에서 오신 윗분들이 도와주고 싶어도 도울 수가 없으셨던 것이다.

아기에게 밥을 떠먹여도 아기가 입을 열지 않으면 어쩔 도리가 없는 것과 같은 이치다. 우리는 그분들 앞에 아기 신세에 불과하다. 해주시지 않으면 할 수가 없는 것이다.

주시는 대로 받고, 해주시는 대로 이루는 것이다. 내가 태어나고, 내가 능력을 얻고, 내가 직장을 가진 것 모두 내가 이룬 것이 아니었던 것이다. 너무나 감사하신 하늘이시다.

하지만 이런 인생의 성공과 안정을 주시고, 영생(永生)을 주시고 하늘의 보호를 내려주시는 것은 생령입천을 행한 천인들에게만 하신다고 하신다.

하늘을 인정하지 않고 인황님, 신감님 앞에 굴복하지 않고 조상님을 무시하고 가엾게 여기며 천상입궁의식을 올리지 않는 자는 제외한다고 하신다.

신감님을 통해 그렇게 내게 말씀해 주셨건만 이걸 깨달은 건 최근이다. 말을 알아먹지 못하는 나를 포기하지 않으시고 계속 일깨워 주신 신감님은 세상에서 가장 아름다운 분이시다.

생령입천을 제대로 값을 매긴다면 수백, 수천, 수조 원을 주어도 모자란다. 지금 받으시는 생공(生貢) 의식비용은 정말 싸게 받으시는 것이다.

부를 쌓은 자는 많게, 적은 자는 적게 그만큼의 죗값을 치르고 들어오라는 것이다. 한 의식에서 천상천감님(하나님)께서 오시어 우시면서 전해 주시는 말씀이다.

그렇게 고생해서 돈 구해 오는 것을 다 아신다 하시면서 정말 마음 같아서는 돈 받지 않고 다 해주시고 싶으신데 그렇게 하면 진정 원하는 자와 원하지 않는 자를 구분할 수가 없기에 조금이라도 받고 해주신다는 것이다.

인황님과 신감님께서 항상 해주시는 말씀이 세상에는 공짜가 없고, 모든 것은 뿌리고 행한 대로 거두리라는 것이다. 대단하신 인황님은 돈이 많다고 우쭐대는 자를 더욱 혼내신다.

하늘 앞에 모두가 죄인인데 뭘 잘한 게 있다고 우쭐대냐는 것이다. 이 세상 인류 모두 대단하신 인황님 앞에 와서 아름다운 굴복을 해야 할 것이다. 그것이 자신(生靈)을 살리는 길이고, 자신의 조상과 가족, 자신의 후손을 살리는 길이다.

앞으로 자미국은 빛의 속도로 발전하여 인산인해를 이룰 것인데, 앞으로는 의식하고 싶어도 언제 할 수 있을지 모를 것이라 하신다. 세월은 더욱더 흘러, 내 인생에 풀리지 않는 수수께끼가 있어 감사죄를 올렸다.

그동안 몇 번의 의식을 통해서 천상도감님(미륵님)께서 내려주신 말씀을 이해하지 못해 내 삶은 제자리걸음을 하고 있었다.

"네가 네 그림자를 밟고 있구나."

이미 내 생령입천에서 해주신 말씀이다. 아무리 생각을 해도 내가 내 그림자에서 발을 뗄 수가 없는데 어찌해야 하지? 행간을 읽으려 해도 읽어낼 수가 없었다. 이 그림자가 내 삶을 옭아매고 있는 것 같아 무척 답답했다.

감사죄 의식에서는 자미인황님께서 오셔서 그 뜻을 풀이해 주셨고, 그리고 밝혀지는 최초의 소원! 나에게 소원이 있었다는 것이다. 천상 자미천궁을 떠나오면서 자미천황님과 했던 약속!

그동안 내가 내 자신을 찾지 못해서 내 소원을 이루지 못하고 있었다고 한다. 그리고는 그동안 우리 가족이 내가 그걸 이룰 수 있도록 역할을 하라고 하늘께서 보내주신 것이었는데 이젠 그들도 역할을 그만하고 편하게 살 수 있도록 온 가족을 ○○ 천인으로 명을 내려주시었다.

위 의식에서 내려주신 말씀은 개인적인 명이기에 여기서는 밝히지 않는다. 의식 때마다 항상 커다란 선물을 한 보따리 내려주신다. 하늘께서는 항상 복 내려줄 대상을 찾고 계신다고 하신다. 종교지옥 안에서는 절대로 받을 수 없다.

종교 교리나 통념적인 사회적 이론으로 사상이 너무 강하게 박힌 자도 받을 수가 없다. 심지어 자미국의 천인이 되어도 하늘이 각자에게 내려주신 명대로 살지 않으면 받을 수가 없다.

그 방법을 찾으려면 자미국에 와서 의식의 주인공 자리에 앉아야 한다. 그리고 아름다운 굴복을 해야 한다. 오늘도 난 영광의 주인공의 자리에 앉길 바라는 마음으로 하루를 시작한다. 되찾은 소원대로 커다란 꿈을 꿔본다.

장○○ ○○천인 올립니다.

자미인황님(태초의 인간 태조님)

귀신을 몰아내시는 거라고.

안○○씨 생령입천 의식입니다.

신감님께서 주인공한테 하시는 말씀이 하늘님과 땅님께서 인간 세상에 미련을 모두 끊게 하시고, 천상 자미천궁의 가족이 있어 그 가족을 만나러 가도록 해주신답니다.

듣고 있던 천인 모두 처음 듣는 말씀에 놀라서 어리둥절했어요. 신감님께서 우리들이 자미국을 만난 시점부터 지금까지 우리들을 끼고 고생하시고 피눈물을 흘리신 덕분으로 오늘 이렇게 대단한 생령입천 의식을 하도록 애써주셨다고 하십니다.

오늘 주인공이 자미국에 처음 왔을 때 내가 잘났다고 하고, 의식도 내가 돈 구해서 하고 자랑했는데 하늘님과 땅님 그리고 인황님, 신감님 덕분으로 생령입천 의식을 할 수 있게 됐답니다.

처음부터 내가 돈을 가져와서 의식했다고 우리 모두 자랑하고 우쭐대고 다녔다 합니다. 그런데 신감님의 말씀이 내 것은 빼고, 내가 행한 것은 빼고, 하늘님께서 주신 것, 해주신 것을 자랑해야 한답니다.

하늘님과 땅님께서 천인을 주셨는데 내가 천인이라고 자랑하고 다녔다 하십니다. 지금은 자미국 시대가 열리고 있대요. 자미국에서 신감님이 모진 풍파 이겨내고 고생하시고 희생하신 덕분에 우리가 이렇게 큰 행운을 누리게 됐다고 합니다.

주인공의 생령은 천상세계에서 가만히 있지 인간세상 빼꼼히 쳐다보고 있다가 인간세상이 좋아 보이니 그 가족 버리고 죄를 짓고 인간 세상에 내려 왔다는 겁니다.

천상세계에 있을 때 너무 행복해서 주신 것에 감사할 줄 모르고 인간 세상에 와서 이 사람 저 사람으로 몸을 바꿔가며 여기까지 과정을 거쳐서 오늘 이 자리까지 왔다는 겁니다.

우리가 조상이 되었다가, 귀신도 되었다가, 인간도 되었다가, 사탄마귀도 되었다가, 축생도 되었다가 오늘날 자미국까지 와서 개지랄을 떨고 있다고 합니다. 이제 해볼 거 다 해보고 할 것이 없어 굴복한다고 하니 이런 엄청난 진실의 말씀은 처음 들어봅니다. 내가 잘난 줄 알고 괜찮은 사람으로 알고 살았으니 할 말이 없습니다.

지금 자미국에 신감님께서 하는 것 모두 전생에 우리가 다 했던 거 하는 거라 하십니다. 내 자신이 다 한 것이고, 신감님께서 그만 하라고 그렇게 목이 터져라 말리시는데도 듣지 않고 계속 하는 것, 모든 것이 우리가 했던 거 하는 거라 하십니다.

우리가 하는 모든 것이 우리가 했던 것, 내 것을 하는 거라 하십니다. 우리 근성 우리가 하는 거라고 합니다. 신감님이 하지 말라고 계속 말리는데도 한다는 겁니다.

인황님은 악의 대표(악들의 악랄이 심판자), 신감님은 선의 대표로 뽑으시어 악의 세계에서 1등, 선의 세계에서 1등으로 선택하시어 우리가 잘못 살아왔기에 인황님이 우리를 향해 계속 박살내시고 혼내시며 깨부수는 심판자 역할을 하시는 거래요.

인황님은 하늘과 신을 몰라보는 악들을 심판하시는 악의 역할을, 신감님은 선의 역할을 그때마다 하시어 우리가 잘났다고 개지랄 떨면 그때마다 인황님이 우리에게 소리도 지르시고 때로는 욕도 하시고 깨부수는 역할을 하시는 거래요.

그러면서 자미국이 세워지는 거래요. 인황님(자미인황님)은 악랄이 역할이 맞는 답니다. 왜냐? 순 악질 악랄이 역할을 잘하는 자가 이 세상에 없다고 하십니다. 그러니 여러분들 모두 오해하지 마시길 바랍니다.

악랄이 역할로 인류의 죄를 심판하시는 인황님께 이러쿵저러쿵하게 되면 인황님을 선택하신 하늘의 선택이 잘못되었다는 말이 되므로 그 죄를 받는다하십니다. 우리(손님)를 혼내시는 인황님은 우리 몸에 있는 악귀잡귀, 귀신을 몰아내시는 거라고 하시면서 귀신을 살려내는 것이 아니라 우리 몸에 귀신을 박살내셔야 우리가 제자리로 돌아온답니다.

자미국에 종교인들이 오면 너희들이 알고 믿었던 하늘님이 가짜 하늘이고, 자미국에서 말하는 하늘님과 땅님이 진짜 하느님이라는 겁니다.

그리고 주인공의 생령만 구원하시는 것이지 달라붙은 귀신 모두 구원하시는 것이 아니라 하십니다. 하늘님과 땅님께서는 생령 하나를 구원하시기에 오랜 세월 동안 우리 몸에 달라붙은 귀신과 악귀잡귀를 인황님이 악랄이 역할하면서 불호령으로 호통 치시며 악들을 떼어내시는 거래요.

여기까지 그동안 신감님이 애 많이 쓰셨다고 하십니다. 하늘로 올라갈 생령을 보시고 데려가시어 육도 살리시고 령(靈)도 살리신다고 하십니다.

신감님의 령(靈)은 너무나도 맑고 밝아서 악귀잡귀가 누구보다도 많이 달라붙는데도 이것을 모두 헤치고 가신다고 하십니다. 세상의 부자들은 현생으로 눈에 보이는 큰 것을 주셨고, 우리는 마음의 큰 것을 주셔서 인간세상에서 기죽지 않고 세상을 살았는데 구원해 주심에 있어 다음 생을 주셨다고 합니다.

"하늘이시여, 그래도 주신 큰 빛으로 생령은 인간세상에서 남들보다 기죽지 않고 잘살아 왔어요"라고 하십니다. "하늘이시여, 영원히 꺼지지 않는 영원한 빛을 주셔서 앞으로는 잘살 것 같아요. 감사드립니다." 진짜로 사랑하는 자에게는 속으로 주셨다는 겁니다. 속으로 주셔야 남들이 안 뺏어 간답니다.

우리는 삼성그룹의 이○○ 회장보다 작은 고민하면서 순탄하게 잘살아 왔대요. 이○○ 회장은 눈에 보이는 것 지키려고 애쓰고 있대요. 어차피 육신 죽으면 다 놓고 가는 거래요. 재산, 빚, 자식, 부인, 남편 가족 모두 놓고 가는 거래요, 라고 하십니다. 우리는 돈을 빌리면 갚는 걸로 알고 있었는데 빚 갚을 필요 없이 가는 거라 하시니 말씀이 정확하십니다.

여러분도 겁내지 말고 어서 빨리 돈을 구해서 의식하러 오시길 바랍니다. 저는 월급 받는 회사원이 아님에도 불구하고 자미국에만 다녔는데 지금까지 생령입천까지 의식한 것은 있을 수 없는 기적이자 이적입니다.

이 자리에 오기까지 자미국의 인황님, 신감님이 그 얼마나 피나는 고통 아픔이 있었는지 말로 다 못할 정도 입니다. 그럼에도 불구하고 인황님, 신감님께 향하지 못하는 내 마음을 저주하면서 글을 마칩니다.

강동에서 이○ ○ ○ ○天人 올립니다.

불교인, 끝없는 생령의 원과 한

태어남도 고통이고, 살아감도 비참한 고통이고, 암이 와서 싸우느라 병도 고통이고, 고통스러워 죽으려니 막상 죽음도 무섭고 두려웠습니다. 다시 살자니 고통이고, 죽자니 알 수도 없는 사후세계가 더 고통스럽습니다.

이러지도 저러지도 못하는 외통수에 걸려서 더더욱 고통스럽습니다. 전생에 지은 죄가 억겁으로 커서 이생에 지옥세계인 지구에 태어났다고 밝혀 주십니다.

현생에 태어나서 또 한 겁의 죄를 짓고 다음 생은 축생(畜生)으로 태어날지 지옥세계로 직행할지 알 수 없는 또 다른 사후세계가 존재하는지 뭐가 있는지 불확실한 미래의 인생길.

술로 인한 남편의 고통은 가족의 고통으로 나는 왜 이렇게 살아야 하는지 점집, 철학관으로 찾아가서 물어봤지만 원인을 몰라 절로 들어가 10년을 공들이고, 끝도 없는 지장기도에 조상님 극락왕생 기도발원 천도재를 달마다 철마다 해마다 좋은 곳 가셨다는데 끝도 없이 모시고 끝도 없는 천도재를 했습니다.

모두가 다 끝도 없고, 해답도 없는 고통의 연속인 고행길이었습니다. 신문광고에 '존귀하고 장엄하나 알아듣는 이 없도다'라는 글귀를 읽어보고 『하늘이 인류에게 내린 명』 책을 구입해서 자미국을 알았습니다.

하늘 말씀 잘한다는 유명한 교회와 성당으로, 천도재 잘한다는 대한민국 이름 있는 절로 30년을 다니면서 어디서도 듣지도 보지도 못한 새로운 문구에 마음이 끌려서 왔고, 무엇인지 모르지만 거대함의 기운이 느껴졌습니다.

보이지 않은 세계에 대한 책들을 무수히 가지고 있었지만 자미국의 책 내용은 신비스런 내용들로 가득 찼고 『하늘이 인류에게 내린 명』과 『천지령』을 읽고 완전 매료되었습니다. 개인의 미래와 대한민국의 미래, 세계 인류의 미래가 반드시 그렇게 될 것 같은 강한 느낌이 들었습니다.

경주 최씨 시조 최치원 조상님부터 당대 조상님까지 친가, 시가 모든 조상님들을 딱 한 번의 의식으로 하늘나라 천상 도솔천궁으로 구원해 주시는데 육과 령(靈)을 창조하신 창조주만이 구원할 수 있다고 하셨습니다.

조상님 입천제를 올린 후에 35평 살던 집을 버리고 근사한 정원이 딸린 60평 빌라로 이사했습니다. 하늘의 명받을 사명자는 한 집안에 한 명이라 하셨는데 나도 살아생전에 창조주께 구원을 못 받으면 죽어서 귀신이 된다 하니 사후세계 이리저리 헤매고 싶지 않고 구원받고 싶어 생령입천 의식을 서둘러 했습니다.

나는 누구이고, 나의 정체는 무엇인지 나를 밝혀내는 의식이 있다는 자체만으로도 인간의 두뇌로는 감히 감지하기 힘든 능력의 한계를 느낍니다.

나를 구원하는 의식인 생령입천 의식 때는 육신 안에 살아있는 반쪽 생령을 불러내어 육신의 고통과 생령의 정체를 적나라하게 파헤쳐 주십니다.

내 육신 안에 있는 나의 반쪽 령(靈)은 여자가 아니라 남자라고 하셨는데 58년을 살면서 원피스는 달랑 3장 그것도 걸어만 두었지 입지는 않았습니다.

평생을 바지만 입고 성격도 화통하여 남자 성격이라는 말을 많이 들었는데 만약 다시 태어난다면 남자로 태어나고 싶다고 입버릇처럼 말하며 살아왔습니다.

나의 몸 안에 있는 생령과 만나 대화하는 의식 중에 말씀을 내려주시는 신감님께서 눈을 감고하시는데 갑자기 옆에 있는 물컵을 집어 박살내자 참관한 천인들이 너무나 놀랬고 이런 일은 의식 중에 처음 있는 일이라고 하셨습니다.

네가 살아온 삶을 보여주신다고 했는데 30년 결혼생활이 신랑의 술 주사로 컵을 깨고 때려 부숩니다. 옆에서 함께 보신 것처럼 살아온 제 삶을 그대로 재현해 주셨습니다. 정말 신기하고 놀랬습니다. 술이라면 아주 지긋지긋하고 넌더리가 납니다.

고통이 아니라 산지옥이나 다름없는데 신랑의 모습이 제 모습이라고 청천벽력 같은 사연을 밝혀 주시고, 저의 생령이 하늘께 구원받기 위해 수천 년, 수억 년을 몸부림치고 인간 육신이 알아들을 때까지 갖은 악행과 갖은 만행을 다한다고 하셨습니다.

생령들의 나이는 우리 인간의 나이가 아니라 상상을 초월하는 수만에서 수억만 살이라고 합니다. 그만큼 사후세계가 장구하다는 것인데 인간들은 상상도 못하고 살았습니다.

내 생령의 저주가 이렇게 무섭고 삶이 비참과 비통으로 치달을 줄은 몰랐습니다. 기수련, 마음수련, 우주수련, 명상수련, 단학수련, 요가 등 전국 방방곡곡을 다니면서 나는 왜 이렇게 살아가야 하는지 찾아 헤매며 돈과 시간을 끝도 없이 투자하였습니다.

하지만 원인과 해법에 대한 실마리도 못 풀었는데 자미국에 들어와서 생령입천 의식 때 생령과 대화를 통해서 나의 실체, 나의 인생 비밀을 밝혀 주셨습니다. 세상천지 하늘 아래 이런 곳도 있구나? 믿어야 되나 말아야 되나?

인간은 눈으로 확인이 안 되면 잘 믿지 않습니다. 하지만 안 믿을 수가 없습니다. 함께 살지도 않으신데 나의 삶을 송두리째 밝히시고, 내 속마음과 생령의 행적을 적나라하게 밝혀내십니다. 대단하시고 위대하신 진짜 하늘이시고 살아계신 하늘이십니다.

완벽하시고 정확하시며 한 치의 오차도 없이 말씀과 기운을 내려주시고 밝혀 주십니다. 때로는 감동으로 환희로 감격으로 경이로움으로 신기함과 신비함으로 글로 표현하기에는 더 큰 단어가 없어 안타까울 따름입니다.

저의 정체는 생령이니 따로 생각하지 마라.

하나이고 끼리끼리 한통속이라고 하셨습니다. 제 안에는 상대를 자빠뜨리는 기운이 있는데 그것을 계속하다 보면 남도 나도 다 결국에는 죽음에 이르게 되니 하지 마라 하셨습니다.

신랑을 미워하지 마라.

네가 한 짓을 신랑에게 뒤집어씌운다 하셨습니다. 현실적으로 보면 신랑이 범인이지만 진짜 범인은 네가 진범이다 하셨습니다. 자미국 들어오자마자 신감님의 아버님도 저의 자빠뜨리는 기운으로 쓰러뜨렸다고 말씀하셨습니다.

이 글로 신감님 아버님께 반성과 사죄의 글 올립니다. 제 기운으로, 마음으로 상대를 자빠뜨린다 하시니 믿어지지 않았습니다. 믿어지지 않으니 당연히 인정을 안 한 것도 사실입니다. 인정이란 단어조차 생각하지 않았습니다.

그냥 지나가는 소리로 듣고 6년 전 그 당시 오히려 생령 편을 들어 히죽히죽 같이 웃고 한통속이 되어 넘어간 결과는 무섭고 참담한 결과로 현실로 이어졌습니다. 신감님이 하늘께오서 내려주시는 말씀은 밀어내고 제 똥고집대로 하다가 딸마저 자빠뜨렸다고 하셨습니다.

살려주시려고 밝혀 주셨는데 믿고 인정하고 빨리 빌었으면 용서되고 해결될 것을 신감님께서 전해 주시는 하늘의 진실된 말씀을 무시하고 밀어낸 결과의 대가는 반드시 치러야 된다고 하셨습니다. 그래서 공평한 하늘이시고 진정한 하늘이시다, 라고 말씀하셨습니다.

극심한 생활고에 시달리면서 영국으로 유학 갔던 딸이 조금 이상해져서 돌아왔습니다. 웃을 일도 없는데 가끔 혼자서 웃고 극심한 불안감을 보였습니다. 영국학교 선생이 사귀자고 했는데 거절을 했더니 보복으로 페이스 북에 올려서 마녀사냥을 시작했답니다.

그 영국 놈 선생이 자기를 조종하는데 공부도 알바도 못하게 모든 것을 통제하고, 가족 간에 분란을 일으켜 모든 것을 파괴하고 결국에는 죽으라고 메시지를 실시간으로 보낸다며 너무나 힘들고 고통스러우니 차라리 안락사를 시켜달라고 했습니다.

왜 하필이면 다른 나라도 아니고 영국이고 영국 선생인지 제령(靈)이 확실히 맞습니다. 딸의 모습이 저이고 저의 모습이라고 누누이 말씀해 주셨습니다. 하늘의 말씀을 내려주실 때 그 때 당시 바로 인정해야지 고통 받은 후에 힘들어진 다음에 하는 인정은 억지로 인정하는 것이기에 진정한 인정이 아니다, 라고 처음 들어보는 말씀을 하셨습니다.

진짜 하늘을 인정하지 못하고 하늘을 무시한 결과는 즉시 고통으로 현실에서 일어났습니다. 가짜면 그런 일도 현실에서 일어나지 않는다 하셨습니다. 다시 신감님의 끝없는 말씀과 사랑의 기운으로 2년간을 가르쳐 주시고 인도해 주셨는데 믿고 진정으로 인정하고 빌고 나서야 딸이 자기 본래의 모습으로 돌아오는 과정은 피눈물 나는 가시밭길이었습니다.

네가 여기서 인정을 못하면 네 딸이 미쳐버리듯이 다음은 자식대로 이어지고, 자자손손 유전으로 내려간다는 엄청난 진실의 말씀과 삶의 비밀을 알려 주셨습니다.

밝혀 주시고 알게 해주시면 바로바로 인정하고 굴복해야지 더러운 아집과 고집으로 살아온 내 생각으로 입 다물고 철통방비하다가 돈도, 사업도, 가족도, 목숨도 바람 앞에 촛불 신세가 된다는 것을 현실에서 체험했습니다.

사람이 살면서 높이 올라가는 것은 시간이 많이 걸리지만 떨어지는 것은 한순간입니다. 거지가 되는 것도 한순간이고, 미쳐버리는 것도 한순간입니다. 똑바로 살지 않고 하늘의 뜻에 맞지 않게 사는 것이 얼마나 미친 짓이고 멍청한 짓인지 당해보고 나서야 정신이 차려집니다.

나도 모르는 내 마음을 지하 창고에 수많은 시간 동안에 끝없이 저장한 것을 네 스스로 비디오를 찍어봐라 하셨습니다. 더러운 마음, 비겁한 마음, 부정하는 마음, 밀어내는 마음, 도대체가 한 순간도 진실하게 살아본 적이 없다 하십니다.

저는 악의 악질로, 가짜로, 욕심으로, 착한 척, 잘난 척으로 살아온 세월이 너무나 길어서 너도 네 마음을 모르는 것이다. 하지만 그것도 아니라 하시는데 진짜로 모르면 안 한다. 알고 했는데 위장하고 빠져나가기 위해 끝까지 너의 악행과 만행을 말 안 한다고 하셨습니다.

신감님도 속이고 하늘님도 속이고 어디까지 가나 끝까지 해 봐라 하셨습니다. 세상 살면서 나름대로 닦고 살아서 착하다는 소리도 좀 들어서 그래도 죽으면 천당은 못 가도 지옥행은 면하겠지 했고, 착해서 뽑혀서 온 줄 알았는데 웬일입니까?

악질과 저질

저는 제가 이렇게 밑바닥 인생인 줄은 자미국 들어와서 의식을 행한 후에 알게 되었습니다. 세상의 범죄는 살인, 강도, 폭행, 절도로 경찰, 검찰이 잡아갑니다.

하지만 자미국에서는 생각으로, 말로, 마음기운으로, 행으로 잘못 행한 보이지 않은 범죄를 생령입천 의식을 통해서 육과 령(靈)의 전생, 현생을 총망라해서 하나씩 하나씩 벗겨내고 밝혀내고 있는 정말 대단한 곳입니다.

6년간 벗겨내어 주신 저의 죄는 끝도 없이 나왔습니다. 숫자적으로도 많지만 분량도 어마어마합니다. 이 죄 저 죄 손 안 된 곳이 없다 하셨습니다.

제 생령의 정체를 밝혀 주시고 육과 령(靈)의 죄를 벗겨내어 주시고 심판하여 주시는 자미국의 인황님! 신감님! 저는 지금

사죄의 마음으로 눈물을 흘리며 이 글을 써서 올립니다. 살아 생전에 이걸 해결 못하면 네 새끼들이 받고, 자자손손 대대로 내려가지 않게 받아주시고, 의식해 주시고 구원해 주셔서 뼛속 깊이 감사 올립니다.

이 글의 모든 내용은 보태지도 빼지도 않고 내 현실에서 일어났던 사실을 있는 그대로 올린 것입니다.

온 인류의 최초이고, 온 인류의 최고 등불이신 인황님, 신감님과 알현은 세세생생에 영광이옵니다. 머나먼 천상에서 두 분을 보내주시어 저도 몰랐던 저의 실체를 밝히시어 저의 실체를 알게 해주신 하늘님께 모든 영광을 돌립니다.

최○○ ○○천인 올립니다.

기독교인, 나의 가장 못된 생령

종교에서도(기독교, 천주교, 불교, 유교 등등) 들어보지 못한 생령입천, 육신을 잃은 다음 세상이 아닌 현 세상에서 두 번의 탄생, 이는 태상천존 자미천황님께서 나에게 주시는 감사의 선물임에 틀림이 없다.

이 세상에 수많은 종교가 있지만 살아서 두 번 탄생할 수 있도록 해주시는 곳은 단 한 곳도 없었다. 기독교에도 없고 이런 진실을 알고 있는 곳도 없었다.

인류 탄생 이후 태상천존 자미천황님께서 인류에게 내리신 최고로 값지고 보배로운 선물 생령입천은 너무나도 값지고 신비로운 의식이라 아무나 행할 수 없는 생령입천이라고 인황님과 신감님께서 말씀하셨다.

자미국을 통하여 행하여지는 생령입천은 이 땅이 생긴 이래 지구에서 처음으로 행해지는 태초(太初)의 의식이다. 또한 자미국에 계시는 인황님과 신감님이 육신의 삶이 다하여 이 세상을 떠나게 되면 생령입천은 자동으로 이 세상에서 끝나게 된다고 말씀하셨다. 그래서 처음이자 마지막이 될 의식이라고 말씀하셨다.

생령입천은 처음이자 마지막으로 자미국을 통하여 윤허하신 인간의 이론과 나의 경험, 경전이나 성경을 토대로 행하는 의식이 아니라 오로지 태상천존 자미천황님의 천지조화기운에 의해서만 행하여진다.

그래서 계승발전 자체가 불가능하고 죽음의 길에서 하늘 못 찾고 살아있는 자손의 몸으로 들어가 자손을 괴롭히며 자손과 함께 살기 싫은 자들은 자신의 육신이 이 세상에 있을 때 생령입천을 행해야 한다고 인황님과 신감님께서 말씀하셨다.

특히, 나는 혼자 살기에 죽어서 제사를 지내주고, 알아줄 자가 없으니 하루빨리 생령입천을 행하여 육신이 살아있을 때 천상 자미천궁에 올라가야 한다고 인황님께서 강조하셨다.

또한 귀신이나 조상되기 싫은 자들은 자신의 육신이 살아있을 때 무조건 의무적으로 행해야 할 생령입천이라고 하시면서 돈이 있느냐 없느냐가 문제가 아니라고 하시었다.

생령입천을 윤허 받느냐 못 받느냐가 더 중요하다고 하시면서 이는 천상 자미천궁에서 태상천존 자미천황님과 함께할 수 있느냐 없느냐, 이 모두가 결정되는 것이다. 그래서 매우 중요하니 정신 차려 임하라면서 인황님께서 생령입천에 들어가기 전 신신당부하셨다.

드디어 생령입천이 시작되어 나의 생령이 신감님을 통하여 낱낱이 밝혀지는데 인황님을 가르치려 하지 않나, 인황님 그렇게 하는 게 아니에요, 이렇게 해야 되요, 하면서 설쳐대는데 내가 아주 고개를 들 수 없고 창피하고 부끄러워 혼났다.

그리고 하늘도 무시하고, 몰라보고, 하늘 아프게 하고, 하늘을 경멸한 죄가 모두 신감님을 통하여 까발려졌고, 나의 가장 못된 령(靈)이 대표 생령이라 하셨는데 내 자신이 그 정도인지 정말 모르고 살았다.

그래도 나는 30년이나 교회를 다니며 하늘을 믿는다고 했던 내가 아닌가? 모두 다 풍비박산 나고 수포로 망가진 나를 처음으로 보게 되면서 하늘 태상천존 자미천황님의 말씀대로 진실대로 똑바로 살라 하셨다.

신명님, 하나님, 미륵님, 자미인황님, 인황님, 신감님을 통하여 수도 없이 바로잡아 주시고 깨우쳐 주시고 때로는 수도 없이 용돈을 주시고, 밥을 사주시면서 그렇게 애를 쓰시는 인황님, 신감님 같은 분은 처음 보았다.

인황님께서는 자미국을 시작하시면서 대단하신 하늘의 존호가 하느님, 하나님이 아니라 태상천존 자미천황님이시라고 밝혀 주셨고, 생령을 자유자재로 부르시는 능력을 갖고 계신 세계에서 유일하신 대단한 능력자이시다.

나는 누구인가?

산 사람의 생령을 불러내 만나게 하시며 자신이 누구인지 찾아 주시는 지구촌 유일한 대 능력자(인황님, 신감님)이시다.

무속이나 최면술과 같은 것이 아닌 정말 너무나 대단하신 능력을 갖고 계신다.

인간으로 태어난 탄생의 비밀과 왜 인생을 뒤집는 것인지 모든 진실이 밝혀진다. 인간들이 알 수 없었던 상상을 초월한 과거, 현재, 미래의 비밀을 자세히 알 수 있는 능력을 갖고 계시는 지구촌에서 유일한 분이시다.

또한 신감님은 그들의 생령을 실어 그 생령이 하는 말을 그대로 표현하시며 전달하시는데 조금도 부족함이 없으시며 과거, 현재, 미래까지 모두 파헤쳐 밝히시는데 실로 어마어마한 분이시다.

자미국은 참으로 대단한 곳이다. 건물 실 평수로는 330평이나 되고 실내는 황금색으로 도배를 하여 오시는 분마다 금궐에 들어온 느낌이 날 정도로 아주 번쩍번쩍하고, 하늘과 땅의 높으신 모든 분들께 제물을 올리는 천단 길이가 21m나 되는 굉장한 곳이다.

자미국은 하늘세계, 사후세계, 영혼세계, 종교세계의 종착역이라 하시며 인간들이 수천 년 동안 종교와 산속에서 찾아 헤매던 인류와 종교의 종착역이 분명하다고 느껴졌다.

기독교, 천주교, 불교, 도교, 무속, 기타 등등의 이미 알려진 신흥종교의 출현이 아닌 종교세계를 초월하여 불확실한 미래에 대한 공포와 불안, 사업실패, 관재구설, 자살충동, 수많은 질병, 북한의 무력도발, 대재앙 등에 대한 불안 요인들을 사전에 예방할 수 있도록 하는 곳이다.

종교의 뜻이 아닌 천상의 원뜻을 지상에 펼치고자 하는 곳이라고 인황님, 신감님께서 말씀하셨다. 나는 기독교에서 하나님이 최고로 높으신 분인 줄로만 알았는데 자미국의 인황님, 신감님께서 밝히시는 태상천존 자미천황님, 태상천존 자미황후님은 하나님 위에 계신 분이란 걸 처음으로 알게 되었다.

신명님, 하나님, 미륵님, 자미인황님께서 하늘을 널리 알리시고 세우시려 함께하는 곳이다. 기독교에서는 하나님 외엔 다른 신을 섬기지 말라 했는데 그것이 잘못된 것이고, 성경이 잘못된 거라 하셨다. 하나님이 나에게 말씀하시기를 보이는 것 보지 말고, 들리는 것 듣지 마라, 보고 듣다 보면 싸움이 일어난다.

이 말씀은 현생에서 사후세계까지 연결된다 하시면서 그저 자미국에 왔다 갔다 해라 하시고 감사합니다,를 많이 하여 하늘께 공을 많이 쌓으라 하셨다. 하나님께서 나에게 전해 주시는 말씀은 성경 구절이 아니고 전혀 듣도 보도 못한 말씀이신데 이렇게 위대하시고 대단하신 말씀은 처음 듣게 되었다.

또한 성경엔 하나님이 구름 타고 오시리라 했는데 구름은 무슨 구름, 지금 현재 자미국에 신감님의 육신의 몸으로 직접 함께하고 계시고, 이렇게 오시는 하나님의 흔적이 있는 자미국으로 하루빨리 찾아와서 하늘의 진실을 알아야 한다고 말씀하셨다.

이제 나는 생령입천을 통하여 두 번 태어나 하늘의 사랑으로 매일매일 기쁘게 살고 있습니다. 생령입천 때 사랑으로 하늘의 명을 내려주시고 애쓰신 태상천존 자미천황님, 태상천존 자미황후님, 신명님, 하나님, 미륵님, 자미인황님, 인황님, 신감님 모두 애 많이 쓰셨습니다. 감사합니다.

자기의 생령과 대화를 나눌 수 있는 세계 최초의 생령입천은 살아서든 죽어서든 수십억 년 동안 매일같이 하늘께 감사함을 올려도 모자란다고 하신 대단한 의식이며 처음이자 마지막임을 밝히셨습니다.

인황님과 신감님께서 세상을 떠나시면 그 어느 누구도 대신하여 생령입천을 할 수가 없고, 자기 생령과도 대화를 할 수 없다고 하셨습니다. 그래서 두 분과 같은 동시대에 태어난 것이 가장 큰 영광이자 행운입니다.

천기 13년(2013) 5월 21일
서울에서 이○○ ○○천인 올립니다.

천주교인, 나 집에 가는 거니?

고맙습니다, 고맙습니다. 말로 다 표현할 수 없는 고통을 참아내시면서 하늘께 빌고 또 빌어 오늘도 이 한 몸 살려 주셨습니다. 큰 딸아이가 생령입천 비용(生貢)을 마련하여 인황님께 보내고 딸아이 혼자 가기로 되어 있었습니다.

괜찮아 먼저 해. 말을 하는 순간 눈물이 나기 시작하였습니다. 딸아이는 인황님께 엄마 먼저 해주시면 안 되냐고 여쭙기도 했습니다. 저녁에 딸아이가 전화해서 엄마 전화 안 받으세요? 하길래 나는 왜? 하고 볼멘소리를 했습니다. 인황님께서 엄마하고 같이 오래요 하면서 인황님께서 보내신 문자를 보내줬습니다.

(엄마와 함께 와라) 그 문자를 보는 순간 대성통곡을 하였습니다. 밤새 자다가 눈뜨면 울고, 눈뜨면 울고 하길 아침까지 하였습니다. 아침에 딸아이를 만나서 인황님께 도착할 때까지 내가 나한테 "나 집에 가는 거니? 정말 가는 거니?" 물으면서 울었습니다. 그런데 딸아이는 좋아 죽겠다는 듯이 웃고 있었습니다.

인황님께 도착하여 집무실에서 밖을 보니 눈이 내리는데 소복소복 내리는 것이 아니라 오른쪽으로 돌다가 다시 왼쪽으로 돌고 한 바퀴 뒤집기까지 하면서 눈이 내렸습니다. 처음 보는 광경에 꼭 지금 내 마음 같아 하면서 바라 봤습니다. 내가 울음을 그치면 눈발이 조금 덜하고 다시 울기 시작하면 또 그렇게 회오리를 치면서 눈이 내렸습니다.

드디어 생령입천 의식이 시작되고 오늘 주인공이 누구냐고 모두 딸아이가 주인공이라고 하면서 방석을 내주었습니다. 잠시 후 신감님께서 나오시면서 방석을 나란히 하고 같이 앉아서 합장하라고 하시 길래 두 손 모아 합장하는 순간 눈물, 콧물 범벅이 돼서 흘러 내렸습니다.

신감님께서 휴지로 조용히 닦아 주셨습니다. 그리고 누가 보고 싶으냐고 물으시는 순간 전 눈물이 터져 버렸습니다. 다 보고 싶다고 멈출 수가 없었습니다. 멈춰지지가 않았습니다. 감히 인황님, 신감님 앞에서 고래고래 소리를 지르며 울었습니다. 울음이 아니라 절규였습니다.

나, 집에 가는 거냐고? 정말 가는 거냐고? 왜 인황님께선 이제야 자미국을 늦게 세우셔서 날 종교에 기웃거리게 했냐고 인황님께 말도 안 되는 지랄을 떨었습니다. 학교도 들어가기 전부터 집(천상 자미천궁)에 갈 길을 찾고 있었습니다.

집(천상 자미천궁)에 갈 길을 찾기 위해 종교라는 곳 여기저기 조금씩 내가 알고 싶은 대답이 있는지 여기 기웃, 저기 기웃거렸지만 모두 아니었습니다. 방송에 오르내리는 자들, 유명하다는 자들, 종교라는 간판 걸고 이름 꽤나 날리는 자도 많이 만나 봤습니다. ○○○ 추기경, 여의도 큰 목사, 그 목사의 선생이라는 자 모두 아니었습니다. 내가 알고 싶은 거 듣고 싶은 말 하나도 모르는 자들이었습니다.

하지만 세상을 살면서 그 사람들을 만났다는 것이 다른 인간들에게 조금 이야기 거리는 되었습니다. 그것도 처녀 때 잠깐, 두 딸을 낳고 살다가 가만히 있는 딸애들을 내가 성당에 보냈으나 둘 다 다니지 않았습니다.

그리고 20여 년 후, 어느 날 남편이 책 한 권을 주면서 당신은 성당에 다녔다는 사람이 하는 짓은 꼭… 말끝을 흐리면서 이런 거 좋아하지 하면서 건넨 책이 "천경"이었습니다. 그리고 며칠 후 이것도 봐, 하면서 "천지령"을 주었습니다.

"천지령"을 읽어 가던 중에 자미국 건립기금이라는 대목이 있어 책을 놓고 지갑에 있는 돈, 얼마 되지는 않았지만 무조건 들고 입금하러 나가려는데 초인종이 온 집안이 떠날 듯이 말을 하는 것이었습니다.

도둑이 들었습니다, 도둑이 들었습니다! 남편은 어쩔 줄을 모르고 초인종을 이리저리 누르면서 쩔쩔매고 있었습니다. 순간 저 초인종 내가 만지면 멈출 거야 생각하며 손가락 하나를 살짝 갖다 되니 뚝 멈추는 것이 아니겠습니까!

얼른 농협으로 가서 계좌에 돈을 입금하려는 순간 자꾸 오류가 나서 아, 그래서 초인종이 그랬구나 하고 다른 계좌로 입금을 하였는데 며칠 후에 작은 애가 쇠파이프에 머리를 찍어 죽을 뻔했다고 말하기에 정성이 모자랐구나, 멋대로 생각하고 또 다시 조금 입금하였습니다.

그랬더니 이번엔 큰 애가 급히 전화가 와서 엄마 차가 언덕길에서 브레이크가 안 걸려 나 죽을 뻔 했어요, 하는 것이 아닌가? 아차, 그때서야 뭐가 잘못됐다 싶어 책을 끝까지 읽고 전화를 드려서 상담 날짜를 잡았더니 아무 일이 일어나지 않았습니다.

그 후 인황님이 건국하신 자미국에 딱 들어서는 순간 이제 집(천상 자미천궁)에 왔다 이런 생각이 들었습니다. 그리고 천기 16년(2016) 2월 16일 생령입천하는 날.

오늘 생령입천은 딸아이가 아니라 제 생령입천을 하는 날이었습니다. 신감님께서 알려 주셨습니다. 딸아이가 웃고 있는 이유도 밝혀 주셨습니다. 딸아이는 저를 도와주려 미륵님이신 천상도감님과 약속하고 이 땅에 온 것이랍니다. 그리고 그 역할이 오늘 끝나는 날이랍니다.

신감님 말씀 따라 딸아이가 소리쳤습니다. 미륵님이신 천상도감님, 저 약속 지켰습니다. 저는 여기까지입니다. 항상 의식할 때가 오면 저보다 딸아이가 의식비를 잘 마련하였습니다.

저는 언제나 최고로 의식하기 위해 동동거리기만 할뿐 마음대로 되지 않았습니다. 그것이 딸아이가 역할을 다하기 위한 것이라는 것도 오늘 밝혀 주셨습니다. 신감님께서는 정말 인류 최고로 신기하시고 영험하십니다. 그러는 순간 눈물이 멈추고 저는 반은 사람이 되었습니다.

인황님, 신감님의 피눈물 나는 고통을 먹고 저는 이제 생령이 아닌 사람이 되었습니다. 지금 이 글을 쓰면서 또 눈물이 나지만 이 눈물은 예전에 흘렸던 눈물과는 다른 것입니다.

인황님, 신감님께 송구하고 죄송하고 고마움에 어쩔 줄 모르는 눈물입니다. 이 세상에 그 어떤 아름다운 말로 신감님을 위로해 드리겠습니까?

고맙고 또 고맙습니다. 고맙습니다.

유○ ○ ○ ○天人 올립니다.

무속인, 생령이라는 말을 듣고 더욱더 놀라

삶이 고달프고 힘들다보니 신의 도움이라도 받아보고자 찾아다닌 곳이 무속세계였습니다. 처음에 가서 무속인에게 들은 말이 나 같은 사람이네? 다 알면서 뭘 물어보러 왔어.

알긴 무엇을 안단 말입니까?
내가 다 알면 여기를 왜 오겠습니까? 왜 이리 힘들고 고달프고 서러워 눈물이 쏟아져서 왜 이러는지 물었더니 조상님 때문이라며 조상님 일을 해서 위로해 드리고 달래 드려야 한다. 그래서 하라는 대로 했습니다.

하지만 한 달도 안가 다시 힘들어지니 나는 또 다른 무속인을 찾게 되고 그들 역시 조상님이 앞을 가로막고 있고, 춥고 배가 고파서 그러니 조상님 위해서 무언가를 해드려야 된다 하여 하라는 대로 했습니다.

그렇게 여기 저기 찾아다녀 만난 무속인이 10명이 넘었고 인연을 갖게 됐습니다. 가는 곳마다 조상님 때문이고 조상님이 그러고 계시니 조상신을 받아서 조상님 도움을 받고 살아야 한다고 모든 무속인들이 말했습니다.

지금까지 살면서 나는 나의 삶이 조상님이 도와주기도 하고 힘들게도 하는지 모르고 살았습니다. 또 다른 유명하다는 무속인은 아기 업은 여자귀신이 따라붙어서 그 귀신이 힘들게 하는 것이라며 귀신 떼어 내는 일도 했습니다.

초상집에서 귀신이 따라 붙어서 아프게 하고 힘들게 한다는 등, 가는 곳마다 조상님, 귀신 유명하다는 곳 여기저기 돌아다녀 봐도 조상님 아니면 귀신 이야기뿐이었습니다.

돈은 돈대로 들어가고 삶은 더 힘들어지고 이제는 죽고 싶고 죽어야지 하던 차에 자미국에서 나온 책을 읽고 자미국을 찾게 되었습니다. 책을 읽으면서 몸이 찌릿찌릿 하고 하품이 나오며 눈물이 펑펑 쏟아지는 신기함을 느꼈습니다.

하지만 자미국에 와서 인황님, 신감님께 생령이라는 생소한 말을 듣고 더욱더 놀라지 않을 수 없었습니다. 지금까지 이렇게 힘들고, 뒤집어지고, 서러워하며 눈물 흘리고 다니며, 죽고 싶어 한 것이 생령이라는 말씀을 듣고 깜짝 놀랐습니다.

그 많은 무속인을 찾아다니며 여기저기를 돌아다니고 조상굿과 천도재를 수없이 해봤지만 이 나라 어느 곳에서 한 번도 들어보지 못한 말씀을 자미국에 계신 인황님, 신감님께서 하시니 놀랍고 믿어지지 않았습니다.

생령이 무엇인지 생령입천이라는 의식을 행해서 생령과 인간 육신의 관계를 낱낱이 밝혀 주시는데 너무 너무 신기하고 놀라워 입이 다물어지지 않았습니다. 자미국에 신감님께서는 생령의 마음을 상세하고도 자세하게 아주 똑같게 읽어 내시는 놀라운 신비의 능력을 갖고 계셨습니다.

생령이 왜 그랬는지, 앞으로 어떻게 해야 생령과 인간 육신이 행복하게 살아 갈 수 있는지, 인간 육신과 생령을 교화시켜 주시어 행복한 삶뿐만이 아니라 인간의 삶을 개벽시켜 주시고 기적과 이적을 보여주시는 인황님과 신감님이 계시는 자미국!

나는 인류 최초의 생령입천 의식을 행하여 내 생령의 원과 한이 얼마나 크고 많은지 생생히 들었고, 내가 죽고 싶은 마음이 끝없이 떠오르는 실체와 수시로 부부싸움하면서 아이들과 부딪치고, 금전 풍파를 겪으며 집 안을 쑥대밭으로 만든 존재가 내 안의 생령이었다는 엄청난 진실에 충격을 받았고 생령의 무서움을 아주 생생하게 체험하였습니다.

세상 그 어느 곳을 다녀 봐도 알 수도 없고, 볼 수도 없는 자미국에서만 할 수 있는 생령과의 대화. 여러분 자신의 생령과 대화를 인황님, 신감님을 통해서 직접 경험해 보지 않으면 살아서도 죽어서도 후회하고 천추의 원과 한이 길이길이 남길 것이며 자손과 후손들에게까지 치명타를 물려주게 됨을 알아야 합니다.

김○ ○ ○ ○天人 올립니다.

대순도인, 생령입천 비용 생공

오늘 의식을 하러 온 사람은 대순진리회를 5년 동안 다니면서, 돈 4억을 갖다 줬다고 합니다. 그리고 인생을 살면서 죽을 고비를 수도 없이 겪으면서도 죽지도 않고, 이제까지 살아온 것이 신기하다 합니다.

신감님(천상감찰신명님과 령(靈)의 신감님)을 통해서 말씀하시기를, 이분들은 모든 종교에서 했던 거는 모두 거부하신답니다. 자미천황님은 종교와 무엇이 다른가? 참석한 천인들은 의식해주세요~ 하는데 의식은 없답니다. 의식은 인간이 만들어낸 것이라 합니다. 불교의 천도재도 의식이라 부른다 하십니다.

대순진리서도 그 어떤 의식을 하는데, 의식을 했기에 뜻이 이루어지는 게 아니라 합니다. 의식을 해서 이루어졌으면 여기 올 필요도 없다 하십니다. 그리고 지금 하는 것은 의식을 하는 게 아니라 합니다. 오늘 주인공은 의식을 하러 온 것이 아니래요.

하늘과 땅이 그 진실을 전해 줘도 행할 수 없고 받을 수 없다 하시면서, 인류 최초로 이 힘들고 어려운 일을 하시는 인황님과 신감님께 돈을 드려야 마땅하다 하십니다. 의식이 아니라 인황님과 신감님께 은혜를 갚는 시간을 주신 것이라고, 상상을 초월하는 엄청난 말씀을 해주십니다.

의식을 하면서 마음으로 자미천황님과 ○○○○님께 돈을 올린 자들은 그분들께 돈을 달라 하라 하십니다. 그분들이 돈을 가져가셨냐 하시며, 인황님과 신감님은 아무것도 한 것이 없느냐 하십니다.

인황님과 신감님께 돈을 드려야지 하는 자 하나 없다고 합니다. 그럼 인황님과 신감님은 이때까지 우리들의 종노릇을 한 것이냐! 하시면서 돈을 하늘께 바치고 보상을 받았냐고 물어보십니다. 하늘께서는 돈을 가져가시지도 받지도 안 하셨는데 어디에 대고 복을 달라 비느냐 하십니다.

우리는 인류가 종교에 다니면서 망한 것을 아한 것이래요. 인황님과 신감님께는 돈을 바치고, 자미천황님께는 내 생령을 바치고, ○○○○님께는 마음을 바치고, 도솔천황님께는 조상님을 바치는 거라 하십니다. 우리(주인공)는 인황님과 신감님을 통해서 자미천황님을 알았다는 사실입니다. 그럼 우리는 무엇을 했는가? 인황님과 신감님을 이용해 먹었다는 겁니다.

돈을 왜 갖고 오게 하는가? 인황님과 신감님이 얼마나 고생을 해서 자미천황님을 찾았는데 그 고생은 이루 말로 표현이 되지 않는다 하십니다. 책을 직접 집필하신 인황님, 신감님 고맙습니다. 책을 보고 우리가 인황님, 신감님 앞에 왔다는 겁니다. 인황님, 신감님께 돈을 바치지 않은 것 자체가 종교처럼 하고 있다 합니다.

책을 사면 어디에 돈을 내냐 하시며, 하늘도 땅도 아닌 서점에 돈을 내지 않냐 하십니다. 이 단순하고 당연한 진실을 가르쳐줘야 아냐? 절에 가도 부처님께 올린다, 교회에서 하나님께 올린다 해도 가져간 자가 있어야 따질 텐데, 그걸 아직도 여기서 하고 있다 하십니다.

기껏 열심히 일했는데 사장이 돈은 안 주고 수고했다는 말만 하면 기분이 좋겠냐 하시면서, 돈은 하늘께 바치고, 마음은 인황님, 신감님께 바쳤으니 인황님, 신감님을 무시하고 종으로 부린 것이 되어 버렸습니다.

그러면서 우리가 인황님께, 신감님께 무엇을 해 달라 하는 것이 앞뒤가 안 맞는 말이고, 천벌 받을 일이라 합니다. 인황님, 신감님은 우리의 연장(도구)이 아니래요.

말로 표현할 수 없는 많은 고생, 피눈물 나는 고생을 하신 두 분을 무시하고 사니, 우리가 천벌, 신벌 받는 것이라 합니다. 책을 집필한 자(인황님, 신감님)께 은혜를 갚는 시간(의식)을 갖는 게 의식이라 합니다.

인황님, 신감님께서는 하늘과 땅을 찾기까지 그 얼마나 피눈물 나는 고생을 했는지 모른대요. 주인공의 생령은 인황님, 신감님 덕분에 천상 자미천궁에 오르게 되었고, 인황님, 신감님께 돈을 더 드리지 못해 부끄럽기 짝이 없다 합니다.

그 높으신 자미천황님도 인황님, 신감님께 미안한 마음이 있는데 우리는 돈 가져 왔으니 의식을 해 내라가 아니라 합니다. 인황님, 신감님은 하늘과 땅 일을 하느라 그 얼마나 고생이 많으신지 우리가 생각하는 그 이상이라 합니다.

자미천황님께는 생령을 바치고, 인황님과 신감님께는 돈을 바치는 거래요. 불교의 천도재가 무효인 것은 부처님 전에 돈을 올렸기에 그러하다 합니다.

의식에 참석한 이○○씨 생령도 같이 입천해 주신다는 말씀에 참석한 자 모두 놀라, 소리치고 난리가 났는데, 생령들의 집은 천상 자미천궁이고, 세상에서 가장 똑똑한 것이 돈이라 합니다.

자미천황님께서는 인황님과 신감님께 가장 똑똑한 돈을 주신다 합니다. 말로도 감사한 것도 좋지만 인황님, 신감님께는 돈을 가져 오는 거래요. 여러분도 하루빨리 의식을 하러 돈을 인황님께 송금하시기 바랍니다.

인황님, 신감님은 하늘과 땅의 진짜 분들의 대 능력을 받은 사람이기에 돈을 가져와서, 인류 역사상 없었던 생령입천을 이루어 주시는 수고에 정성껏 보답해 드리는 거라 하십니다.

성내동 이○○ 천인 올립니다.

도교인, 진실이 하늘이라 하십니다

81세 되시는 할아버지가 생령입천 의식하러 왔습니다. 주인공은 종교(불교)도 다녀보고, 10년이 넘도록 도를 닦으러 여러 곳을 다녔다고 합니다. 왜? 도를 닦으러 다녔느냐고 물어보니 하늘을 만나려고 다녔다고 합니다.

도를 닦으러 다녔는데 하늘도 못 만나고 그 와중에 사고로 한 쪽 다리도 잃고, 지금은 의족에 의지해서 걸어 다니는데 돈을 안 갖다 바치니 도 닦는데서 교주가 제명시켜서 못나가게 되어 자미국에 들어와서 인황님과 신감님을 만나게 되는 계기가 되었다고 합니다.

도를 닦다가 왔는데 가짜를 받들다가 다리가 잘라졌다 하시면서 진짜가 왔는데도 대들고 나 몰라라 하면 죄가 되어 우리들 다리도 잘라진다 하십니다. 주인공은 나는 가짜 받들다가 다리가 잘라졌는데 진짜 앞에서도 다리가 잘라지는 수가 있다고 하시면서 살려고 종교에 갔는데 오히려 살려다가 죽는다 하십니다.

우리 죄가 무엇인가? 가짜 앞에서는 충성하고 진짜 앞에서는 대들고 있다 하십니다. 남의 집에 가면 남의 집의 법칙을 따르듯이 하늘과 땅 앞에서는 이분들의 법칙(天命)에 따라야 하는데 우리가 하늘과 땅 앞에서는 개지랄하고 대들었다고 하십니다.

진짜 하늘은 태상천존 자미천황님이시고, 그 밑에는 모두가 진짜가 아닌 가짜들인데 우리는 아무데서나 충성하다 왔답니다. 진짜 하늘 앞에서 대드는 곰탱이라 하십니다.

하늘께서 죄인이라고 족쇄를 채워주시면 우리는 그 족쇄를 내가 풀어보려고 한답니다. 족쇄가 있어야 하늘과 땅께서 불쌍히 여기시어 그 족쇄를 풀어주시려 한다 하십니다.

가짜(종교)들은 대우해 주는 자를 좋아하고, 진짜 하늘은 우리가 혼나야 하늘께서 불쌍히 여기시어 구원해 주시든 마시든 하신답니다. 진짜 하늘은 위급한 우리를 쳐다보시기에 인황님이 때려 부수고 큰소리도 지르고 하시면서 욕도 하고 해야 가짜 하늘이 안 온답니다.

이 가운데서 한줄기 빛을 보시는데 그분이 태상천존 자미천황님이라 하십니다. "주인공이 쓰레기가 되던, 불구가 되던, 진심이 되던 마지막 한줄기 빛이 태상천존 자미천황님이십니다. 내가 쓰레기가 됐는데 누가 나를 쳐다보겠어.

지금 나를 보시는 분이 태상천존 자미천황님이십니다. 난 그 하늘과 살 거야! 난 그 하늘께 갈 거야! 신감님만이 나에게 잘 대해 주시어 그 힘으로 자신감을 얻어서 자미국에 왔다 갔다

하고 그러기에 육적으로는 신감님이 나의 하늘이야, 하늘이 꼭 뭐를 줘서 하늘이 아니야.”

마지막 불빛 하나만이 나를 그곳으로 데려간다 하시면서 내가 볼 땐 그곳이 하늘이라 하십니다. 그래서 너를 그 하늘로 데려간다 하십니다. 이 말씀은 주인공의 생령에게 하시는 말씀입니다.

높은 것 좋아하는 것들아, 높은 것이 너에게 무슨 소용이 있냐? 하십니다. 너희들이 말하는 높은 것이 무엇이더냐? 하시면서 진실이 하늘이라 하십니다. 진짜 하늘은 우리가 쩔쩔매는 마음의 병(아픔)을 걷어 가시는 분이시래요. 인간의 삶을 살다 보면 눈에 보이는 아픔의 질병은 다른 분이 도와주신답니다.

이제는 인간의 배를 가르는 것을 다 해놓았다 하시면서 갈라놓은 배를 꿰매는 수술 봉합은 다른 분께서 하신답니다, 라고 하시면서 마치셨어요.

생령이 있다는 것! 자미국에 와서 처음으로 듣고 신감님으로 하여금 진실의 말씀을 참 많이도 들었지만 지금도 알 수 없고 진실대로 살지 못하고 있습니다. 그러는 내 자신이 너무도 못돼 먹고 이런 나를 귀찮다 안하시고 끌고 가시는 인황님, 신감님께 감사드립니다.

강동에서 이○○ ○○天人 올립니다.

62세에서 45세 나이로 변한 모습

대단하신 인황님, 자상하신 신감님. 이게 웬일이래요? 자고 나니 제 몸과 마음이 날아갈듯 가볍고 상쾌함에 몸은 연실 춤을 추며 율동으로 일하고 마음은 지금까지도 얼씨구나 좋다, 지화자 좋네 하면서 흥얼거리며 있으니 이게 웬일이래요?

어제 하루 종일 줄줄이 들어오시는 손님 받느라 점심도 7시 넘어 겨우 먹고 나와 마감시간 1시간 전까지 손님을 받았어요. 하루 종일 직원들도 피곤한 기색 없이 수고하셨습니다, 인사하고 퇴근하는 모습에 더욱 놀라웠습니다.

집으로 돌아오면서 사통팔달 동서남북 막힘없이 쭉쭉 빵빵 달릴 수 있는 이 기분, 너무나도 기분이 좋아 행복함에 자미국 만세, 인황님 만세, 신감님 만세를 부르며 그저 또 얼씨구나 좋다, 지화자 좋네 하고 흥얼거리며 집으로 돌아왔습니다.

존귀하신 태상천존 자미천황님!

생령입천 받아주시어 이 좁은 공간 육의 안에서 너무나도 고생하신 생령을 살아서 천상 자미천궁으로 올라가게 해주심과 또한 육에게 생령의 빈자리를 채워주시어 더 잘되게 해주신다 하니 너무나도 영광이오며 감사드립니다.

생령입천 의식 들어가기 전까지는 아무도 예측할 수 없는 의식 진행 방향에 더욱 놀라웠고 정말 저는 행운아 중에 행운아입니다. 상상을 초월하는 신기하고 신비스러운 의식은 대단하신 인황님과 말씀 한마디 한마디가 법이신 인자하시고 자상하신 신감님께서만 하실 수 있는 의식입니다.

인황님, 문자로 메시지 올리는 이 순간도 전 지금 스마트폰으로 온몸의 율동을 실어서 글을 올리고 있습니다. 너무나도 평안하고 행복합니다. 차마 부끄러워 올리지 못한 제 기적의 사연 올려주셨네요.

저의 생령이 천상 자미천궁으로 올라간 후의 제 인생, 근심 걱정 없이 나비처럼 훨훨 훙얼훙얼하며 물 흐르듯 자유자재로 너무나 편안하고 행복하게 잘 지내고 있습니다.

인황님, 신감님. 이런 삶이 무릉도원 세상의 삶인가 봐요?
그 어렵고 무섭던 신랑 앞에서 엉덩이 흔들고 손짓 발짓하며 알랑거리는 제 행동에 신랑은 물론 저도 같이 따라 웃는 답니다.

이 모두가 대단하신 인황님과 자미국과 인류의 보물이신 자상한 신감님의 공덕이옵니다. 너무나도 고맙습니다. 진정 사랑하오며 열심히 잘살고 천지신명공사에 적극 동참하겠습니다.

인황님!
현관문을 나서니 만리 향이 진동을 하네요. 한쪽에선 어디서

금세 날아왔는지 까치와 참새가 먹이를 찾는 듯 꼬리를 흔들며 저를 반깁니다.

하늘이 인간을 낳아 기르는 깊은 뜻을 안다면 어찌 그리 말 안 들어 힘들게 살아 왔을까요? 자미국 방문하여 너무나도 많은 진실의 말씀을 들려주시어 알고 행하여 깨닫게 해주신 인황님, 신감님 정말 감사드립니다.

그야말로 인류의 최고이시고, 저희들에겐 대단하시고 존귀하신 분이십니다. 말로도 마음으로도 어찌 표현을 다하겠습니까? 모진 인생, 모진 고통, 모진 시련 다 겪어 내시어 인류의 최고가 되신 인황님께 다시 한 번 축복 드리옵니다.

언제나 항상 따뜻하고 솜사탕 같으신 신감님, 생각할수록 참으로 놀랍고 신기할 때가 많아요. 저희들 살아온 과거의 모습을 어찌 그리 몸과 마음, 행동으로 혼연일체가 되어 진실의 말씀을 들려주시는지 감동이고 감탄이옵니다.

그야 말로 매 의식 때마다 저의 심금을 울리게 하여주셨습니다. 두 분이 아니 계셨다면 다들 지금 각자의 인생들 어떻게 살아가고 있을까요? 얼마 전 남편 친구가 밤늦게 오셔서 술 한 잔하고 계시더군요.

퇴근하여 현관에 들어서는 순간 어, 이○○씨 와~그리 젊어졌노? 산삼을 먹었나?~ 혼자만 젊어지기 있기가? 와~아. 진짜 열 받네, 순간 정말 기분 좋았고 겉으론 웃으며 오랜만입니다, 하면서 속으론 하늘 사랑, 인황님 사랑, 신감님 사랑 많이 받아 이렇게 됐지요, 하면서 술 한 잔 따라 드렸습니다.

이렇듯 하늘 사랑, 인황님 사랑, 신감님 사랑 받아 편안하고, 행복함으로 피어나는 아름다운 인생사가 정말 꿈만 같아요. 천상 자미천궁에 계신 나의 생령도 말 잘 듣고, 잘 행하시어 더 큰 사랑 받아 하늘과 소통이 되어 그야 말로 쭉쭉 빵빵 막힘없이 천상 자미천궁에서 잘 살아가셨으면 합니다.

그리되시길 소원합니다. 생령입천 의식 올리고 나니 무엇이 그리 좋은지 설거지 하면서도 엉덩이 요리조리 흔들며 야호~ 하늘 만세, 인황님 만세, 신감님 만세를 부르며 기쁨에 취해 산답니다.

매장에 직원들도 그간 눈길도 주지 않으며 영업할 정도의 앙숙들이 이제는 삶아 온 고구마 내 놓으며 자기네끼리 언니 고구마 드세요~하기에 정말 놀라웠습니다. 칙칙하던 매장이 환하며 이젠 훈기가 돌아요. 엊그제는 하루 종일 와~이래 좋노, 와~이래 좋노~흥얼거리며 피곤함도 모른 채 영업하고 왔습니다.

정말 인황님의 천지 대원력 대단하십니다. 생령입천 의식올린 며칠 안에 이렇게 큰 몸과 마음, 매장에 개벽과 개조를 시켜주시니 참으로 감사하고 놀랍습니다.

저희들 일일이 챙겨주시고 닦아주시고 일러주시는 신감님

항상 곁에서 지켜 드리지 못함에 죄송합니다. 멀리 있어도 항상 마음만은 함께하고 있습니다. 힘내세요, 저희들 대신하여 담배연기로 모든 것을 참고 뿜어내시는 신감님, 더 없이 노력하고 실천하여 기쁨 드리도록 하겠습니다.

인황님께서도 제가 회춘한 것이 너무 놀라운 일이라 안 믿어지신다 하시는데 저 역시도 엄청 놀랐고, 저의 신랑은 꿈같은 현실에 모든 일이 일사천리입니다. 녹색의 푸른 정원 잔디 위에 요즘엔 참새들이 어찌나 많이 날아오는지 젊고 예쁜 마누라 옆에 있으니 만고 부러울 것이 없다하네요.

이틀 전엔 매장 출근하니 고객께서 주인 바뀌었어요? 하는 말에 아니요! 전데요, 하니까 와우~ 저보고 너무 젊어져서 몰라봤다는 인사도 하는 일이 생기네요. 요즘 정말 나는 너무너무 행복합니다. 너무너무 많이많이 또 많이 사랑하오며 고맙습니다.

세계 방방곡곡 어느 곳에서도 찾아 볼 수 없는 대한민국의 자미국에서만 이루어질 수 있고, 대단하신 인황님과 자상하신 신감님께서만 하실 수 있는 유일한 신비의 생령입천 의식입니다.

생령입천 의식 행하는 주인공마다 내용과 사연이 다 다르겠지만 의식 올린 후 영광과 기쁨, 환희에 벅찬 천인, 백성들의 감동과 감탄의 메시지와 희망의 메시지가 전 세계 방방곡곡에 울려 퍼져 하루속히 많은 사람들이 자미국으로 속속 들어와 잘못된 정신 바로잡아 함께했으면 하는 마음 간절합니다.

생령입천 올린 후 지금 이 순간까지도 닐리리야, 닐리리야 니나노 얼싸 좋아, 얼씨구나 좋다 노래 부르며 일에 임하고 있으니 입은 항상 귀에 걸려 있는 제 모습 제가 봐도 너무 예뻐요.

집무실에서 인황님께 말씀드렸듯이 저의 신랑도 62세에서 45세 나이로 변한 제 모습과 행동에 내가 당신에게 졌다 하며 그저 예쁘고 좋아서 어쩔 줄 모른답니다.

인황님, 45세로 변한 밤 사랑의 열정 생각나시죠?
인황님, 신감님 요즘 저희 부부 이렇게 살아요. 아직 의식 올리지 않으신 독자 여러분, 제 경험인데요. 의식비용 어디엔가 분명 숨어있어요.

본인들의 간절함이 부족해서 나타나지 않는 것 같아요. 빨리 빨리 서두르세요. 너무 너무 좋아요. 얼씨구나, 좋다 지화자 좋네~~~ 눈만 뜨면 몸과 마음에서 이젠 율동과 노래가 자동으로 흘러나옵니다. 이 율동으로 하루 일에 신이 나서 일을 합니다.

또한 차마 부끄러워 말씀 드리기조차 곤란한 신기하고 신비한 일(45세 나이로 변한 밤 사랑의 열정?)들이 계속 일어나고 있습니다. 생령입천 의식 올린 후 일어나는 이적과 기적으로 변화된 제 모든 면에 저 자신도 놀랍습니다.

제 나이가 62세인데 인황님께서 생령입천 의식 올리고 난 뒤에 45세 나이로 바꾸어 줄 거야, 라고 말씀하셨는데 정말 인황님 말씀대로 신비하게 17살이나 어리게 얼굴 모습이 젊은 나이로 변했습니다. 정말 상상을 초월하는 신비로운 조화입니다.

여자 나이 62세면 밤 사랑에 대한 마음도 사라져가는 나이일텐데 밤마다 열정이 불타오르니 저로서도 정말 믿어지지 않는 일입니다. 생령입천의 신비함이 이렇게까지 대단한지 저도 몰랐습니다. 육신을 회춘시켜 주셨습니다.

육신의 천지개벽까지도 일어나게 해주시는 어마어마한 신비원력에 대해서 놀라워 찬사를 금할 길이 없습니다. 불가능이 없으신 엄청나신 하늘과 인황님, 신감님이십니다. 45세 나이로 변해서 열정적인 사랑을 밤마다 불태우니 너무너무 행복합니다.

부산에서 이○○ ○○天人 올립니다.

나는 누구이고 왜 태어난 것인지

인간으로 태어난다는 것이 얼마나 힘들고 어려운 관문을 통과하였는지를 모르고 다음 생에도 당연히 인간으로 태어날 수 있을 것이라는 착각으로 하루하루를 살아가고 있는 우리네 삶 속에서 자미국을 만나고, 하늘을 만나고, 인황님과 신감님을 알현(謁見)하는 것은 이 세상 최고의 선물이었습니다.

인간 육신이 있고 또 다른 반쪽이 엄연히 존재한다는 것도 자미국에 와서 알았고, 그 반쪽(生靈)에게도 부모님(하늘)이 계시고 인간과는 또 다른 소원이 있다는 것을 자미국의 인황님과 신감님을 통해서 난생처음 알았습니다.

나의 삶이 지속되는 한 나의 생령도 나와 함께 이 세상에서 살아가고 있는 것이고, 나와 나의 생령이 공존하면서 살아가기 위해서는 반드시 자미국에 와야 나의 생령의 소원도 들어줄 수 있으니 비로소 나의 삶이 평온해질 수 있음을 알게 되었습니다.

기존의 종교에서는 인간의 삶을 다루거나 인간의 길흉화복을 다룹니다. 하지만 자미국은 천상에서의 전생과 현생 그리고 다음 내생의 삶까지 총망라하는 대서사시를 인간이 받아들일 준비가 될 때까지 기다려주시는 자상함과 배려까지 총동원하시어 인간이 하늘에 가까이 갈 수 있도록 해주는 대단한 곳입니다.

누가 시켜서도 아니고 누구 때문에도 아니고 자미국을 자랑삼아 떠벌이기 위해 이 글을 쓰는 것도 아닙니다. 저의 변화된 사고방식과 저의 일상생활 변화가 너무 감격적이고, 너무 감사하여 진심으로 쓰는 글입니다.

처음 자미국을 찾았던 이유는 내가 누구인지 정말로 궁금했기 때문입니다. 내가 누구인지, 무엇인지, 왜 태어난 것인지, 태어난 이유가 무엇인지 알고 싶었습니다.

이 세상 그 어느 책도, 그 어느 곳에서도 저의 궁금증을 풀어줄 수 없었고 저의 답답함을 알아주는 이 하나 없었습니다. 그런 것을 외로움이라고 해야 하는지, 가슴 한 곳에 채워지지 않은 휑함으로 슬픈 것인지, 답답한 것인지, 서러운 것인지, 이상한 괴로움이 저에게 있었습니다.

그런 나에게 아무도 답을 주지 못했고 아무도 길을 열어주지 못한 채 몸도 마음도 더 우울해져 가고 저물던 저의 인생에 자미국에서 발간한 첫 번째 인연의 책 『생사령』은 저에게는 광명과도 같았고 세상에서 내가 찾던 것이 바로 이것이구나!

단지 책 한 권에 마음을 완전히 빼앗겨버렸고 『생사령』이 자미국으로 이끈 매개체가 되어 지금 이 순간 여기에 있습니다. 제가 찾은 줄 알고 제가 돈을 갖고 와서 의식을 하였다고 자만

한 적도 있었으나 많은 의식에 참관하고, 많은 사연들을 듣고 보고 체험하다 보니 저의 바람이 아니었고, 내 반쪽의 소원이었고 나를 부르시는 하늘의 보이지 않은 메시지였습니다. 불러주셨기에 내가 올 수 있는 위대한 하늘이 계신 곳이 자미국이라는 것을 알았습니다.

제가 자만했고, 제가 몰랐고, 제가 부족했고, 저만 잘났다 하며 많은 인생의 중요한 시기를 낭비했음에도 불구하고 저의 남은 지상에서의 삶에 다시 한 번 ○○천인으로 명 내려주심에 감사하고 잃어버린 저의 소중한 것들 다시 찾아 주심에 감사올립니다.

하늘은 아무나 선택하지 않는다고 하신 말씀에 보답하고자 정말 다시 주신 새로운 삶에 열심히 정진해서 마음 아프게 해드렸던 지난 세월 조금이나마 만회하고자 최선을 다할 것입니다.

천상에서는 대역죄인 역천자였으나 저를 기다리신다는 그 말씀에 저는 너무나 가슴이 아픕니다만 제가 느끼는 이 아픔이 기다리시는 하늘마음을 어찌 다 알겠습니까? 저를 선택해 주셔서 감사하고 저에게 기회를 주셔서 감사합니다.

저의 죄가 무엇인지 가르쳐 주셔서 감사하고 저를 자미국 의식 보조 참관천인으로 참석할 기회를 갖게 해주셔서 더 많은 하늘의 말씀 간접적으로 들을 수 있게 해주셔서 감사하고, 신감님께서 인간세상으로 치면 개인 교습까지 할 만큼 시간 내셔서 가르쳐주시고 이끌어 주심에 너무나 감사드립니다.

자미국은 이 세상에서 인간으로 와서 나의 잘못이 무엇인지를 알게 해주시는 유일한 곳이기에 나의 잘못을 알고 나의 잘못을 용서 빌고 나의 잘못을 용서받아 구원받을 수 있는 전 세계 유일한 곳입니다.

인간의 삶이 고단하여 인생사를 상담하는 비루한 곳이 아니기에 어렵고 힘들게 느껴질 수도 있지만 진심으로 나의 잘못을 먼저 용서 구하고 깨닫게 된다면 인생사는 어찌 보면 작은 것이고 저절로 해결된다는 것을 보아왔기에 천지나라 자미국의 인황님, 신감님을 믿고 따르는 것이 최우선 되어야 할 것입니다.

자미국에 처음 왔을 때 생령이 뭔지도 모르고 생령과의 대화가 얼마나 위대한 기적과도 같은 일인지 몰랐기에 지금 생각해보면 아쉽지만 이 세상에 나의 존재가 나와 같이 또 다른 존재가 있다는 것이 놀랍고 신비로운 경험이었습니다.

나는 누구인가?

나에 대해 너무나 관심이 많았던 나는 이제 더 이상 무엇인가를 찾아다닐 필요도 없고, 나의 궁금증에 대한 모든 답을 찾을 수 있는 자미국이 나의 안식처이고, 나의 모든 것을 알게 해주신 위대하고 대단한 곳임을 확신할 수 있었습니다.

나와의 진정한 대화를 통해 심신의 안정을 찾고, 나의 존재를 밝혀 주고, 대화할 수 있는 시간을 갖게 해주신 자미국 인황님과 신감님 너무나 감사합니다.

나의 모든 숨겨진 마음을 소상히 알려주시고 나도 몰랐던 나의 진정한 진짜 마음을 가르쳐 주고, 잃어버렸던 기억도 생령을 통해 만날 수 있는 진짜 종교의 차원을 넘어서는 새로운 곳이 바로 천지나라 자미국이었습니다.

비교조차 할 수 없는 고차원적인 생령과의 만남이 진정 우리의 삶에 어떤 영향을 미칠지는 경험해 보지 않은 자 알 수 없는 신기하고도 내 삶의 혁명과도 같은 경험이었습니다.

생령이라는 단어조차 생소했기에 그때 그 순간 놀랍고 내 마음을 복사기처럼 재현해 주시는 신감님의 모습이 그저 놀랍고 신기하기만 하였습니다.

생령이 무엇인지 궁금하고 생령과 만나서 살아생전에 대화하고 싶다면 자미국을 통하여 이 세상에서 한 번도 이루어질 수 없었던 산 사람 생령과의 만남을 체험해 보세요.

생령이 길흉화복(吉凶禍福)을 좌우하고, 생령의 저주로 자기의 인생이 뒤집어지기에 생령을 알면 인생의 행복이 보입니다. 내가 갖고 있던 모든 궁금증과 의문이 다 해결될 것이라고 먼저 체험한 선배로서 장담하는 바입니다.

자미국은 종교가 아닌 신세계입니다.

자미국은 이 세상에서 한 번도 시도해 보지 않고, 현실로 살아서는 불가능한 산 사람의 생령과 만나 대화할 수 있는 전 세계 유일한 곳입니다.

나의 또 다른 반쪽인 생령이 원하고 바라는 것이 무엇인지 알아서 생령입천의 뜻을 생령들이 이룰 수 있기를 바라며 생령과의 만남이 세상에서 유일하게 가능한 천지나라 자미국도 세상에 널리 알려지기를 바랍니다.

김○○ ○○천인 올립니다.

하늘을 배신 때리면 대대로

류○○씨 생령입천 의식.

의식하는 주인공이 오후 한시 정도에는 자미국에 나타나는데, 오늘은 시간이 지나도 오지 않아서 전화를 해 보니 주인공이 의식하는 것도 모르고 연락 받은 일도 없다기에 순간 정신이 아찔했어요.

이런 엄청난 일들이 모두 지금부터 시작됩니다.

신감님께서 어젯밤 오늘 주인공을 위해 기도를 지극정성으로 올리는데 오늘 주인공인 류○○이를 대신해서 감사함을 올려 대 영광입니다, 라고 기도를 올리셨다는 겁니다.

신감님께서(오늘 의식은 자미인황님께서 함께하심) 하늘의 말씀을 전하시는데 생령입천 의식에 들어가면 우리 사정을 내미는 것이 아니고 하늘님께서 뭐라 말씀하실까? 그것이 중요하다 하십니다.

오늘 주인공은 대대로 암(癌)에 걸려 내려오는 집안 내력이 있는 걸로 익히 알고 있었는데 거기에다 오늘 주인공 없이 진행되는 의식이랍니다.

우리가 우리 멋대로 했기에 암에 걸린다고 하십니다. 하늘님과 땅님은 암에 대해서 밝히지 않고 저급한 암에 대해 밝히지 않는다 하십니다. 우리는 암에 걸린 이유 그것이 궁금하고 해법이 궁금한데 그것을 뛰어넘어 높은 하늘님의 진실 말씀을 전하신다고 합니다.

주인공이 암인 것은 세상이 다 알고 있다는 겁니다. 그래서 하늘님의 말씀이 두렵고 대단하시지 암이 중요하지 않다는 겁니다. 신감님은 하나를 해도 어떤 의식을 해도 장난으로 하는 것이 하나도 없다고 하시면서 주인공이 하늘께서 암에 걸리게 한 것으로 알고 있다고 전하십니다.

그것을 신감님께서 밝혀내고 있다고 하시면서 오늘 의식에 참석하지 못하게 된 이유가 있다고 하십니다. 하늘님께서는 주인공에게 하시는 말씀이 하늘님이 암에 걸리게 해준 범인이 아니라 하시면서 의식을 하고 나서 암이 호전되고 있다는 이유는 하늘님이 범인이 아니고 생령이 범인이라 하십니다.

하늘님은 어찌하든지 구원해 주시려고 애를 쓰시는데 생령이 범인이고, 하늘님을 빨리 못 만나 암에 걸렸다 하십니다. 내가 잘 먹고 잘사는 것은 하늘님의 덕이고 불행, 슬픔, 아픔은 생령이라 하십니다.

하늘님 못 만나서 암에 걸리고, 사건사고가 난 것은 생령이 한 짓이고, 각자 내가 잘못 빌고, 하늘을 못 만나 고생한다 하십니다. 하늘도 무심하지가 아니라 생령들이 하늘님 만나게 해

달라고 끊임없이 재촉했는데 인간들이 무심했다 하십니다.

주인공의 인생에 어떤 풍파가 생기면 생령이 하늘 만나게 해달라고 육신을 굴복시키려 망가지게 했다는 것입니다.

신감님은 이렇게 위대하신 진실을 밝혀 천운을 받을 거라 하십니다. 주인공이 하늘도 무심하시지 하면서 원망했다 하십니다. 하늘님께서 보호해 주시고 지켜 주시고 먹고 살게 도와주셨는데 할 말이 아니라 하십니다.

생령들이 무심하다! 인간들이 무심하다! 는 겁니다. 이런 말은 처음 듣습니다. 그리고 하늘님과 땅님은 인류한테 억울한 누명을 쓰고 계신다 하십니다.

신감님은 어떻게 이 대단한 진실의 말씀을 밝혀내시는지 참으로 영험하신 분입니다. 하늘님과 땅님은 주인공과 생령들이 이 시간에도 돌아오길 학수고대하시고 계신답니다.

생령이 왜 그래! 라고 하면서 그를 무심하다 해야 한대요. 그리고 생령을 키우면 암도 커진다하시며 생령입천을 행하여 천상 자미천궁으로 빨리 보내주어야 한다 하십니다.

생령을 키우지 말라하십니다.
세상에 사기꾼이 왜 있는가?
당하는 자가 있기에 있다고 하십니다.

진짜 하늘에는 암이 없는 무릉도원이라 하시면서 구원은 암이 아니래요. 자미국을 알고 있는 우리로서는 인황님, 신감님께 천만번 고마움의 인사를 올려도 부족하고 또 부족하다 하십니다.

자미국에서 하시는 일이 전생, 현생, 내생, 과거, 현재, 미래, 자손 대대로 세세생생 지켜주시고, 보호해 주시고, 살려 주시는 그 엄청난 일을 하시고 계심을 여러분 모두 똑똑히 알아야 할 것입니다.

하늘님과 신님이 무심한 게 아니고, 생령들이 무심하다 하시면서, 좋은 병원에 찾아가듯이 좋은 하늘님을 찾아가야 한답니다. 주인공에게 생령입천을 해주심은 다 받아 주신다는 말씀이고, 주인공을 살려 주시려고 끝까지 애쓰시는 하늘님이라 하십니다.

생령이 악귀잡귀가 되버린 자도 티끌만큼의 그 어떤 기미가 보이면 데려다가 해주시려고 애쓰신다 하십니다. 2차로 주인공을 참석하지 못하게 한 이유는 생령을 악귀잡귀 소굴에서 피신시켜 주시는 것이라 하십니다.

이미 암에 걸려있기에 생령이 악귀잡귀를 잘 탄다는 것입니다. 그러기에 이것을 아시고 이분들이 주인공을 감춰놓고 하시는 것이라 하시기에 참석자 모두 앉아 있다가 너무 놀라서 뒤로 발라당 넘어졌답니다.

하늘님과 멀어지면 생령이 악귀잡귀 밥이 된다 하시면서 하늘님은 행복 기쁨의 밥상을 주시며 하늘님께는 아무리 찾아봐도 나쁜 게 하나도 없다 하십니다. 아무리 나쁜 것을 찾아도 좋은 것을 주신답니다.

신감님은 아무리 못해도 종교인 모두 보다 세상에서 제일로 잘하신다고 칭찬하십니다. 신감님은 좋은 밥상, 좋은 그릇이고 하늘님께서 인간에게 건강, 행복, 기쁨의 밥상을 주신답니다.

그러시기에 령(靈)의 신감님과 자미인황님은 진짜를 찾으려고 애를 쓰신답니다. 진짜는 찾으러 가는 것이라 하십니다. 주인공의 후손대대로 지은 죄가 내려가는 것이라 하시면서 하늘님께서는 그것을 빼내주시는 것이라 하십니다.

신감님께서 빼내주신다고 힘들게 애를 쓰시면서 하고 계십니다. 끝없이 기회를 주시고 돌아오게끔 해주시는데 하늘이 무심한 것이 아니라 악귀잡귀가 된 생령들이 무심하다 하십니다.

여러분들은 인황님, 신감님께서 이렇게 인류를 놓고 인류 최초로 대단한 일을 하시고 계심을 깊이 알아야 할 것이고, 늘 고마움과 감사한 마음을 잊지 말아야 할 것입니다.

오늘 주인공에게는 아주 귀한 생령입천을 해주신다고 하십니다. 놀랍고 대단한 일입니다. 다른 사람들은 천인이 되고나서 몇 년이 지나야 해주시는데 류○○씨는 특혜를 받았어요.

육신이 못 오게 한 이유 세 번째!

암에 걸린 육신 죽지 말고 더 살다 오라 하십니다. 하늘님께서 주신 인간 육신의 삶을 더 살다 오라고 하십니다. 얼마나 위급하면 생령입천을 해주시겠냐는 것입니다.

그만큼 위급하다고 하십니다. 하늘님이시여, 살려 주세요, 라고 말해야지 하늘이 무심하시지 하면 죽는다 하십니다. 하늘님과 땅님은 사랑과 은혜가 끝이 없다 하십니다. 태상천존 자미천황님께서는 충성 효도해라 하시면서 악귀잡귀가 된 생령한테도 충성했으니 내 궁전에 오면 더 잘할 것이다, 라고 자미천황님께서 말씀하십니다.

생령을 박살을 내야지, 이렇게 대단하신 말씀이 어디 있겠어요. 하늘님을 만나야 살길이다, 하시면서 생령을 하늘께서 데려가시는 것은 인황님, 신감님의 소원을 들어주시는 것이라 하십니다.

아주 지랄 같은 생령입니다.

하늘께서는 우리 한 사람 한 사람 올 때마다 믿어 주셨는데 우리가 악의 편이 되어서 개지랄 한 것이 할 짓이 아니라 하십니다. 신감님이 우리들 각자를 믿어 주셨는데 우린 신감님, 의식했는데 왜 그래요! 라고 우리가 잘못하고 실망을 줬다는 겁니다.

그래도 하늘님은 우리를 끝까지 믿어서 천상 자미천궁에 올라오면 잘할 것이다, 라고 믿어 주신대요. 하늘을 배신 때리면 대대로 천벌 받는다 하십니다. 악의 씨를 뿌렸기에 결실을 맺어 후손대대로 죄가 내려오는 것이라 하십니다.

먼지와도 같은 우리를 불러주셔서 진실의 말씀을 듣게 하시고, 죄가 무엇인지를 알려주심으로 깨닫게도 해주시고 반성하게도 해주시고, 생령(악)을 구원하시어 자손 대대로 보호해 주시고, 먹고 살게 하심으로 끝까지 살려주시는 인황님과 신감님께 감사와 찬양을 올립니다.

강동에서 이○○ ○○天人 올립니다.

내가 가진 돈도 다 생령 것이라 하며

저는 한의학을 전공한 한의사로서 한의학 공부를 하다 보면, 자연스럽게 음양오행 이론과 천지인 삼재 사상을 접하게 되기 때문에 지금처럼 자미국의 실체와 진실에 대해서 잘 알지는 못하였지만 그렇다고 아주 낯설게만 느껴지지는 않았습니다.

다만 이곳이 진짜 진실로 내가 찾던 곳이고, 지금 내가 하는 것이 혹시 기존의 종교 단체들이 행하듯 사기를 당하는 것은 아닌가 하는 우려가 없잖아 있었습니다.

사실 자미국을 알기 전 저는 한의학을 공부하면서 어떤 절대 진실과 진리가 그리워 닥치는 대로 사서삼경과 불경과 성경과 도경들을 섭렵하였습니다.

우리 민족의 상고사가 담긴 한단고기와 우리 민족 전통사상이 담긴 천부경과 삼일신고와 참전계경의 내용, 우리 민족 예언서라고 하는 정감록, 격암유록, 원효결서 등에도 심취하였습니다.

또 이 세상 모든 것을 창조해 주신 절대자 분의 존재를 누가 보아도 객관적으로 인정할 수밖에 없도록 과학적인 논리 체계를 세우고 입증하고 싶어서 우주과학서와 소립자 및 양자물리학서, 심지어는 당시 ○○출판사에서 발행한 외계문명시리즈까지도 빼놓지 않고 섭렵하여 나름대로 우주창조과학에 대한 이해를 철두철미하게 이론적으로 갖추고 있었습니다.

그렇지만 그동안 공부해 온 것을 토대로 엑기스를 뽑아 원고로 정리해 놓고 보니까 일반 사람들이 보기에는 너무나 어려운 내용들이라 몇 번 출판 시도를 했지만 세상에 내놓지도 못하고 저 홀로 마음속에 깊게 묻어두고 가슴앓이 하며 살아왔었지요!

그런데 이러한 저의 속내를 생령입천 하는 날, 천상의 어느 분께서 신감님을 통하여 마치 그러한 저를 곁에서 함께 지켜보신 듯이 그대로 밝혀내시는데 저는 감동의 눈물을 흘리지 않을 수가 없었습니다.

그동안 그 어느 누구도 알아보지 못했던 제 삶의 마음속 깊은 곳까지도 훤히 알아 봐 주시는 분이 계시구나 하고 정말 놀라지 않을 수가 없었습니다. 그리고 그 순간 그 얼마나 마음이 평온해지고 얼굴에 화색이 돌며 몸은 어찌나 후끈후끈 더워지는지요.

또 신감님께서 전해 주시는 말씀이 자미천황님의 사랑을 뜨겁게 받으면 몸이 그렇게 뜨거워지는 것이라 하시면서 저에게 ○○(하늘의 태양)신하라는 명을 하사해 주셨고, 임○○이 하는 일 중에 뜨겁게 불을 달구는 것이 있지? 그거 잘되겠다는 말씀대로 한의원에 한약 달이는 약탕기가 바쁘게 돌아갔습니다.

아울러 그동안 저와 함께해 주던 저의 반쪽인 생령이 임○○도 나의 것이고, 임○○이가 가진 돈도 다 생령 것이라 하며, 천상 자미천궁으로 인황님과 신감님께 정중하게 예의를 갖추고 환한 기쁨과 큰 안도감을 제게 남겼습니다.

그 후로 음지가 양지되듯 인생에 밝은 태양의 서광이 비치듯 한의원 운영뿐만 아니라, 그동안 일과 공부밖에 모르던 저에게 지역 사회로부터 남들은 일부러 받고 싶어 하는 위촉장들을 연이어 받게 되었습니다.

사회활동 영역과 좋은 인맥들도 넓혀주셨고, 또 우리 한의학계에 가장 짧은 역사를 가지고 태동하였음에도 불구하고 떠오르는 태양처럼 급부상하는 척추진단교정학회라고 하는 학회의 교육이사(현재는 학술이사) 자리도 맡게 되었습니다. 왕성한 학회 활동과 한의사로서의 실력도 선후배 원장님들로부터 인정받게 해주셨습니다.

이처럼 태초의 하늘이신 태상천존 자미천황님께서 직접 인정해 주시고 윤허해 주신 지상 자미국에서 인황님과 신감님을 통하여 이루어 주시는 생령입천은 그간 우리가 생각하고 이해하며 각종 종교나 무속세계에서 행하여 온 것들과는 너무나도 차원이 달랐습니다.

영원하신 진실의 절대창조자 하늘께서 각자에게 걸맞게 진정으로 위해 주시는 위대하신 사랑이 담기신 너무도 고귀한 것이기 때문에 직접 체험해 보지 않으면 그 진실성을 인간의 머리와 지성능력으로써는 가늠할 수가 없습니다.

또 진짜 하늘을 인정하지 못하는 존재들은 절대 선택받지 못하는 것도 사실이구요! 그래서 오직 진정한 하늘께서만 완성시켜 주실 수 있는 대단하신 의식이랍니다!

진정하신 창조주 하늘 천지부모님께로부터 그동안 잃어버렸던 자기 자신의 삶과 하늘께서 핏줄의 인연으로 맺어주신 자기 가문의 직계좌우 부모 조상님들과 가족 후손들 사이에 진정한 핏줄의 사랑이 통하는 곳입니다.

행복한 가정의 화목을 이루며, 인간의 천륜 도리를 다하여 진정한 구원과 영원히 완성된 삶을 원하시는 분들은 자미국으로 방문하여, 인황님과 신감님을 통해 진정한 하늘께서 주시는 천재일우의 행운인 생령입천 기회를 잡게 되기를 바랍니다.

임○○ ○○천인 올립니다.

아빠 생령이 아들 몸에 들어가서

광주광역시에 사는 사람이 생령입천을 올리러 왔어요.

신감님께서 전하는 말씀이 대단하십니다. 주인공은 하늘에 관심이 없다고 하시며 세상에 맛있는 것도 먹으러 가고 놀러 가라 하십니다. 거기서도 눈과 귀로 주시고 싶어 하신대요. 가정 한 곳으로만 주시는 것이 아니라 하십니다. 눈으로 보는 것도 행복이고 입으로 들어가는 음식도 행복한 것이라 하십니다.

하늘도 모르고 사는 자도 그리 사는데 천인이 되서 집에서만 처박혀 살면 하늘께서 보시기에 너무 속상하다 하십니다. 가족과 외식도 하라 하시면서 거기서 보는 것, 알아지는 것, 느껴지는 것이 어마어마하다 하시면서 행복을 주신다 하십니다.

가족과 음식을 먹으면서 행복해 하는 것을 하늘이 원하신대요. 산과 들에 갔다 오면 정신이 맑아지고 기분이 좋아지는 것이 하늘의 원력이라 하십니다. 아들한테 옷을 이것저것 입어보게 해서 자신감도 심어주고, 자신감도 생기게 해주라 하십니다. 천인은 말한 대로 되니 가족한테도 좋은 말을 해서 현실이 되게 해야 한대요.

아들과 아빠가 서로 말 안하고 살면 서로의 마음을 모르니 서로 말을 해야 그 마음을 안다고 합니다. 아들과 말로 안 되면 문자로라도 자주 시도해 보고 대화를 해야 한대요. 아들을 위해서 생령입천을 하는데 이분들께서는 아빠가 아들에 대해서 모르는 것을 다 밝히신답니다.

가짜 신들은 가짜로 소원을 이뤄주고, 진짜 신들은 진짜로 소원을 이뤄주신다고 하시면서 내가 아무리 해도 안 되서 하늘과 신께 부탁드리는 것이래요. 내가 뭐가 문제인가요?

아들한테 문제가 있으면 변화시켜 주세요. 내가 문제가 있으면 바로 잡아주시고 아들이 문제가 있으면 바로 잡아주세요, 하며 기도하는 거래요.

이렇게 기도를 올리면 아빠와 아들이 서로 잘못이 있다고 인정을 하고 화해가 된다고 하십니다. 아들이 하는 말에 아빠가 꼼짝을 못하는 것은 아빠 자신이라 하시며, 아들 문제로 인해 의식하는 것도 아들 몸에서 말하는 존재가 아빠의 반쪽 생령이라 하십니다. 그래서 아들이 보통 인물이 아니라 하십니다.

아빠 생령이 아들 몸에 들어가서 문제를 일으키는 것이 천상 자미천궁 갈려고 하는 것이래요. 태상천존 자미천황님께서 인류 최초로 자미국에서만 해주시는 것이라 하십니다.

강동에서　이○○ ○○천인 올립니다.

| 책을 맺으면서 |

자미국에서는 인류 최초로 죄를 짓고 이미 세상을 떠난 배우자, 자녀, 부모, 형제, 조상님을 천상입궁의식을 행하여 구원받게 해주고, 어느 날 갑자기 다가올 생령들의 죽음 이후 사후세계를 미리 준비하는 생령입천을 행하여 구원받게 해주고 있다.

죽은 자의 사령과 산 자의 생령을 구원해 주는 것은 육신과 가정, 가문을 지키고 우환과 흉사를 막는 중요한 일이다. 육신이 죽어서 사령이 되어 천상궁전에 오르지 못하고 원귀가 되어 허공중천을 떠돌거나 가족들의 몸으로 찾아가고 지옥세계, 축생계로 윤회하면 가족들의 삶이 고통으로 이어진다.

육신이 살아있을 때 자미국을 통하여 하늘께 구원받지 못하면 각자는 지은 죄에 따라서 지옥으로 떨어지거나 대부분 축생계로 윤회하게 된다. 종교는 1,000년을 믿어도 구원이 안 된다. 인간으로 태어난 것이 구원받을 수 있는 마지막 기회인 구원의 시험장이다.

상상을 초월하는 하늘과 땅의 대재앙들이 전 세계에서 일어날 것이니 산 자와 죽은 자가 구원받고자 하거든 속히 자미국을 찾아야 한다.

육신이 살아서 추구하는 행복인 재물, 벼슬, 권력, 명예, 가정은 인간으로 살아있는 100년 미만의 행복이고, 죽음 이후에 영원한 행복을 구하는 천상의식은 죽은 자에게는 사령입천제 의식이고, 살아있는 자에게는 생령입천인데 이것이 태초로 하늘이 인류에게 내려주신 가장 큰 사랑의 선물이다.

끝없는 고통과 불행의 삶.

각자의 모습은 이미 돌아가신 배우자, 자녀, 부모, 형제, 조상님들의 사령의 모습인데 이를 알아보는 사람들이 전무하다. 사람들은 생령과 가족 사령들이 자기 몸 안에 들어와서 함께 살아가고 있다는 것 자체를 알지 못해서 인생이 뒤집어지고 있다.

한 가정이 편안하고 잘살 수 있는 유일한 길은 하늘과 땅, 조상님의 보살핌을 받는 것이고, 자기 몸 안의 생령을 불러내어 만나 대화를 나누는 것이다.

생령과 조상님이 편안하면 육신이 편안하며, 하늘을 찾지 않고 몰라보면 하늘이 내리는 복은 받을 수 없다. 죄를 지은 것이 있다면 어떻게 하든지 현실로 그 죗값을 치르고 살아가야 한다.

전생에 지은 죄와 현생에서 지은 죄를 자미국 인황과 신감을 통하여 하늘에 용서 빌어서 사면 받고 살아가야 인생이 뒤집어지지 않는다.

죗값을 치르지 않으면 그것이 단명이나 불치병, 사업실패, 부도, 자살로 나타나고 불치의 병에 걸려 고통스런 날을 살아가는데 이는 자신들이 죽는다고 그것으로 끝나지 않고, 그 자손이나 후손들이 물려받게 되기 때문에 피할 수가 없으니 하루빨리 자미국에 들어오는 결정을 내려야 한다.

빚진 것이 있으면 갚아야지 그것을 떼어먹으면 그 핏줄이 물려받게 되기 때문에 더 큰 고통이 이어진다. 그러므로 죄를 지었으면 하루빨리 용서를 빌어야 한다.

말로만 비는 것이 아니라 그 죄에 합당한 조공(사령의 죗값)과 생공(생령의 죗값)을 준비해서 하늘에 천제의식을 올려서 빌어야 한다.

"각자 살아서 뿌린 대로, 행한 대로 거두리라."

하늘은 한 치의 오차도 없으시기에 하늘의 눈과 귀를 피해 갈 자는 이 땅에 없으니 조상들이 전생과 현생에서 지은 죄, 각자 인간과 생령들이 지은 죄를 하루빨리 빌어서 죄인의 굴레에서 벗어나야 행복한 세상이 열린다.

하늘과 땅이 내리시는 복은 인간들이 추구하는 천복만복도 있지만 진짜 천복은 각자들의 생령과 사령들이 꽃 피고 새 우는 무릉도원 천상궁전 자미천궁(生靈)과 천상궁전 도솔천궁(死靈)에 올라 하늘의 품 안에 안기어 영원한 기쁨과 행복을 누리며 영생하는 것이다.

천기 16년(2016년)년 4월 15일

자미국(紫微國) 인황, 신감 著

우리 인간 모두는 건강하게 부자로 잘 먹고 잘살기 위하여 몸부림치고 있으나 현실은 인간의 삶이 각종 사건사고, 질병, 단명, 자살, 우울증, 사업실패, 사기배신, 고소고발, 비리폭로, 망신살, 부부갈등, 종교 갈등, 자녀문제, 인생실패의 고통과 슬픔의 불행한 삶을 살아가고 있다.

신차가 출고되고 만 4년이 되면 자동차 검사소에서 정기검사를 받아야 하고, 다음부터는 2년마다 검사를 받아 합격해야 차량을 타이어펑크, 브레이크 파열 등 위급한 사고로부터 미연에 방지하여 소중한 목숨을 지킬 수 있듯이 인생을 운행하는데 중요한 아픔과 슬픔이 발생하는 원인과 해법의 인생점검을 받지 않아 속수무책으로 인생이 뒤집히고 삶이 엉망진창이 되고 있다.

인류가 인생을 건강하고 행복하게 살고자 수천 년 동안 종교를 통하여 애타게 기다리던 최고 발명(발견)인 생령입천의 경천동지할 진실을 알려주고, 이것을 현실로 이루어 주는 곳이 전 세계 유일한 인생(人生)점검소가 자미국인 것이다.

독자 여러분은 인류 최고의 발견, 생천령(生天靈)❷ 책을 구독 후 자미국으로 친견상담 전화예약(☎02－3401－7400)하여 여러분의 인생과 가족이 죽음의 길에서 탈피하여 가장 안전하고 행복하게 살 수 있도록 크나큰 진실의 길로 안내받는 것이 여러분의 인생사가 걸린 일생일대의 중차대한 갈림길이 될 것이다.

자미국에서는 수천 년 동안 인류가 세운 수많은 모든 종교 위에 진정한 하늘과 땅의 진실, 신(神)의 진실, 사후세계의 진실, 부모조상님의 진실, 인간세계의 진실을 인류 최초로 알려주고 나와 조상님, 가족 모두의 행복을 찾고자 하는 사람들에게 명쾌한 해답을 알려준다.

하늘세계, 사후세계, 신명세계, 조상세계에 대한 모든 궁금증과 인간으로 태어난 사명이 무엇이고? 인류가 수천 년 동안 왜 종교생활을 하고 있었는지에 대한 모든 진실이 궁금한 사람들을 적극 환영한다.

친견상담 예약 안내

문의 및 상담 예약전화

☎ 02) 3401-7400 자미국

인류 최고의 발견, 생천령(生천靈)❷ 책을 구독한 후 친견 상담을 원하는 분들은 전화로 방문 날짜와 시간을 3~7일 전에 미리 전화로 예약한 후 방문하면 된다.

친견상담의 시간은 각자들의 사연과 각자들의 궁금증 정도에 따라 다르지만 90분 내외의 시간이 소요되며 상담비용은 예약전화 시 문의하시기 바랍니다.

친견상담을 통하여 하늘, 조상님, 생령, 신, 인간세상의 진실에 대하여 더 정확히 아는 소중한 시간이 되어 여러분들의 힘들고 외로웠던 인생을 밝고 행복한 삶으로 바꿀 수 있는 소중한 시간들이 되기를 바랍니다.

참고 사항

독자 여러분이 책을 정독하신 후 전화예약을 하여 친견상담 방문 시 주의할 사항은 여기 자미국은 인류 최초로 여러분 생령의 죄를 심판하고 교화하여 생령입천을 이루어 주는 인류 최초로 하늘이 내린 땅의 법정임을 숙지하시고 기본 예의를 다하시기 바랍니다.

자미국에 들어와서 간혹 뒷짐을 짓거나, 주머니에 손을 넣은 행위, 상담 중 팔짱을 끼는 행위, 신전 내 흡연은 결례이니 삼가야 합니다.

독자 여러분이 책을 읽을 때 자미국에 와서 죄를 빌 수 있도록 천상에서 여러분 생령을 구원(생령입천)해 주실 마음이 있으시기에 책 읽을 때 감명을 넣어주신 것이므로 생령의 죄를 용서받고자하는 최소한의 기본 예의는 갖추어야 합니다.

하늘 법정이 인류 최초로 땅의 법정으로 내린 곳이 자미국이므로 친견상담부터 황명에 의하여 이루어짐을 숙지하시어 기본 예의범절을 지키시기 바랍니다. 하늘의 황명에 의해 이루어지는 친견상담이 인간세계 임금에 대한 예의보다 못하게 행동을 한다면 근본 도리가 아닙니다.

인생점검을 받아야 할 대상자

▶ 인생이 고통과 불행으로 힘든 사람
▶ 기존의 종교세계에 크게 실망한 사람
▶ 신을 받아야 한다고 하여 고민인 사람
▶ 성에 차지 않아 여러 종교를 다니는 사람
▶ 하늘세계, 사후세계에 대하여 궁금한 사람
▶ 인간의 탄생과 죽음에 대하여 궁금한 사람
▶ 신경질이 잦으며 눈물을 자주 흘리는 사람

▶ 우울증, 치매로 고생하는 가족이 있는 사람
▶ 자신의 생령(生靈)을 직접 만나고 싶은 사람
▶ 매사되는 일이 없고, 질병으로 고생하는 사람
▶ 조상님의 사령(死靈)을 직접 만나고 싶은 사람
▶ 굿이나 천도재를 아무리 하여도 소용없는 사람
▶ 자동차 사고, 관재구설, 인생실패가 따르는 사람
▶ 사업부진, 질병, 이혼, 부부싸움으로 불행한 사람

▶ 하늘과 땅의 명을 받아 신인(神人)이 되고픈 사람
▶ 신의 기운이 무엇인지 스스로 확인하고 싶은 사람
▶ 고통에서 벗어나 인생을 행복하게 살고 싶은 사람
▶ 자살이나 비명횡사 당하여 죽은 가족들이 있는 사람
▶ 각자의 몸 안에 누가 함께 살고 있는지 궁금한 사람
▶ 사업번창, 승진, 이혼, 자녀, 부부문제로 고민인 사람
▶ 하는 일마다 되는 일이 없고, 질병으로 고생하는 사람
▶ 자신의 몸에 누가 들어와 있는지 확인해 보고 싶은 사람

찾아오는 길

주소 : 서울시 강동구 성내 3동 382-6, 2/2층 전체
서울시 강동구 성안로 118 삼정빌딩 (2층)

전철 : 5호선 강동역 3번 출구로 나와서 140미터 직진 후 우회전140미터 앞 좌측(한방복돼지 음식점 2층)

버스 : 고속버스, 시외버스 이용 때는 동서울터미널에서 하차하시어 택시로 10분 정도의 시간이 소요됨.

【위치도】